臺灣歷史與文化 研究輯刊

二三編

第 5 冊

日治時期臺灣的藥業網絡
——以藥業從業人員與藥品使用者為主的討論（上）

歐怡涵 著

花木蘭文化事業有限公司

國家圖書館出版品預行編目資料

日治時期臺灣的藥業網絡——以藥業從業人員與藥品使用者
為主的討論（上）／歐怡涵 著 -- 初版 -- 新北市：花木蘭文
化事業有限公司，2023〔民 112〕
目 6+188 面；19×26 公分
（臺灣歷史與文化研究輯刊二三編；第 5 冊）
ISBN 978-626-344-197-2（精裝）
1.CST：製藥業 2.CST：藥師 3.CST：藥品 4.CST：日據時期
5.CST：臺灣
733.08   111021714

ISBN-978-626-344-197-2

9 786263 441972

臺灣歷史與文化研究輯刊
二三編 第 五 冊
                              ISBN：978-626-344-197-2

日治時期臺灣的藥業網絡
——以藥業從業人員與藥品使用者為主的討論（上）

作　　者　歐怡涵
總 編 輯　杜潔祥
副總編輯　楊嘉樂
編輯主任　許郁翎
編　　輯　張雅淋、潘玟靜　美術編輯　陳逸婷
出　　版　花木蘭文化事業有限公司
發 行 人　高小娟
聯絡地址　235　新北市中和區中安街七二號十三樓
　　　　　電話：02-2923-1455 ／傳真：02-2923-1452
網　　址　http://www.huamulan.tw 信箱 service@huamulans.com
印　　刷　普羅文化出版廣告事業
初　　版　2023 年 3 月
定　　價　二三編 13 冊（精裝）新台幣 38,000 元

日治時期臺灣的藥業網絡
——以藥業從業人員與藥品使用者為主的討論（上）

歐怡涵 著

作者簡介

歐怡涵，國立暨南國際大學歷史學碩士，曾任中央研究院臺灣史研究所檔案館館員，負責文書徵集與權利盤點、編排著錄與典藏管理、展覽策劃與出版推廣等工作項目，任職近 15 年。

提　　要

　　本論文所探討的主題為日治時期臺灣的藥業網絡——以藥業從業人員和藥品使用者為主。本文所討論的日治時期臺灣藥業網絡，是由臺灣總督府、藥業從業人員、消費者和藥品所構成。就藥業的網絡來看，臺灣總督府居於上游管理的角色，藥業從業人員中有分為製藥業者、藥種商、藥劑師，是因為法令所規範的藥業從業人員，即此三者。日治時期「藥品」和西方醫療一同進入臺灣社會後，形成了三種層次的製造、流通、銷售的網絡。分別為上游的官方管理角色，藥業網絡上游的製藥業者，就包含了臺灣本地的製藥業者和從事藥品移入的日本製藥業者。藥業網絡中游的製藥者和販藥者。藥業網絡的下游，為接受藥品的消費者，即藥品的使用者。各個層次的藥業從業人員和消費者彼此之間，構成了生動且有趣的藥業網絡圖像。

謝　辭

　　這篇論文得以完成，是我作夢都不敢奢望的理想。特別是看到一篇論文從無到有，讓我深深體會研究所是一段奇妙且獲益良多的學習歷程。它讓我深入瞭解自己，甚至展開一段和自己對抗的艱辛過程。在進入研究所就讀後，甚至是在論文開始撰寫之前，我對於自己有很多的疑惑和徬徨之處。待我自己真正投入了論文的撰寫過程時，我的指導老師林蘭芳給予我許多在論文上的協助，不論是論文架構的不斷修改，就連論文中的字字句句，老師都仔細閱讀，提出對於改進論文的真切見解。老師甚至在討論的過程中，拋出了許多有趣且值得解決的問題，這些都加深了論文形成，且讓論文的樣貌更趨完整。我並不是一個很會表達自己想法的人，老師總能時時秉持著耐心，導引出我的想法，和我一同走完這段論文撰寫的過程。故論文得以完成，我要致上最深的謝意給我的指導老師。同時也感謝在研究所時授課的老師們，在研究所的課程中，有許多方式都成為我撰寫論文時，思考和整理資料的工具。最後，我想要感謝的是一直在我身邊鼓勵我，甚至是幫助我的朋友、同事們，如果沒有你們的關心，我的論文恐怕還是處於牛步的階段。我會將你們的心意永遠放在心上，在我走向人生其他的道路時，成為我繼續向前的力量。

目

次

表目次

圖目次

緒　論

一、研究動機與目的

　　臺灣於 1895 年割讓給日本，臺灣總督府於日治初期即面臨了一連串令其束手無策的疫病，故著手擬定和推行一系列的衛生政策，而和衛生政策相關連的是學習自西方的醫學。在面對新統治的殖民地臺灣社會，臺人主要以傳統漢醫醫療為主，究竟臺灣總督府的政策為臺灣帶來何種影響？臺灣總督府將近代西方衛生行政、現代醫學（日本吸收、轉化西方的醫學知識）、富國強兵與殖產興業的國策結合，成為發展國家力量的一部份，這是日本明治維新後的新發展。日本在明治維新之前，主要是以中國傳統醫學為主流，但到了19 世紀中葉明治維新之際，其醫學進展有兩項重大特點：一是在西洋醫學上採取德國醫學體制，二則在防治急性傳染病的過程中建立公共衛生制度。

　　1895 年日本領有臺灣之後，為了處理衛生問題，認為有必要移植近代醫學衛生措施，故促成了臺灣現代醫療的發展。至此之後，「公共衛生」政策移入臺灣，利用近代西方醫療衛生之監控系統，強制管理人民健康。臺灣醫療設施與制度隨之發展，如建立衛生行政體系、創辦公立醫院與醫學教育、制定醫事人員管理規則、開創醫學研究之風、改善公共衛生、健全防疫措施、傳染病防治、禁絕鴉片等，為臺灣現代醫療發展，奠定根基。〔註1〕

　　在現代醫療引入臺灣的時期，臺灣總督府制定衛生政策處理人命關天的衛生醫療問題，其中藥物（西藥和漢藥）的使用，不論為形式為顆粒、粉狀、

〔註 1〕陳永興，《臺灣醫療發展史》（臺北：月旦出版社，1998 年），頁 65～66。

疫苗等，只要是對人體疾病有治療和預防效果之內服和外用之藥品，就是衛生醫療體系中的一環。臺灣總督府針對衛生或疫病問題，提出對策，其中一項實際執行的層面，便是對藥物使用的管理。現代人生病可以選擇看醫師，然後領藥外服、內用，或是自行購買藥物治療抑或是置之不理，如將同樣場景置於日治時期的臺灣，面對人民用藥選擇方式之別，臺灣總督府對它又如何進行管制？而「藥品」和西方醫療進入臺灣社會後又形成了何種型態的製造、流通、銷售的網絡？對於臺灣人民與社會產生了哪些影響？

要解答臺灣藥業網絡形成的過程，又必須從以下幾個方面進行探究：首先，以臺灣總督府實際管理藥業的法規來看，可分為兩方面。一是對藥品的管理，二是對藥業從業人員（製藥者與賣藥者）的管理，即本論文將會討論對藥劑師、製藥業者、藥種商三者的規範。解釋了法規的規範，才得以界定三種藥業從業人員和藥品本身在臺灣藥業網絡中的定位和角色，也能夠釐清作為藥業網絡上游的官方如何進行管理。其次，在解明臺灣總督府確立的藥業管理法規之後，再從藥業網絡實際運作面加以觀察，究竟在藥業法規支持和管理下的臺灣藥業網絡，藥業從業人員和藥品本身是以哪些形式於臺灣的藥業網絡中運作？

本論文所欲討論的藥業從業人員，即製藥業者（臺灣總督府和日本、臺灣兩地的私人製藥業者）、藥劑師、藥種商三者。在臺灣藥業網絡的上游，官方除了擔任管理者的角色，本身也從事製藥活動，且對於臺灣市場流通之藥品進行檢驗，甚至對於藥物進行研究。而私人製藥業者，屬於藥業貨品提供的上游，主要是指日本的製藥業者在日本製造藥品之後，將藥品進口至臺灣，以各種網絡進行銷售，這是臺灣藥業網絡外的製藥業者。藥劑師和藥種商則是藥業網絡中，既販售日本製藥業者和官方製藥藥品之中游，也可依照法令的規定自行製造藥品，是賣藥者也是製藥者。而藥業網絡中另外一股重要的力量，便是藥業網絡的下游，即藥品的消費者。臺灣藥業網絡中的製藥者、賣藥者與買藥者，於網絡中藉由商業交易的行為產生關連，連帶對日治時期臺灣的社會產生影響。

第一個要被討論的對象為製藥業者，又分官方製藥和私人製藥。就官方製藥方面來看，究竟促使官方開始製藥的動機為何？官方所製造的藥品，以何種方式進行流通？官方的權限和資源似乎比私人製藥還多，除了製藥之外，官方對於臺灣製藥網絡，又進行了哪些和藥品相關的活動，且對臺灣藥業網絡產生

影響？而私人製藥方面，日治時期存在於臺灣的製藥業者除了藥種商和藥劑師的製藥，主要是自日本移入藥品的製藥業者。試問日系藥廠具備何種優勢的條件得以使其藥品進入臺灣？臺灣總督府在日資藥廠進入臺灣的過程中，和藥廠的關係又為何？製藥業者究竟製造了哪些藥品？又如何進行流通，成為醫院藥品或是藥劑師的藥局、藥種商的商品？

　　第二個要被討論的對象為藥劑師。如同醫師在醫療體系所扮演關鍵角色一樣，藥劑師是執掌藥品生成的靈魂人物。不同於漢醫自行調製漢藥，西醫、西藥是西方醫療體系的雙柱，西藥藥劑師正是現代西式醫療體系不可或缺的一環。我們要問，日治時期臺灣的藥劑師教育養成的過程為何？其與 1860 年開港後即進入臺灣社會的西方傳教醫療系統中所培養的藥劑師養成系統是否有不同之處？藥劑師接受了完整的專業教育之後，哪些地方又成為他們得以大展身手的場域？不同的工作環境，帶給藥劑師的影響和從業內容又有何不同？他們的執業是否也形成了特有的網絡？

　　第三個要被討論的對象為藥種商（即藥材商），藥種商在性質上有分漢藥和西藥的藥種商，在經營規模與形式上，又分批發和零售，兩者的營業狀況為何？以哪些形式於臺灣的藥業網絡中運作？此外，以上所提及的三種主要藥業從業人員，又藉由哪些管道或團體互助合作或彼此交流進行影響？這些民間團體對於社會或是該團體本身又有何實際的影響與目的？

　　第四個要被討論的對象為藥品的消費者。當外在條件有漢藥和西藥的不同選擇時，人民選擇漢藥或西藥的主要考量為何？若以具體的例子來說明，或許更能深入「何以選擇」的問題。從用藥消費者的立場來看，他們會注意、關心何種議題？對藥品或是藥業從業人員有何看法？諸如消費者用藥取向是否因為藥業者的生態而有所改變？以上對藥業網絡所提出的問題，主要都是企圖釐清在藥業法規管制和架構下的藥業網絡，究竟對臺灣人民帶來了哪些正面或負面的影響？法令所構築下的臺灣藥業網絡，依照各自的方式活動，展現了哪些醫藥的力量與功效？這就是本論文所要探討的問題與研究的目的。

二、研究回顧

　　有關日治時期臺灣藥業網絡的研究，目前雖然還沒有學者提出專論，但從 1990 年代後期至今，已從幾個不同面向，觸及日治時期臺灣藥業網絡的問題與狀態。以下將分幾類，針對日治時期臺灣藥業網絡，學者的相關研究進行討論。

1. 西式醫學對於舊有醫藥關係的影響

劉士永利用日治時期報紙的醫藥廣告、醫學相關書籍與雜誌，認為日治時期臺灣總督府強化了西式醫學的影響，使得日治時期臺灣西醫影響之強與形象之佳，同時壓抑漢醫尊崇西醫，改變了臺灣社會對於藥品使用的習慣。若從當時醫藥廣告來看，不論是西藥或科學漢藥、進口抑國產，多半都要掛上某位西醫博士調製的字眼；這樣的現象顯示，社會偏好及信賴根據西醫標準的調劑製藥的過程。〔註2〕此種對於西醫標準的信賴，衍生出臺灣西醫界對於傳統用藥知識的不信任，認為未經「科學驗證」或「西醫臨床實驗」的傳統療法與處方皆屬可疑。〔註3〕

以上的結果其實是導因於，日治時期西藥藥品檢驗方法雖然快速進展，但同一時期的漢藥發展顯得落後許多。1920年代臺灣流通的藥品仍有新舊（西·漢藥）混用的現象，也就是舊式以傳統本草學為基礎的漢藥和近代以化學為基礎的西藥製劑，同樣都是當時臺灣醫師的處方用藥。這些藥品大多沒有註明確切的治療機轉，有些甚至和中國人「吃什麼補什麼」的觀念極為類似。直到1930年代才出現新式藥方（《新藥便覽》），對於藥方有比較明確的成分和治療機轉的記載。〔註4〕藉由劉士永的研究，強調殖民政府對於西醫的推崇，可能促使了人民用藥習慣的改變。這項結果對於筆者而言，可以瞭解日治時期臺灣民眾的用藥習慣，在總督府推崇西醫的過程中似乎產生了轉變。以此觀點出發，筆者想要問的是日治時期臺灣的藥業網絡中，官方若灌注西方科學精神的本質，在西式醫學的理論和作法進入臺灣之後，是否也影響了消費者對於藥品的選擇？

2. 日治時期臺灣的藥劑師教育

劉士永的研究提出了，日治時期的臺灣由於缺乏專業藥劑師培育機構，導致醫業領導藥業，也就是醫業不分業。劉士永認為相對於臺灣醫療水準在日治時期的快速進步，臺灣的用藥環境向來是醫界領導藥業的局面，臺灣有專門培養醫師機構卻沒有培養藥劑師的機構，殖民政府鼓勵私人開業醫開設醫藥不

〔註2〕劉士永，〈西醫師——臺灣新社會菁英階級的誕生〉，《臺灣醫療400年》（臺北：經典雜誌，2006年），頁134。

〔註3〕劉士永，〈西醫師——臺灣新社會菁英階級的誕生〉，《臺灣醫療400年》，頁134。

〔註4〕劉士永，〈日治時期臺灣地區的疾病結構演變〉，《新史學》13卷4期，2002年，頁176～203。

分之診療所，導致日治時期以來私人開業的模式近似19世紀末歐洲的施藥診療所（dispensary），而非今日西方醫界只看診不施藥的診所（clinic）。這種現象對於臺灣之醫藥市場結構與民眾的就醫習慣均造成深遠的影響。這導致醫療體系裡藥劑師地位低落、醫藥分業無法具體落實的歷史源頭。〔註5〕這促使筆者思考從哪些面向還可以看出在日治時期醫藥體系中的藥劑師和醫師地位，有所差距，這樣的差距又為日治時期臺灣的醫藥環境帶來何種影響？

　　日治時期臺灣藥劑師的教育，傅大為在研究方法——口述訪問史料的使用則具有啟發性。傅氏在其《亞細亞的新身體：性別、醫療與近代臺灣》〔註6〕的研究中，對於日治時期臺灣藥劑師的教育議題，有所討論。其研究論及：雖然臺灣不培養齒科醫師，沒有藥專與藥學系，更不培養女醫師，但是在同一時代，特別是在1920年代以後，日本內地卻培養了許多臺灣齒科醫師、藥劑師與女醫師，特別是留日齒科和藥劑師歸臺者，很快就成為主流。日治時期留日學藥學的臺灣女生，基本上漢、西藥都學，所以回臺灣後當藥劑師、開藥局時，也常替病人看病與開藥，即使法令規定藥劑師需有醫師的處方箋才能進行調劑，但仍形成「女藥醫」的狀態。傅氏的研究對於日治時期臺灣藥劑師的教育養成，提供後續的筆者在進行研究日治時期臺灣的藥劑師之前，能對於藥劑師教育有基本的認知。此外，「藥醫」的現象，也促使筆者思考何種因素，造就此種結果？

3. 殖民政府對於藥業網絡的影響

　　劉士永的研究，認為臺灣總督府對藥品及衛材資源上的管控，長期以來處於扶持或依附外資結盟共業的狀態，這箝制了本土製藥工業的發展，也導致日系藥廠壟斷臺灣藥業市場且產生藥價過高的現象。在日治時期的臺灣，「山之內」、「鹽野義」等日系大藥廠的藥品，不僅成為殖民時期臺灣醫師處方箋上的最愛，「田邊」、「佐藤」出品的成藥，也是當時家庭日用的必備良方。臺灣總督府有意讓日本藥品壟斷臺灣市場的態勢明顯，日系大藥廠在殖民地臺灣不僅沒有競爭對手，還能透過發行衛教雜誌、舉辦優生保健比賽等方式，提高日本藥在臺灣人心目中「高級藥」的印象。臺灣在日治時期並不是沒有本土的製

〔註5〕劉士永，〈醫療、疾病與臺灣社會的近代性格〉，《歷史月刊》201期，2004年，頁92〜100。

〔註6〕傅大為，《亞細亞的新身體：性別、醫療與近代臺灣》（臺北：群學，2005年），頁158〜172。

藥工業，但在資本不足又無法取得政府核發合法販售的字號下，所生產的成藥如止咳糖漿、打蟲散等，不僅不能和日本藥競爭，甚至還常被當成偽、假藥，遭到衛生警察的強制撤架與罰款。〔註7〕

　　首先，從劉士永的研究中，可以看見日本製藥業者壟斷臺灣市場相當大的原因，是因為得到臺灣總督府的庇護，政商之間的微妙關係可見一斑。這引發了筆者想要討論日本製藥業者走入臺灣市場時擁有的政商條件。其次，從以上的研究可以得知藉由數個製藥業者的壟斷促成藥品成為「高級藥」，最直接就反映於日治時期臺灣的藥價，從以上劉士永的研究中可以發現日治時期臺灣的藥價高昂，〔註8〕僅有家境富裕者或得到政府支援者，才有機會取得有效的藥品。筆者認為，還可以探討的是對於藥價最有直接反應的消費者，如何看待藥價，甚至是對藥價有所反應。最後，如果依照劉士永研究中被打壓的本土製藥業者或是藥業從業人員，在日治時期不曾在藥業網絡中展示力量嗎？這是筆者心中的最大的疑惑，也是筆者所欲揭開的面紗。

　　范燕秋的〈醫學與殖民擴張——以日治時期臺灣瘧疾研究研究為例〉〔註9〕，則以公共衛生的角度和使用《臺灣總督府公文類纂》、日治時期臺灣的報紙、醫學雜誌和書籍等資料，探討日治時期臺灣的瘧疾問題時，提及臺灣總督府運用藥品治療疾病。因為日治時期臺灣並沒有有效的滅蚊方法，故投藥成為唯一治療瘧疾的方式，因此有關瘧蚊的研究重點便從瘧蚊的研究轉移到治療用藥品的研究上。一連串的藥物實驗，主要是為了尋找廉價、有效降低虐原蟲的再發率且容易服用的藥物，以代替傳統的治瘧用藥——奎寧。即使有出現治療效果較佳的藥品，但是受限於價錢過高，故最後所採用的藥物，用藥者還是著眼於經濟狀況，選擇價格較低的藥物。范氏認為由此可知，

〔註7〕劉士永，〈臺灣殖民醫療的特質——醫師至上、男尊女卑的科層結構〉，《臺灣醫療400年》，頁119。

〔註8〕有關日治時期臺灣藥物價格的討論，陳君愷的研究便提及有關1930年代時，因為藥價過高，而引發了「藥價減低運動」，此運動主要是由新文協、農組、民眾黨等發起，主要是向各地醫師進行交涉。由此可知，當時的藥價過於昂貴，對一般的民眾來說是相當沈重的負擔。雖然陳氏對於「藥價減低運動」並沒有花太多篇幅進行討論，但陳氏對於藥品價格問題的研究，提供了筆者在討論和檢討消費者對於藥業市場的反應時，可切入探討的角度和素材。詳參見陳君愷，〈日治時期臺灣醫師地位之研究〉，國立臺灣師範大學歷史所碩士論文，1991年，頁133。

〔註9〕范燕秋，〈醫學與殖民擴張——以日治時期臺灣瘧疾研究研究為例〉，《新史學》7卷2期，1996年，頁133～173。

衛生措施的施行與「殖民政府」的政策有相當密切的關係，殖民政府施政有其實際考量因素，如何利用學術研究仍是由政治場域來做決定。〔註10〕范氏的研究，除了提供筆者在檢討藥品的效力對於消費者的影響時，可從疾病和藥品的角度出發之外，殖民政府對於殖民地公共衛生所帶來的影響，更提供了筆者在檢討日治時期臺灣藥業網絡中，臺灣總督府作為一個殖民政府於制定藥業法規和以官方立場進行製藥、實驗時，可能會擁有的立場與背景。

4. 日治時期臺灣藥業網絡中的藥種商

范燕秋於〈總督府宜蘭醫院初探〉〔註11〕的研究中，除了以法令，即明治29年（1896）的「臺灣藥劑師、藥種商、製藥者取締規則」究明藥種商的性質之外，還提出經過1923年對取締規則施行細則進行改正後，對藥種商領取許可的考試，就有西藥和漢藥的差別，考試的制度促使藥種商的發展趨勢來看，走向漢藥商漸減與西藥商漸增。從以上的研究，可以得知臺灣總督府對於藥業者的規範，主要是為了因應其輸入近代西方科學的精神所導致。范氏的研究，提供了筆者在擴充討論藥種商時，能夠先對其有一基礎的認識。但也促使筆者思考考試的制度是否真正徹底壓制了漢藥種商的發展？漢藥種商如何失去營業的舞臺，又將如何自處與因應？

5. 日治時期臺灣藥業網絡中的官方製藥

賴郁雯的〈日治時期臺灣的衛生研究——以臺灣總督府中央研究所衛生部為例〉〔註12〕研究中，研究重心是藉由討論日治時期臺灣的官方研究機構——中央研究所衛生部，以瞭解日治時期臺灣衛生的概況，以及衛生研究對於當時的衛生事業有何助益。中央研究所衛生部執掌的業務之中有三項和藥品有關的業務，那便是藥品的製造、檢驗與實驗，這些對其業務內容的討論，提供了筆者在討論官方製藥時的方向，且點明了臺灣總督府對於藥品管制和藥品研究的目的與主旨，同時賴氏所使用的中央研究所衛生部的相關史料，

〔註10〕殖民政府在處理臺灣瘧疾問題時，所抱持的這種價錢低的經濟取向，在顧雅文的〈日治時期臺灣瘧疾防遏政策——「對人法」？「對蚊法」？〉研究中也做出了相同的結論。詳參見顧雅文，〈日治時期臺灣瘧疾防遏政策——「對人法」？「對蚊法」？〉，《臺灣史研究》11卷2期，2004年，頁185～222。

〔註11〕范燕秋，〈日治時期臺灣總督府宜蘭醫院初探〉，《宜蘭文獻雜誌》7期，1994年，頁35。

〔註12〕賴郁雯，〈日治時期臺灣的衛生研究——以臺灣總督府中央研究所衛生部為例〉，國立中央大學歷史所碩士論文，1999年。

也提供筆者在討論官方製藥的詳細情況時，作為主要參考的研究資料。

6. 其他綜論性質的研究

綜論臺灣藥業網絡的研究，如江秀彥在〈臺灣藥業發展中國家角色之分析〉[註13] 的研究中，討論的時間斷限由荷蘭時期一直至今，由於討論的時間斷限長和受限於文獻的使用，故對日治時期臺灣的藥業發展僅作概況的介紹，並未作詳細的討論。就其使用的史料來看，主要還是使用二手研究的成果，一手史料使用的數量並不多。江氏在研究中，所討論的藥業法令，主要還是著眼於臺灣總督府對西醫、漢醫和漢藥種商的管理。日治時期的藥業從業人員，不只包含藥種商，還包含藥劑師、製藥業者，若只談藥種商，是無法瞭解整個日治時期臺灣藥業法規和網絡的全貌。此外，日治時期臺灣總督府對於藥的管理，不只是對於藥業從業人員的管理，對於藥品本身，也建構了一套管理的制度。臺灣總督府對於藥品的管理，江氏僅提出了「特殊情況之醫藥行政——藥品巡視」的制度性名詞，但是有關藥品巡視施行的狀況卻沒有詳加討論以顯示其意義。故有關藥業網絡的問題，有待討論之處尚多。

三、史料運用

就本篇論文所使用的資料綜合言之，筆者主要使用了以上研究者並未大量使用的商工名錄、日記、家族帳冊文書、日治時期臺灣的報刊資料。商工名錄記錄了日治時期臺灣各行各業的基本營業資料，從此資料可以分析和統計日治時期臺灣藥業網路中藥種商實際經營的項目、特點、所在區域以及經營者本身之特質。日記和家族帳冊文書，主要可用於討論消費者用藥的選擇與反應，除了口述訪問外，日治時期有關消費者對於藥品使用問題的資料並不多，故日記和帳冊文書就成為重要且不可或缺的分析素材。而以上的研究中，已有學者以報紙的廣告作為分析的對象，筆者除了會繼續沿用此種討論的方式之外，對於報紙條文的使用，比重也會比以上的研究者多，藉由對報紙內容長時間的觀察，其實可以看出臺灣藥業網絡發展的時間脈絡和特質。最後，則是有關傳道醫療的藥劑師教育，筆者使用日治時期教會醫院實際用來教育藥劑生或醫療助手之教科書進行分析，是在討論日治時期臺灣藥學教育的研究中，未被使用過的材料。以下，便針對本篇論文所使用之檔案、藥業法令集、商工名

[註13] 江秀彥，〈臺灣藥業發展中國家角色之分析〉，國立中山大學政治學研究所碩士論文，2006 年。

錄與統計資料、報刊、醫藥雜誌與書籍、日記、家族帳冊文書共七大類加以說明。

　　檔案包含了第一類是臺灣各官立醫院年報，即《臺灣總督府臺北醫院年報》（1900、1908～1916、1919～1922）和《臺灣總督府臺中醫院院務要覽》（1935），此資料主要是官立醫院每年針對醫院的各部業務狀況、規程、藥物使用狀況、診療情況、病況、收支與藥價整理且記錄，本論文主要是利用此資料，討論官立醫院每年所消耗和製造的藥品種類和數量和藥劑師的業務內容。第二類為臺灣總督府研究所和臺灣總督府中央研究所相關報告，即《臺灣總督府研究所一覽》（1916）、《臺灣總督府中央研究所梗概》（1937）、《臺灣總督府中央研究所概要》（1935）、《臺灣總督府中央研究所例規》（1934）、《臺灣總督府中央研究所衛生部年報》（1935～1937），此資料主要是介紹臺灣總督府中央研究所前身——臺灣總督府研究所和臺灣總督府中央研究所之業務、組織、法令和研究成果，對於架構臺灣總督府的製藥組織和結構有所助益。

　　藥業法令集，包括《藥業者必攜臺灣藥事輯（附受驗者參考編）》（1929）、《內地、臺灣醫事藥事法典（附關係法令、限地開業醫師及藥種商試驗案內其他）》（1928）和《臺灣醫業法令集》（1937），此資料除了匯集了有關臺灣藥業的法令規則外，還蒐羅了藥種商測驗的試題，對於討論藥業法令和藥種商性質時，提供了資料。商工名錄與統計資料，主要是使用臺灣全島各地商工名錄，如《臺灣商工名錄》（1927）、《基隆市商工人名錄》（1933）、《臺北商工會會員名簿》（1937）、《臺北市商工人名錄》（1937）、《新竹州商工人名錄》（1929）與《臺灣總督府第一～第四十六統計書》（1899～1944）、《臺灣總督府警察統計書》（1932～1940）等，民間組織或是各地方政府、市役所、勸業課所發行之有關地方各行各業的開業資料之統計記錄。此資料因為包含了臺灣各地有關自行開業的藥業者的相關資料，包含販賣物品的種類、聯絡方式等，匯集整理之後，可以用於分析藥種商的營業狀況和營業網絡。

　　報刊資料，主要是使用日治時期臺灣所發行的報紙《臺灣日日新報》（1898～1944）、《臺灣時報》（1909～1945）、《臺灣民報》（1923～1930）。由於《臺灣民報》探索臺灣的社會、政治、經濟、文化，且對日本在臺灣的統治提出批評，介紹世界局勢及思潮，有別於《臺灣日日新報》和《臺灣時報》擁護臺灣總督府的立場。〔註14〕故用於討論輿論中消費者對於藥業網絡的反

〔註14〕吳密察監修，遠流臺灣館編著，《臺灣史小事典》（臺北：遠流，2000年），頁139。

應和藥業網絡之發展時,有所助益。此外,報紙所刊登的藥品廣告,更提供了日治時期臺灣製藥業者和其生產藥品的相關資料。醫藥衛生雜誌與書籍,是指臺灣醫學和藥學機構所發行的雜誌刊物和書籍,包括《臺灣醫學會雜誌》(1902~1945)、《臺灣藥學會誌》(1930~1937)、《臺灣藥友會誌》(1922~1927)、《臺灣藥友會會報》(1922)、《臺北市藥業組合概況》(1939),該資料主要除了討論有關醫學、藥理學、公共衛生的研究外,也提供了藥業組合運作的狀況。書籍則是指《臺南,彰化醫館長老教公用藥方》(1922)、《歐米藥制註釋》(1922)等書籍。以上有關藥學的教科書或參考書籍,在討論傳教醫療藥劑師教育或藥劑師和藥品、藥局管理的關係時,提供了資料。日記類資料,本論文所使用的日記為《水竹居主人日記》〔註15〕和《灌園先生日記》〔註16〕,主要是用來討論當時人們的用藥習慣和使用藥物的程度與需求。日治時期臺灣家族帳冊文書資料,主要為日治時期臺灣中部地區家族帳冊《修齊堂帳簿》希望藉由家族帳冊文書的討論,看見日治時期臺灣的消費者對於藥物實際進行消費的品目、選擇和頻率。

四、章節安排

本論文所探討的主題為日治時期臺灣的藥業網絡──以藥業從業人員和

〔註15〕 張麗俊著,許雪姬、洪秋芬編纂解讀,《水竹居主人日記(1906~1937)》共 10 冊(臺北市:中央研究院近代史研究所;臺中縣:臺中縣文化局,2000 年~2004 年)。《水竹居主人日記》是豐原下南坑人張麗俊所寫的日記,日記書寫的時間為明治 39 年(1906 年)~昭和 12 年(1937 年),曾任地方保正,有擔任公職的經驗,日記內容涉及家族、宗教活動、地方產業、日常生活、公共衛生、民變問題、對日本統治的看法。詳參見許雪姬,〈張麗俊先生〈水竹居主人日記〉的史料價值〉,《中縣文獻》6 期,1998 年,頁 1~30。本文也收入張麗俊著,許雪姬、洪秋芬編纂解讀,《水竹居主人日記》(臺北市:中央研究院近代史研究所;臺中縣:臺中縣文化局,2000 年),頁 1~51。

〔註16〕 林獻堂著,許雪姬主編,許雪姬等註解,《灌園先生日記(1927~1955)》共 14 冊,臺北市:中央研究院臺灣史研究所籌備處、中央研究院近代史研究所,2000~2008 年。《灌園先生日記》是霧峰林家林獻堂所寫的日記,日記書寫的時間為昭和 2 年(1927 年)~民國 44 年(1955 年),日記內容是林獻堂每天要言不煩的紀錄發生在他身上的事,從國家大事到生活細節(家族、經濟活動、政治、文化活動的資料)都入日記的內容之中,包括每天的天氣、所讀的書、起床上床的時間、病狀、醫療情形,甚至服用何種藥物都一一記錄。詳參見許雪姬,〈《灌園先生日記》的史料價值〉,本文收入林獻堂著,許雪姬主編,許雪姬等註解,《灌園先生日記》第 1 冊,(臺北市:中央研究院臺灣史研究所籌備處、中央研究院近代史研究所,2000 年),頁 1~17。

消費者為主。本文所討論的日治時期臺灣藥業網絡，是由臺灣總督府、藥業從業人員、消費者和藥品所構成。本論文所討論的藥品，包含西藥和漢藥（不論其性狀為粉狀、錠狀或液狀），用於治療、預防人體疾病。就藥業的網絡來看，臺灣總督府居於上游管理的角色，藥業從業人員中有分為製藥業者、藥種商、藥劑師，是因為法令所規範的藥業從業人員，即此三者。製藥業者，有在日本的製藥業者和臺灣的製藥業者兩種，在網絡外的日本製藥業者是將在日本所製造的藥品移入臺灣，交由藥種商或藥劑師等販售；在網絡內的臺灣製藥業者，此時是藥業網絡的上游，主要是藥種商（特別是漢藥種商）於臺灣製藥，然後直接販售。藥種商和藥劑師為藥業網絡的中游，既製藥也賣藥，賣藥是藉由批發和零售的方式，將藥品販售給消費者。消費者為藥業網絡的下游，是向藥店、藥局、販賣成藥的商店購買藥品的民眾。

有關論文的章節安排，除了緒論和結論之外，總共分為六章。第一章為網絡上游的管理——官方的角色。第一節先對日治時期臺灣總督府管理藥業從業人員和藥品之法規進行討論，建立管理藥業從業人員與藥品的架構。第二節和第三節則對官方製藥的業務內容進行討論，包含藥品製造與流通、藥品的檢驗、藥品的研究三大和藥品相關業務內容，見其對臺灣藥業網絡所扮演之角色與活動的實際狀況。

第二章說明網絡內外的私人製藥和藥品移入——臺、日製藥舉隅。第一節先對臺灣和日本的製藥業者，作概括的說明與定義。第二節先對私人製藥業者（主要以星製藥株式會社為例，因為星製藥於日治時期臺灣藥業網絡中留下的資訊，和其他製藥業者相較之下，較為完整）進入臺灣的背景和條件進行討論，接下來解釋該製藥業者製造和流通藥品的情形。第三節藉由流通的藥品帶出其他日本製藥業者於臺灣營業的狀況，用以上兩種實例說明臺灣藥業網絡中具有外來性質的日本製藥業者之營業圖像。

第三章為網絡中游的製造與販賣——藥劑師。第一節先討論於臺灣藥業網絡中游藥劑師的教育養成，可分為留日藥劑師教育與西方傳教醫療藥劑師教育，看兩者如何培養出日治時期臺灣地區所需之藥劑師。第二節則是討論藥劑師以何種網絡運用其專業知識於工作上且在臺灣的藥業網絡中發揮影響力？第四章為網絡中游的製造與販賣——藥種商。第一節討論藥種商於臺灣藥業網絡中的性質、第二節則討論藥種商的職能與其營業的狀況交織成哪一種形式的藥業網絡。

　　第五章為網絡中藥業從業人員的互動——以藥業團體為主，第一節是討論藥業從業人員以藥業組合的方式，針對業務上的需求作為目的，彼此接觸和交換意見。第二節則是討論藥業從業人員，藉由某些特定的媒介，進行知識上的交流。

　　第六章為臺灣藥業網絡中的消費者，作為藥品消費者的民眾，以三個層面來表達他們對於臺灣藥業網絡的觀感，一是從輿論中所反映的，討論民眾心目中藥業從業人員的形象，二是消費者對於藥品價格的反應，三是從消費者對於藥品的選擇出發，此處以林獻堂和張麗俊兩人日記、家族帳冊文書、日治時期臺灣寺廟藥籤等資料，來觀察民眾對於藥物的消費與選擇，主要分三種類型作為討論，一為西藥型，二則為西漢藥混用型，三為漢藥型。

　　結論則是檢討在藥業法規管制下的藥業網絡，形成了哪種具有特色的藥業網絡型態？此網絡又對臺灣人民帶來了哪些正面或負面的影響？法令所構築下的臺灣藥業網絡，依照各自的方式活動，又展現了哪些醫藥的力量與功效？

第一章　網絡上游的管理——
官方角色的管理

　　在討論臺灣藥業網絡前，需對日治時期管控藥業網絡之政府機構和法令，進行討論，以釐清在藥業網絡中有哪些角色和對象進行運作，且法令又是如何看待他們於藥業網絡中的定位。而臺灣總督府除了制定法令對藥業網絡進行管理之外，也自行從事藥品製品，且擔任起檢驗藥品和對藥品進行實驗之工作。以下，先就對於藥業網絡管理的法令，也就是官方的管理，進行討論。

　　首先討論掌管日治時期臺灣衛生事業的中央與地方機構。中央機構方面，1895 年 7 月，臺灣總督府在總督府下設立了衛生事務所，以掌管全島衛生事務。同年 8 月，臺灣總督府條例發佈，將衛生事務一分為二：有關保健衛生的部份，由民政部內務部警務課掌理，有關醫事衛生方面，則歸陸軍局軍醫部主管。1896 年 3 月因臺灣總督府條例修訂，有關衛生事業的掌管機關也有所調整，除軍隊的衛生事務外，其餘的衛生事業，全歸民政局主管。民政局接管後，在該局內的總務課下設置衛生課，其執掌的業務項目有：關於傳染病其地方病之預防暨其他所有公眾衛生事項；關於病院醫師藥劑師之業務及藥品取締事務；關於檢疫停船事項；關於衛生工事之設計事項；關於阿片取締事項等。〔註1〕在衛生課設置初期，因多次官制的改訂，或屬民政局、民政部、內務局，直到 1911 年，才確定將衛生課置於警察本署之下，其後警察本署改為警務局，在警務局內仍設有衛生課，警務局衛生課之後成為中央衛生

〔註 1〕臺灣總督府民政部，《臺灣衛生概要》（臺北：該部，1913 年），頁 31。

行政的主管機關。〔註2〕警務局衛生課其中就掌管了和藥業相關事務,即病院、醫師、藥劑師、藥種商、製藥者及一般醫療相關事項以及藥品及賣藥取締相關事項。〔註3〕

　　地方衛生行政組織方面,在各州的警務部下置有衛生課,在各廳之警務課下置有衛生係,〔註4〕其所掌管的事務中就有醫師、藥劑師、藥種商、製藥者、賣藥商及產婆、按摩、針灸術營業管理;衛生組合及有關私立病院的事項;藥品販賣相關事項。〔註5〕總之,不論中央或地方,衛生行政組織皆是附屬於警察機關之下,此為日治時期,衛生行政組織上的一大特色。〔註6〕

第一節　對藥業從業人員和藥品的法令規定

　　綜觀日治時期臺灣有關藥業的重要法規(法規選譯之條文可參見附錄一),包含人和物的管理,所公布或施行法規的順序為:1896 年 6 月 10 日公布「臺灣藥劑師、藥種商、製藥者取締規則」→1900 年 9 月 1 日公布「臺灣藥品取締規則」→1912 年 8 月公布「臺灣賣藥營業取締規則」→1925 年 4 月臺灣頒佈「藥劑師法」→1928 年藥劑師法正式施行→1929 年 3 月公布「臺灣藥劑師法施行細則」→1929 年公佈「臺灣麻藥類取締規則」→1943 年 11 月 1日公布藥事法,改訂「臺灣藥品取締規則」。以下將法令分為對藥業從業人員與藥品的管理分別進行討論。

一、對藥業從業人員的法令規定

　　藥業是指從事藥品製造及販賣,與執行藥學專門的業務者。製造及販賣藥品者為業者,自有藥事法規以來,均被列為藥商,加以規範。以下將針對日治時期臺灣總督府所制定管理藥業從業人員的法令,進行要點式的說明。

　　首先討論「臺灣藥劑師、藥種商、製藥者取締規則」與「臺灣藥劑師、藥

〔註2〕臺灣總督府警務局,《臺灣衛生要覽》(臺北:該局,1925 年),頁 47～55。

〔註3〕國府小平,《臺灣衛生行政法講義》(臺北:臺灣總督府醫學校校友會,1915 年),頁 96。

〔註4〕行政院衛生署編,《臺灣地區公共衛生發展史(一)》(臺北:行政院衛生署,1995 年),頁 46。

〔註5〕國府小平,《臺灣衛生行政法講義》,頁 112～113。

〔註6〕黃靜嘉,《日據時期臺灣殖民地法制與殖民統治》(臺北:自刊,1960 年),頁 159～160。

種商、製藥者取締規則施行細則」。臺灣早先並沒有藥劑師養成機構，也沒有藥劑師考試制度，對於藥劑師及藥商之管理和經營許可，最初是依據 1896 年6 月 10 日公布的「臺灣藥劑師、藥種商、製藥者取締規則」（以下簡稱「規則」）〔註7〕辦理，於明治 29 年（1896）7 月 1 日起施行。且於同年由地方官廳公布「臺灣藥劑師、藥種商、製藥者取締規則施行細則」（以下簡稱「細則」）〔註8〕進行管理。有關「規則」的要點，第一先簡單定義法令中所管束的三者──藥劑師、藥種商、製藥業者。三者在藥業網絡中，只要得到臺灣總督府的許可，都可以從事製藥的行為。藥劑師是係按醫師處方箋調配藥劑者；藥材商（藥種商）是係販賣藥材（藥品）者；製藥者是係指製造藥品且販賣所製藥品者。第二則是對藥劑師的資格加以說明，也就是藥劑師應帶有內務大臣發給藥劑師執照或由臺灣總督給領藥劑師執照者，而藥劑師欲開辦業務，則應具稟並檢同執照呈報所擬開業處之地方官廳。藥材商（藥種商）及製藥者欲開辦業務，也必須向地方官廳請領執照。以上藥業相關人員，所販賣的藥品需為日本藥局方內所載藥品，若非與該局方適合，不得販賣授與。日本藥局方外所開列外國藥局方內藥品，若非與該局方適合，一概不得販賣授受。

同為 1896 年由地方官廳公布之「細則」，要點比以上的「規則」，規定的更為詳細。如臺灣藥劑師、藥種商、製藥者若要開業，以上已說明需要向地方官廳申請，申請的詳細步驟，細則中就有說明，是需向所屬地方官廳提出本籍、住所、姓名、出生年月日，以及開業的場所，營業的區別，藥品製造中藥品的品目及製法，製造工場的位置、構造、設計書、圖面及其四鄰六十間以內的略圖，以獲取營業證書，且於營業場所店頭揭示寫有營業種類、姓名與住所之招牌。以上事項若需變動或營業者失蹤、廢業、死亡，則需由其遺族或管理人至所屬官廳進行變更。

藥種商和製藥業者，若是要進行製藥的行為，細則中也規定了製藥者、藥種商向所屬官廳提出製藥或營業許可申請時，需向地方官廳提出本籍、住所、姓名、出生年月日（法人的名稱、事務所的位置、代表者的住所及姓名），營業或製藥的場所，藥品貯藏所設立的位置，製作藥品的品目、種類、製法，經歷書（法人中技術者的經歷書，此處的法人技術者應是指醫師和藥劑師）。若無營業許可證，藥種商及製藥者不得對藥品進行製造與販賣。所屬官廳則需向

〔註7〕林天定，《臺灣漢藥學》（臺中：臺中藥學講習會，1930 年），頁 260～310。
〔註8〕林天定，《臺灣漢藥學》，頁 260～310。

法人中之技術者或管理人測驗（書面和口頭）藥品的種類、性狀、製法及處理大意，關係法規的大要，藥品的實物鑑定。也就是各地方官廳，需對藥種商和製藥業者進行測驗，有關測驗的情形，可參照第四章。

此外，有關藥劑師的職業道德和業務範圍，更規定了藥劑師若對處方箋藥品持有疑問，需向開立處方箋之醫師求證或訂正之，不得擅自調和藥劑給予病患。藥劑師在給予患者藥劑的包裝容器外，需記載患者的姓名與年齡、內用或外用、用法與用量、調劑的日期、藥局名稱與所在地，且蓋印證明之。藥劑師需使用和記錄郡役所或警察署檢印的調劑簿，使用後保存十年。而有關對於藥業從業人員的懲罰方面，則是臺灣藥劑師、藥種商、製藥者因營業上的不正當行為、行蹤不明三個月以上、觸及阿片及藥品的相關法令及休業三個月以上，營業許可將被取消，停止營業。

其次討論「藥劑師法」、「藥劑師法施行規則」和「藥劑師法施行細則」。由於將所有藥業從業人員列入同一管理規則內並未明確規定藥劑師資格及其職業性能，管理上有諸多不便之處，且有關藥劑師的管理主要是執照與處罰的規定，故以勅令施行「藥劑師法」〔註9〕（1925 年頒佈，1928 年正式施行）。勅令中特別規定：「得有日本內務大臣或厚生大臣准許之藥劑師，則不需受臺灣總督之許可」。而藥劑師的定義，就成為是依醫師或獸醫師之處方而調劑者。而藥劑師的資格，也被明確認定是依大學令之大學修習藥學，得稱為學士者。畢業於官立藥學專門學校、醫科大學附屬藥學專門部或醫學專門學校藥學科者，或畢業於文部大臣認為有同等以上學力而予以指定之學校者；藥劑師考試及格者；畢業於外國藥學校或在外國得有藥劑師執照而適合於命令之規定者。有關藥劑師的職業道德方面，於調劑的場合，應不論晝夜，只要是正當之理由，都不得拒絕調劑。

此外，藥劑師應對醫師、齒科醫師等所開之處方箋進行調劑，若對處方箋有疑者，應向開設處方箋之醫師求證，才可進行調劑。藥劑師應針對醫師所開之處方箋藥品進行調劑，不得以其他藥品替代之，缺乏藥品的情況下，不在此限制之列。而對於毒藥和劇藥的管理，則是要求藥劑師針對處方箋調劑毒藥與劇藥時，應保存其處方箋三年，且需對所調劑之處方份量紀錄且蓋印。從此可以看出，從法令上就發現醫師和藥劑師在專業地位上的差別，藥劑師是附屬於

〔註 9〕高雄州醫師會，《臺灣醫業關係法令集》（高雄：高雄醫師會，1937 年），頁 283～286。

醫師存在的，必須依照醫師的處方指示，甚至對處方有所疑惑之時，仍須經過醫師認定，才能夠運用其專業進行調劑，這應也是日治時期醫業地位高於藥業地位的其中一個因素。此外，藥劑師針對其業務內容，藥劑師開設藥局需準備記錄簿，記載和調劑相關的事項，保存此記錄簿三年。

　　為了配合「藥劑師法」的實施，地方官廳公布各規則的實行細項與進行管理，施行規則和細則於 1925 年公布之，明確揭示了藥劑師的專業職能且對其業務內容作更為詳細的說明，主要為「藥劑師法施行規則」〔註10〕和各地方州廳所訂之「藥劑師法施行細則」〔註11〕與要點。〔註12〕

　　有關藥劑師的資格認定方面，需依照以下的資格，才可得到藥劑師執照。一為依照大正 15 年（1926）勒令第 16 號依內務大臣指定的外國國籍，且有該國藥劑師執照者，由臺灣總督認定其適當有此資格者。二為外國藥學校畢業，且於外國有藥劑師執照者，由臺灣總督認定其為帝國臣民者。而接受藥劑師的執照和登記者，需將有依照藥劑師法所記載資格、資格取得的年月、本籍（本島人寫本居地，外國人則寫其所屬的國籍）、住所、姓名、出生年月日的申請書和戶籍抄本及和資格有關的畢業證書、試驗合格證書，若於外國取得資格，則附上外國藥劑師執照，將以上文件及登記事項，向臺灣總督提出。登記過後，則給予藥劑師登記證。

　　而臺灣總督府則需在藥劑師名簿中登記以下事項：登記號碼及登記的年月日；本籍、姓名、出生年月日、性別；藥劑師第二條第二項的資格及資格取得的年月日；業務停止的事由、期間和年月日；附上執照及登錄證的事由及年月日；登記抹消，其事由其年月日。而藥劑師若要開業，需符合下列條件，也就是公共團體和特別得到知事或廳長認定許可者。開設藥局，該藥局管理者之藥劑師需在十日以內向藥局所在地的知事或廳長提出藥局所在地及名稱，還有管理藥局的藥劑師和其他藥劑師的姓名。知事或廳長可為了藥局整潔等事項，命令藥局新設、變更或停止使用該局設備。藥劑師營業時，則要在調劑錄上記載下列事項：處方箋記載的事項；調劑的年月日；調劑者的姓名；處方箋指定使用的期間，和調劑藥品的調劑量；處方箋需有醫師、齒科

〔註10〕〈藥劑師法施行規則〉，《臺灣醫學會雜誌》，28 卷 288 期，1929 年，頁 441～444。

〔註11〕高雄州醫師會，《臺灣醫業關係法令集》，頁 290～293。

〔註12〕行政院衛生署編，《臺灣地區公共衛生發展史（一）》（臺北：行政院衛生署，1995 年），頁 67～68。

醫師、獸醫師的證明；醫師、齒科醫師、獸醫師需同意為其調劑且註明藥品名及份量。藥劑師於販賣和調劑的場所中藥劑所使用的藥包和容器，需註明以下事項：處方箋記載的患者姓名和用量與用法；藥局所在地及名稱，還有調劑者的姓名；調劑年月日。

在「藥劑師法施行細則」中，主要是提及了藥局開設的相關規定，藥劑師若要自行開業開設藥局有一定的限制，即需為公共團體和特別得到知事或廳長認定才可開設。但臺灣總督府給予藥局開設的許可，在以下的情況下也是可以成立，如藥局開設者死亡，繼承者有意承繼藥局；公益藥局的開設；依照土地的狀況和公眾衛生的需求開設藥局；法人代表者開設藥局，且由藥劑師實際進行經營與監督。藥劑師開設的藥局要具備以下的器具：截丸器、成丸器、坐劑器、篩器、藥研、剉細器、天坪、調劑器、規定之計量器、滅菌器等。而藥局（法人所開設之藥局，由藥局開設者、代表者、管理者適用此法則）開設證書，除了紀錄管理者和藥劑師的住所外，還需附上藥劑師執照，藥劑師需於店門口醒目之處，揭示藥局的名稱及藥劑師的姓名，且非藥局不得使用藥局的名稱，非藥劑師更不可以開設藥局。由此可以看出藥劑師執業的地點，除了官立機構、私人醫院之外，民間機構中就是開業之藥局成為藥劑師網絡分佈的重心。

此外，藥劑師若要從事藥品製造業，則需檢附藥劑師執照和住所、姓名、營業所的位置、製藥所的位置、製藥所的空間構造配製圖、藥品貯藏所的位置、製造藥品的品目、藥品製造方法之要旨，向知事提出。藥劑師每年製造的藥品名稱、種類、數量，需於隔年 1 月 31 日前向知事提出。知事和廳長也得以對藥劑師調劑之場所進行巡視，藥劑師於官吏要求檢視藥劑師執照和登記證時，不得拒絕。

最後，有關藥業從業人員的法令為「藥事法」。由以上的說明可以知道，由於臺灣總督府自一開始，是以兩項主要的法規，用以規範藥品和藥業從業人員，這種方法，使得藥業從業人員的職能無法得到清楚的界定，故後續則針對藥劑師制定了對於專業職能，有著較為清楚界定的法令。直到 1943 年，藥品和藥業從業人員才不被分為兩個部門進行管理，而是以日本內地使用之「藥事法」，同樣施行於臺灣，將兩者合併管理。

「藥事法」的施行意味著其作為戰時體制強化的一環，主要用於強化醫業及藥業的中央統制，為了避免藥劑師和醫師之間的紛爭產生，故對醫藥制

度進行改正，且因襲「藥劑師法」的規定。「藥事法」於昭和18年（1943）11月1日施行，「藥事法施行規則」於昭和18年（1943）10月26日公布，舊有的「藥劑師法」、藥品營業與藥品取締規則以及賣藥法等則廢止。〔註13〕「藥事法」主要分為總則、藥劑師、藥劑師會、藥局及調劑、醫藥品、監督、雜則、罰則、附則。「藥事法施行規則」中主要的內容，第一章為藥劑師，分為藥劑師試驗、業務修習等；第二章為藥局及調劑；第三章為醫藥品，分為醫藥品的製造業、輸入販賣業及移入販賣業，醫藥品的販賣業、醫藥品的取締、毒藥及劇藥、麻藥。〔註14〕「藥事法」的設立，目的在於「圖國民體力之向上及期望藥事衛生的適正」，接受承繼過去的藥劑師法、藥品營業及藥品取締規則與賣藥法三項法令，將和藥事衛生相關的人、物制度作有機的統合，將過去賣藥和藥品分別管理的制度統一。〔註15〕

　　而有關醫藥品主要改正的要點有：一，新藥、新製劑、賣藥的區別撤廢，將賣藥外用品作為保健衛生上重要的醫藥品進行管理。二，廢止製藥者、賣藥營業者的制度，總合統一有關製造的各種免許、許可等，確立由主務大臣許可制的醫藥品製造業統一措施。三，確立醫藥品的製造業需設置藥劑師之原則。四，制定醫藥品製造的設備、管理、封緘及其他相關必要製造事項之法令。五，對醫藥品製造業、輸入及移入販賣業進行管理。六，主務大臣需認定保健衛生上必要之醫藥品價格，且為求公正，必要時需以命令進行處分。七，禁止對醫藥品效能進行虛偽與誇大之廣告。八，主務大臣和地方長官，需指示藥業營業者業務上相關必要事項。有關醫藥品的販賣、授與以及販賣、授與作為目的的製造、輸入、移入、貯藏、陳列與毒藥、劇藥的管理，則依照以往藥律的規定。〔註16〕

　　而藥事法施行於臺灣，可以一例子說明之，即「依照臺灣藥劑師會令所召開的臺灣西部五州藥劑師會中，臺灣總督府於昭和18年（1943）11月1日公布國民醫療法的同時，也公布了藥事法，為了要在戰爭時期仍維持國民的體力，藥事法中要求臺灣各地以州為單位，於各州成立該州統合性的『藥劑師會』」，〔註17〕澎湖廳、臺東廳和花蓮廳皆比照辦理，主要執掌的業務有藥劑師

〔註13〕厚生省醫務局編，《醫制百年史（記述編）》（東京：編者，1976年），頁301。
〔註14〕厚生省醫務局編，《醫制百年史（資料編）》（東京：編者，1976年），頁392～410。
〔註15〕厚生省醫務局編，《醫制百年史（記述編）》，頁316。
〔註16〕厚生省醫務局編，《醫制百年史（記述編）》，頁316～317。
〔註17〕由於筆者並沒有找到「藥劑師會」的相關資料，故無法對其加以深入的探討。

的道德振作、有關藥事衛生藥劑師的講習、改善藥事衛生的指導、衛生思想的普及、藥事衛生的調查研究。」〔註18〕為了順應戰時體制，就連藥業相關單位和藥品本身，都被納入統制的體制之中，強調統合性的管理。

二、對藥品的法令規定

而臺灣總督府對藥品的管理法令，起因於為了防止不良的藥品輸入臺灣，故於 1900 年 9 月公布「臺灣藥品取締規則」〔註19〕，自明治 34 年（1901）1 日 1 日起施行，對於毒藥和劇藥的規定較多。該法令規定了醫療用品之性狀、品質、貯藏法等，有日本藥品記載者，需適合於所依據之外國藥典。前條藥品非經內務省所管衛生試驗所或臺灣總督府製藥所試驗並經其封緘者，則不得販賣或授與他人。藥品之容器或外包紙應以國字或漢字記其藥名，但併記英語或其他外國語。而對於藥品中毒藥和劇藥的管理，則是毒藥、劇藥除由藥劑師或醫師照醫師處方箋交與病人外，醫師、藥劑師、藥種商、製藥者之間則不得賣買授與或藏存，即毒藥、劇藥非藥劑師則不得開拆封緘零賣。

若因學術工業或營業之用及為預防傳染病充用消毒藥者，不在前項之限。毒藥、劇藥應由該業者做成證書記註藥名、量數、使用名目、年月日、住址、氏名、職業等項，並蓋用圖章方可販賣授與，證書自交付之日起，應保存滿十年，且毒藥、劇藥應與他藥分別貯存，其貯存毒藥需備有鎖鑰之處所，在藥品之容器或包紙，照第五條記載外，其毒藥宜記毒字，劇藥宜記劇字，而毒藥、劇藥之品，自另由臺灣總督酌定頒示。〔註20〕而臺灣總督應令監視員巡視藥品之製造、販賣、貯藏或使用處所，監視員若有消費藥品，其係為查驗，不得向其請求價值。從以上對於毒劇藥品的管理，可以觀察出臺灣總督府對於藥品嚴格之謹慎，就連專業的醫藥人員進行販賣時，都要依據法令行事。

日治時期臺灣除了藥種商、藥劑師所調劑的藥品之外，製藥業者生產的成藥更是藥品市場中的大宗貨品，因為不只藥劑師和藥種商可以販賣，連營

〔註18〕〈臺灣藥劑師會令けふ公布西部五州に會創設〉，《臺灣日日新報》第 15726 號，昭和 18 年（1943）12 月 11 日，第一版。

〔註19〕〈賣藥規則改正案〉，《臺灣日日新報》第 14801 號，大正 2 年（1913）10 月 17 日，第五版，內外要電類。

〔註20〕毒劇藥品目於昭和 7 年（1932）6 月依內務省令第 21 號第五改正日本藥局方第二表和第三表揭示，於昭和 7 年（1932）10 月 1 日施行。詳細毒劇藥的項目可以參照高雄州醫師會，《臺灣醫業關係法令集》，1937 年，頁 265～281。

業性質類似雜貨店之商店（不需要對藥材進行調劑者），都可以販售成藥。故臺灣總督府對於成藥之管理，是始於大正元年（1912）8月，臺灣總督府頒佈「臺灣賣藥營業取締規則」，〔註21〕此規則針對成藥製造業或經營輸入、移入及販賣成藥詳加規範。規則中的要點有成藥製造業者欲發行所製成藥時，容器內需附加用法、用量及效能說明書，並將自己姓名、商號、營業地點及成藥名稱、定價，標明而封緘之關於成藥的效能，不論以文書、語言或其他任和方法，除說明其得有許可事項外，不得誇張而公示之。關於成藥廣告或在賣藥容器或包皮或添附於成藥或不添附之說明書等，不得刊載下列諸事項：暗示避孕或墮胎之記事〔註22〕；虛偽誇張之證明，或謂有醫師等為保證效能，使世人易生誤解之記事；暗示醫治為無效，或暗以誹謗醫師之記事。如欲從事成藥製造業，或經營輸入、移入及販賣成藥者，需呈請地方廳之許可，呈報廳長姓名、住所、本籍地、出生年月日；法人的商號、本店所在地、代表者的姓名；營業的場所；營業場所之外，若有製造工場則工場的所在地。此外，欲從事賣藥製造與輸入者，需交付一部份的製藥原料與樣本和賣藥的名稱、賣藥的原料、份量及調製方法，賣藥的用法與用量、賣藥的效能，輸入藥材進行製造者的姓名、商號及營業場所給委任地方廳，以獲取臺灣總督的許可。

　　賣藥販賣營業者，開業需注意將營業者的姓名、住所、本籍地、出生年月日，法人的商號、本店所在地、代表者的姓名，店賣或行商的類別，店賣的營業場所等事項提交廳長，以得到營業的許可。賣藥販賣營業者需向廳長提出賣藥的名稱，製造者的姓名、商號及營業的場所，藥品若為進口，則輸入者的姓名、商號及營業的場所，不得擅自拆開藥品的封緘，以零售之。賣藥者中，有賣藥行商者若要營業，則需向廳長檢附賣子鑑札和提出姓名、住所、本籍地、出生年月日，營業時須攜帶營業許可書，且不可將以上的證書讓渡或借貸使用。而最後有關處罰的規定，則是賣藥製造、移輸入、販賣、行商者

〔註21〕行政院衛生署編，《臺灣地區公共衛生發展史（一）》，頁74；只野典男編，《內地、臺灣醫事藥事法典（附關係法令、限地開業醫師及藥種商試驗案內其他）》，頁207～213。

〔註22〕有關法令規定藥品不得暗示避孕或墮胎之記事，在《臺灣日日新報》的廣告中，可以發現一種主張「流經」或「通經」的藥品，其實這些藥品就是今天的「墮胎藥」，如「月やく」。此種藥品表示在月經未來的四到五個月內，對於「流經」是有效的。藥品業者其實遊走於法律的邊緣，以「通經」或「流經」的名義登載廣告，讓需要墮胎的人以通信的方式購買。詳參見梁鑠尹著，《臺灣日日新：老藥品的故事》（臺北：臺灣書房，2007年），頁78～79。

若於營業中有不法之情事，廳長得以對其處以罰金且取消其許可證、禁止其繼續營業。和營業者相關之代理人、戶主、家族、同居者、雇人以及其他從業者，若是因為出於營業者的指揮，而導致違反本令之規定，和營業者之相關人等免受懲罰。

日治時期臺灣總督府為了防止不良醫藥品之濫用，於明治 33 年（1900）訂頒「臺灣藥品巡視規則」，以警察、衛生官員或藥劑師為巡視員，以視察藥品販賣、製造、貯藏及使用場所且巡視員需攜帶所規定之標記（證件）。證件尺寸為曲尺長 1 寸 5 分，寬 2 寸，證件有正反兩面，正面清楚標示哪一個縣或廳的「臺灣藥品監視員的證件」，背面為縣或廳的印。〔註23〕有關藥品巡視的成績，可見表 1-1。

表 1-1 藥品巡視成績（1932～1940）

時　　間	種　　別	巡視所數	施行所數	不良藥品發現		規則違反處罰件數
				所　　數	個　　數	
1932	藥劑師	64	42	20	75	3
	藥種商	2,761	921	198	491	64
	製藥者	6	3			
	醫院	155	97	7	10	18
	醫師	1,844	717	302	926	221
	總計	4,830	1,780	527	1,502	306
1933	藥劑師	73	60	19	37	
	藥種商	2,829	1,107	274	651	37
	製藥者	4	1			
	醫院	160	93	30	41	
	醫師	1,581	864	463	1,041	131
	總計	4,647	2,125	786	1,770	168
1934	藥劑師	83	32	7	28	
	藥種商	2,480	748	70	139	5
	製藥者	4	1			
	醫院	212	70	3	7	1
	醫師	1,680	618	270	784	19
	總計	4,509	1,469	350	958	25

〔註23〕高雄州醫師會，《臺灣醫業關係法令集》，1937 年，頁 182。

1935	藥劑師	87	50	14	28	13
	藥種商	2,386	927	210	498	43
	製藥者	5	2			
	醫院	200	108	29	44	7
	醫師	1,584	805	290	729	257
	總計	4,262	1,892	543	1,299	320
1936	藥劑師	90	21	9	8	1
	藥種商	2,117	631	112	237	39
	製藥者	34	1			
	醫院	203	94	28	51	1
	醫師	1,427	592	196	396	74
	總計	3,861	1,339	345	692	115
1937	藥劑師	102	57	22	33	1
	藥種商	2,031	673	170	213	14
	製藥者	15	7			
	醫院	129	55	28	53	
	醫師	1,437	580	244	1,045	2
	總計	3,784	1,372	464	1,344	17
1938	藥劑師	127	53	6	10	
	藥種商	2,227	745	87	167	10
	製藥者	25				
	醫院	267	101	33	83	
	醫師	1,769	743	196	469	28
	總計	4,415	1,642	322	729	38
1939	藥劑師	169	70	5	7	4
	藥種商	2,107	754	47	114	39
	製藥者	8				
	醫院	226	102	13	18	4
	醫師	1,873	792	184	561	39
	總計	4,383	1,718	249	700	76

	藥劑師	165	75	26	66	5
	藥種商	1,949	840	124	425	7
1940	製藥者	41	7			
	醫院	294	126	47	174	7
	醫師	1,917	933	259	609	104
	總計	4,366	1,981	456	1,274	123

資料來源：臺灣總督府警務局，《臺灣總督府警察統計書》，1932～1940 年，臺北：臺灣總督府警務局。

各州廳為推行該規則時，皆配置具有藥劑師資格之技手（現今的技士或技佐）及警察官員擔任巡視員，巡視採取突擊檢查的方式，巡視的時間為早上 8 點至下午 5 點之間，巡視處所包括藥劑師、藥種商、製藥者、醫院、醫師、齒科醫師、獸醫師等營業地點。〔註 24〕有關藥品巡視的狀況，如明治 32 年（1899）9 月 6 日，「臺北各官廳囑託皆奉臺北縣廳諭令調查各區藥種商店所賣藥材，如遇腐敗生蟲等品，一律不准出售，以保衛生；區委為臺北醫院囑託山田德次郎、第二區民政部囑託鹿沼留吉、第三區製藥所事務囑託中島龜彥、第四區臺北醫院囑託尾富藏、第五區製藥所囑託佐藤善吉、第六區製藥所春原三惠吉和臺北辨務署第二課及各支署官員警部巡查長，派出共赴商店執行檢查。」〔註 25〕明治 34 年（1901）4 月 20 日，「臺北縣主任技手攜帶檢查器械，至臺北各藥鋪試驗藥品，若有無法立即試驗者，則帶回藥品試驗室進行試驗檢查。」〔註 26〕新竹廳衛生係，也於大正 7 年（1918）6 月 8 日於市內及州廳所在地，對開業醫的藥局及藥品中進行藥物檢查，「開業醫的藥局比之前檢查的狀況還要好，使用的是保存期限以內的藥品，但高價藥品準備的較少，平價藥品較多。」〔註 27〕

以表 1-1 中，以 1932～1940 年的藥種商、製藥者、藥劑師和醫師（包含齒科醫師和獸醫師）、醫院四者來進行討論。可以發現，1932～1940 年藥品

〔註 24〕 行政院衛生署編，《臺灣地區公共衛生發展史（一）》，頁 76；高雄州醫師會，《臺灣醫業關係法令集》，頁 181～182。

〔註 25〕 〈檢查藥商〉，《臺灣日日新報》第 406 號，明治 32 年（1899）9 月 7 日，第三版。

〔註 26〕 〈檢查藥品〉，《臺灣日日新報》第 888 號，明治 34 年（1901）4 月 21 日，第五版。

〔註 27〕 〈新竹藥物檢查〉，《臺灣日日新報》第 6452 號，大正 7 年（1918）6 月 9 日，第七版。

巡視個數最多的種別為藥種商和醫師，由此可以看出兩者的數量和其他種別比較起來較多，所以被巡視的數量也就相對較多，除了 1937 年之外，醫師遭受處罰的件數都比藥種商還要多。故即使專業如醫師都未必會比藥種商懂得保存好藥品。相對來看，藥劑師和製藥業者（技術人員就包含了藥劑師或醫師）被處罰的案件都比較少，除了因為本身數量的關係之外，和其藥學專業之素養或職業道德應也有關係。有關 1932～1940 藥品巡視中，巡視的所數和發現不良藥品的所數之比例來看，1932 年為 30%、1933 年為 37%、1934 年為 24%、1935 年為 29%、1936 年 26%、1937 年 34%、1938 年 20%、1939 年為 14%、1940 年為 23%，範圍約在 14%～37%。從比例上來看，最多有約 4 成的藥品沒有被妥善的貯藏，抑或營業者並沒有遵守藥品的法律，而讓藥品流通或販售。

但是從數量上，無法得知究竟不良藥品中是以西藥多，還是漢藥多，雖然有資料顯示是以漢藥較多，但是並沒有數量可以證明之。〔註28〕因為巡視的結果中還是可以發現許多不良的藥品，不只有漢藥違規的情況，西藥的販售，同樣也會出現違規的情況。1912 年，一篇名為〈藥律違反〉的文章提及，「新竹北門街 140 徐永清為醫學校畢業生，與某人共開藥店，之前有販賣未經官封藥品的紀錄，這次又因為同樣的問題，被藥品巡視官臨檢時查獲，……，需處以罰金 30 圓。」〔註29〕

最後一項和毒劇藥一樣受到嚴格管制的藥品就是麻藥的部份，因為麻藥如同毒劇藥若不慎使用，皆會對身體造成嚴重的傷害甚至死亡，但臺灣總督府於 1929 年才頒佈對於麻藥進行管理的「臺灣麻藥類取締規則」，該規則可分為六章，分別為總則、麻藥的製造、麻藥的進出口、麻藥的販賣、麻藥中的古柯和印度大麻、雜則與罰則。

第一章為總則，規定了法令中所指的麻藥是包含了哪些成分的藥品，如「モルヒネ」、「ヂアセチールモヒネ」、「コカイン」等藥品。醫業者（醫師、齒科醫師、獸醫師）施行診療和開製處方時和藥業者（藥劑師、藥種商及製藥者）製藥時，都必須依照此法令行事。因為麻藥被限於醫藥和學術用途，非用於以上用途，都不可對麻藥進行製造、輸入、移入、輸出、移出、買賣、授受

〔註28〕丸山芳登，《日本領時代に遺した臺灣の醫事衛生業績》（橫濱：編者，1957 年），頁 121。

〔註29〕〈藥律違反〉，《臺灣日日新報》第 4308 號，大正 1 年（1912）12 月 20 日，第七版。

及所有、所持。

第二章為麻藥的製造，指若要對麻藥進行製造，需向臺灣總督提出麻藥的品名、原料的種類、原料為自產或買入、製品的販路、一年的預定製造數量、製造的地點、製造麻藥建築物的種類、製造的場所與平面圖、製造負責人的資格，以獲得許可。若獲得麻藥製造的許可，需於藥品容器外標明品名、數量、製造年月日、製造者的姓名和商號、營業所所在地和電話號碼。獲得麻藥製造許可者，需備有帳簿，記載以下的事項：原料的使用和現在的數量、製造過程中遭遇事故致使原料和麻藥損失的數量、使用原料所生產出的麻藥數量、麻藥販賣出的數量、年月日、容器的號碼和買者的住所、職業、姓名和商號。該帳簿需保存三年。此外，獲得麻藥許可製造者需於隔年的 1 月 31 日向臺灣總督提出各原料買入、使用及年底時的數量以及各麻藥製造賣出的數量和年底時的數量。詳細規定了麻藥製造時，應該遵守的事項。

第三章為麻藥的進出口，是指麻藥若要輸入、輸出需向臺灣總督交付以下資訊，包含品名及數量；輸入、移入、輸出、移出的目的；負責輸出或輸入者的住所、姓名或商號；輸入、移入、輸出、移出的預定日期；運輸的方法；輸入、移入、輸出、移出的港口名稱（限定基隆港或高雄港）；輸入和移入者需附上移入或輸入地官憲的許可證明書。若要移入、移出需向所轄知事或廳長交付以下資訊，以獲得許可。因為輸入和輸出是指國與國之間貨品的流通，移入和移出是指國內不同地區貨品的流通，故需經由所屬之最高機關處理。若獲得許可輸入或移入麻藥，則需於藥品容器外標示以下事項：輸入或移入的年月日、輸入者的住所、姓名或商號及藥品號碼（依照不同的容器按照時間順序依次編號）。而輸入、移入、輸出、移出之行為若超過輸入、移入、輸出、移出預定的日期，則許可證效力失效。且麻藥輸入、移入、輸出、移出後，輸入和輸出者需於 10 日之內向臺灣總督，而移入、移出者則需向所轄知事或廳長提出麻藥的品名、數量、年月日及許可證的號碼。此外，麻藥若以在臺灣積換或通過臺灣為目的，則需將麻藥保管於官稅保稅倉庫。最後，業者獲得麻藥輸入、移入、輸出、移出者，需備有帳簿，記載以下的事項：輸入、移入、輸出、移出的品名、數量、年月日和容器號碼以及接受輸入、移入、輸出、移出麻藥藥品者的地址、負責人的職業、姓名或商號。該帳簿需保存三年。

第四章為麻藥的買賣，是指藥業者、醫業者需經由臺灣總督的許可才能

進行買賣、授受及所有、所持麻藥。藥劑師或醫業者可因調劑之目的，販賣或讓渡所有或持有之麻藥。醫業者或藥業者需向所轄知事或廳長提供麻藥品名、數量、使用的目的、場所及時間，且獲得許可，才能用於學術目的。且麻藥若經由分裝販賣或讓渡，需於藥品容器外標示品名、數量、販賣或讓渡的住所、職業、姓名或商號、分裝的年月日及藥品的號碼（依照不同的容器按照時間順序依次編號）。醫業者或藥業者所持有之麻藥，應貯藏於有鎖鑰之場所。醫業者或藥業者應備有帳簿記載麻藥買入及支出的數量、麻藥持有者的姓名或商號、住所、職業。該帳簿需保存 3 年。醫業者或藥業者需於隔年的 1 月 31 日向所轄知事或廳長提出麻藥買入、支出及年底時的數量以及麻藥用於製藥、調劑（包含治療）、學術使用的數量。

　　第五章為麻藥中的古柯及印度大麻，是指栽培者需向臺灣總督提出以下事項，才能獲得栽培古柯以採取古柯葉之許可：栽培的場所、面積及平面圖（1200 分之 1）；栽種的時間；古柯葉的使用方式（製藥、販賣）；用於貯藏、加工古柯葉的建築物所在地。獲得臺灣總督栽培古柯葉的許可之後，需於栽種期滿後十日之內，向臺灣總督提出栽種的場所及面積資訊。栽培者需備有帳簿記載古柯葉的生產數量、使用的數量和日期、古柯葉使用者的住所、職業、姓名或商號、古柯葉現在的數量。該帳簿需保存 20 年。栽培者需於隔年的 1 月 31 日向臺灣總督提出古柯葉生產、使用、讓渡與年底的數量。因為印度大麻栽種基於提供麻藥原料之目的，故其規範準用栽種古柯之標準。

　　第六章為雜則與罰則，主要是指醫師於診斷中若發現有麻藥中毒者，應向所轄知事或廳長提出中毒者的住所、職業、姓名、年齡、性別。臺灣總督就有必要對於麻藥中毒者進行矯正。而臺灣總督認定有必要時，需對麻藥的製造、古柯及印度大麻的栽培、古柯葉及大麻的採取加以限制。臺灣總督基於管理上的必要，可使所屬官吏檢查醫業者或藥業者等獲得許可者之藥品製造場所、栽培地點、店鋪和其他場所、原料、製造品、器具、機械、帳簿等其他物件，且指示麻藥貯藏之方法。若有業者於業務上發生不正當之行為，可依法令規定施行禁錮或罰金之處分。以上雜則與罰則，便詳細規定了臺灣總督對於管理麻藥的權責範圍。從麻藥的進出口管理，也可以看出不論是否為麻藥，只要是藥品進出口都需經由同樣的手續辦理，才可進行。

第二節　藥品製造

　　臺灣總督府於日治初期的製藥活動，主要是集中於阿片。〔註30〕在臺灣的歷史中，可以看見阿片作為藥品而存在，阿片做為一種藥品，不只是單純的麻醉鎮定，更有著具體的療效，可以醫治特定的病症，從清末《海關醫報》中，可以看見許多外籍醫師所觀察、紀錄阿片的療效，除了外傷止痛之外，還可以治療痢疾、破傷風以及瘧疾。〔註31〕但阿片的性質在臺灣經歷了日治時期的演變，轉變成並非單純的醫藥用藥品，也非全因治療疾病而使用之，臺灣總督府也並非將其視為單純的醫藥用藥品加以管理，和本篇論文所討論的醫藥用藥品的性質已不相同，故不放入討論。〔註32〕

　　故臺灣總督府於日治時期與製藥活動相關的主要機構，為臺灣總督府研究所（1909～1921）→臺灣總督府中央研究所衛生部〔註33〕（1921～1939）→熱帶醫學研究所（1939～1945）。但在以上三個機構從事製藥的行為之外，也對藥品進行檢驗，以及進行藥物學的實驗。所以官方製藥的範圍，並不是單純只有製藥的行為而已。故以下將分三個部份，對官方的藥品製造與流通、藥品檢驗與藥品實驗三個層面加以討論。

　　臺灣屬於亞熱帶地區，在日治初期，日人對於臺灣的流行性疾病不甚瞭解，為了有效控制疫情，且對臺灣的風土病及傳染病作進一步的調查與研究，於1899年成立「臺灣地方病及傳染病調查委員會」和1909年成立「臺灣總督府研究所衛生學部」，前者以調查為主，後者以研究為主，且成為日治時期官

〔註30〕1896年3月以勅令第98號頒佈了「臺灣總督府製藥所官制」，將與阿片有關的事務交由製藥所掌理。製藥所內置製藥課、檢查課、會計課、庶務課，製藥課下的製藥掛是負責有關藥品的製造（主要是阿片），檢查課負責蒸氣機器的運轉及機械操作，整理掛負責阿片的分裝，檢查課下有阿片檢查掛，是從事阿片原料與製品的檢查，衛生試驗掛是從事有關飲食水及藥物的分析，從其業務來看，此所的設立是為了配合阿片專賣的實施。詳參見賴郁雯，〈日治時期臺灣的衛生研究——以臺灣總督府中央研究所衛生部為例〉，1999年，頁29～30。

〔註31〕許宏彬，〈臺灣的阿片想像：從舊慣的阿片君子，到更生院的矯正樣本〉，國立清華大學歷史研究所碩士論文，2001年，頁23～24。

〔註32〕有關阿片的性質在日治時期臺灣社會的轉變，可參見許宏彬，〈臺灣的阿片想像：從舊慣的阿片君子，到更生院的矯正樣本〉，國立清華大學歷史研究所碩士論文，2001年。

〔註33〕有關臺灣總督府中央研究所衛生部的詳細研究成果，請參見賴郁雯，〈日治時期臺灣的衛生研究——以臺灣總督府中央研究所衛生部為例〉，國立中央大學歷史所碩士論文，1999年。

方於臺灣製造疫苗、血清等藥品的主要機構中央研究所衛生部的前身。除了以上此機構的製藥活動外，臺灣總督府也投入了藥用植物的栽培。以下便以兩類進行說明，日治時期臺灣官方製藥活動。

一、藥用植物的栽培與藥品的製造

日治時期的臺灣，一直為瘧疾所苦，且無法得到完全的根治，對付瘧疾較普遍使用的藥品為奎寧，故為了避免奎寧的來源有中斷之虞，臺灣總督府和民間製藥業者皆開始於臺灣栽培規那樹（製造奎寧的原料）。一開始投入栽培事業的是民間製藥會社，有星製藥公司（始於 1922 年）和武田商店（始於 1928 年），前者因為資金不足而中止，後者則和東京大學農學部合作，調查研究規那樹的栽培。和民間製藥會社相比，官方一開始是將藥用植物的栽培放入試驗的階段，官方（中央研究所衛生部）於昭和 9 年（1934）才直接投入規那樹的栽培事業，故顯得較晚。

日治時期臺灣規那樹的種植情況以 1940 年之統計，總共有官、民四個單位種植。官方單位為中央研究所衛生部，種植的地點在臺東廳大武支廳蕃地，總面積為 717 甲。民間企業有三個，一為星製藥會社，種植地點在高雄州潮州郡、旗山郡甲仙，臺東廳大溪、知本，花蓮廳玉里郡清水，總面積為 444 甲，技術者約 40 名。二為武田商店，種植地點在臺中州竹山郡溪頭，臺東廳臺東郡、關東郡，總面積為 115 甲。武田商店和東京帝大農學部合作，故在臺灣演習林進行種植，地點在臺中州竹山郡溪頭，面積為 94 甲；高雄州旗山郡，面積為 382 甲。三為鹽野義商店，種植地點在高雄州潮州，總面積為 149 甲。〔註34〕從以上可以得知官方所投入的種植面積還是最大的。從官方投入製藥原料的種植來看，由於 1914 年歐戰爆發時，醫藥品缺乏這種苦不堪言的經驗，使得日本認清了製藥原料事業的迫切性，故派遣人員調查屬於日本國土的熱帶地域，以期能夠在藥料上自給自足。臺灣總督府於大正 6 年（1917）開始希望配合臺灣的地理條件，加上內務省〔註35〕和臺灣總督府的指導獎勵，

〔註34〕 臺拓調查課，《臺灣に於ける規那樹栽培事業概要》，1940 年，頁 2～3。
〔註35〕 東京臨時藥物調查會為了獎勵有關藥用植物之栽培，向內務大臣建議栽培之獎勵方法：（1）應要設置內務省所屬之適宜藥用植物園；（2）可委託帝大，公立農業學校、農業試驗場及臺灣總督府此事；（3）民間栽培業者應根據一定之條件，對金額進行補助。〈藥物栽培獎勵〉，《臺灣日日新報》第 6118 號，大正 6 年（1917）4 月 1 日，第二版。

要擴大藥用植物栽培的規模。

　　試種藥用植物的內容分二種,一為高地帶藥用植物,二為低地帶藥用植物。高地帶植物以規那為主,栽種的地理環境以南投廳最為適合,殖產局於大正7年(1918)在南投廳五城堡蓮花池及茅埔庄,選定430甲的面積,做為林業試驗場附屬藥用植物試驗所。臺灣總督府除了繼續此栽培事業,對於一般事業家欲於此地栽培規那樹苗,官方也計畫了一連串獎勵的方針。〔註36〕低地帶植物以科加及錫蘭肉桂為主,以及安息香、吐根、蘇合香、番木鼈子等。低地帶香料植物又以臺東土地肥沃,及雨量潤澤之區最為適當。〔註37〕此時試驗栽培藥用植物的地點,有南投廳五城堡下臺北林業試驗場農科大學演習林、臺灣拓殖會社埔里社開墾地、桃園廳角板山、嘉義林業試驗場支場,嘉義社口庄星製藥竹子門藥草園、安都農場等地。民間栽培者以星製藥最為著名,1919年星製藥在社口庄藥草園栽培的總面積有180甲,其中有120甲栽培古柯;安都農場總面積328甲,其中有200甲用於栽培古柯。〔註38〕

二、官方研究機構藥品的製造與流通

　　官方除了投入奎寧的原料規那的栽培,也投入了製造民間所需的疫苗和血清等藥品的事業。官方製造藥品的開端,源自於臺灣總督府研究所時期〔註39〕(1909年～1920年),臺灣總督府研究所內置有化學部和衛生部,化學部主要是負責與殖產相關的調查研究及試驗工作,有關衛生的試驗,也是由化學部主持,試驗的項目包括有飲食物、自來水的試驗、藥品試驗等。而衛生部主要是從事衛生上的研究,自1916年後,衛生部的掌理事項中更增設了「血清及細菌學之預防治療品的製造」一項,這使得衛生部不只是個研究的單位,也成為

〔註36〕〈規那栽培決定——南投廳下に於て〉,《臺灣日日新報》第6252號,大正7年(1918)3月1日,第二版。

〔註37〕〈籌種藥植物〉,《臺灣日日新報》第5976號,大正6年(1917)2月18日,第五版。

〔註38〕〈臺灣の新產業(上)——藥草栽培は大に有望〉,《臺灣日日新報》第6720號,大正8年(1919)3月4日,第三版;〈臺灣の新產業(下)——藥草栽培は大に有望〉,《臺灣日日新報》第6721號,大正8年(1919)3月5日,第三版。

〔註39〕臺灣總督府研究所不但具有「臺灣地方病與傳染病調查委員會」的衛生調查研究之功能,另外,也負責承接了專賣局檢定課在殖產及衛生上的實驗工作。詳參見賴郁雯,〈日治時期臺灣的衛生研究——以臺灣總督府中央研究所衛生部為例〉,頁36。

生產的單位，其中關於狂犬病預防劑的製造與鼠疫免疫血清的改良，更成為研究所事業中的重點。〔註40〕

臺灣總督府研究所時期衛生部所生產的血清與預防治療品，主要有狂犬病預防劑、霍亂預防劑、感作霍亂預防劑、感作傷寒預防劑、傷寒診斷液、副傷寒 A 型診斷液、副傷寒 B 型診斷液、傷寒菌診斷用血清、副傷寒菌 A 型診斷用血清、副傷寒菌 B 型診斷用血清，這些藥品也於中央研究所衛生部時期繼續製造。〔註41〕應用的情形如「大正 7 年（1918）全島流行性之感冒，極為猖獗，臺灣總督府研究所的研究人員，便忙於預防液之製造，此藥非常繁苟，與霍亂預防液之製造需費兩倍工程，其培養是以馬血塗於皿上，保溫至人體溫度，然後植入患者痰中之病菌，其後浸以藥液，對於動物之實驗已經完成。此病菌由臺北衛戍醫院所得，有肺菌及感冒菌兩種，此時正盛行培養，沒有多久就可以製造出更多。之前吐瀉症流行時，全員總出活動，僅製造出 4 萬人份，此次之液難於前液，希望個人自身預防，不要出入公共場合，外出攜帶口罩且用鹽水嗽口，較為安全。」〔註42〕

到了臺灣總督府中央研究所〔註43〕時期（1921 年～1939 年），中央研究所衛生部所製造出的藥品，只有官衙、公署、公共團體、藥劑師及藥種商身份者，才可向衛生部提出購買申請，中央研究所衛生部可說是以上這些醫藥單位批取藥品的上游之一。中央研究所衛生部向外販賣的疫苗類、預防劑類和蛇毒血清的藥品共有 26 種，從疫苗的種類，也對應了日治時期流行於臺灣的傳染病，分別為霍亂、傷寒、副傷寒、鼠疫、流行性腦脊髓膜炎、肺炎以及狂犬病、痢疾疾病等，這也顯示官方所生產的藥品，還是以救急、效用快等性質作為製造藥品的主要目的，並沒有生產民間製藥業者會生產的保健產品。

以 1934 年中央研究所衛生部販賣疫苗、診斷液與血清種類與金額的資料

〔註40〕賴郁雯，〈日治時期臺灣的衛生研究——以臺灣總督府中央研究所衛生部為例〉，頁 37～38。

〔註41〕臺灣總督府研究所，〈臺灣總督府研究所第六回年報〉，1918 年，頁 26。

〔註42〕〈製造感冒預防藥〉，《臺灣日日新報》第 7011 號，大正 8 年（1919）12 月 20 日，第二版。

〔註43〕有關臺灣總督府中央研究所的事業範圍，包括中央研究所士林試驗支所、中央研究所本部、臺中藥品試驗支所、臺南藥品試驗支所、臺東藥用植物試驗地。詳參見臺灣總督府中央研究所，《臺灣總督府中央研究所梗概》，臺北：臺灣總督府中央研究所，昭和 12 年（1937），封面之臺灣總督府中央研究所衛生部事業相關位置圖。

來看，有傷寒菌疫苗（10 人份 1 圓；20 人份 2 圓）、傷寒診斷液（1 份 1 圓）、鼠疫菌疫苗（10 人份 1 圓；20 人份 2 圓）、副傷寒 A 型診斷液（1 份 1 圓）、流行性腦脊髓膜炎菌疫苗（10 人份 1 圓 20 錢；20 人份 2 圓 40 錢）、副傷寒 B 型診斷液（1 份 1 圓）、霍亂菌疫苗（10 人份 1 圓；20 人份 2 圓）、傷寒菌診斷用血清（1 份 1 圓）、與肺炎菌混合疫苗（10 人份 1 圓 40 錢；20 人份 2 圓 80 錢）、副傷寒型菌診斷用血清（1 份 1 圓）、感作傷寒菌疫苗（5 人份 70 錢；10 人份 1 圓 40 錢；20 人份 2 圓 80 錢）、副傷寒型菌診斷用血清（1 份 1 圓）、感作赤痢菌疫苗（5 人份 70 錢；10 人份 1 圓 40 錢；20 人份 2 圓 80 錢）、赤痢本型菌診斷用血清（1 份 1 圓）、感作霍亂菌疫苗（5 人份 70 錢；10 人份 1 圓 40 錢；20 人份 2 圓 80 錢）、赤痢異型菌診斷用血清（1 份 1 圓）、傷寒菌經口疫苗（1 人份 1 包 20 錢）、霍亂菌診斷用血清（1 份 1 圓）、痘苗（5 人份 8 錢；10 人份 16 錢；20 人份 32 錢）、青竹絲毒治療血清（1 份 3 圓）、狂犬病預防劑（1 人份，18 回注射，5 圓）、眼鏡蛇毒治療血清（1 份 3 圓）、感作傷寒治療劑（1 份 1 圓）、龜殼花毒治療血清（1 份 3 圓）、痲菌疫苗（1 份 1 圓 50 錢）、雨傘節毒治療血清（1 份 3 圓）。[註 44] 以上藥品若要大量購買，可打的折數是痘苗千人份以上可打 5 折；傷寒菌經口疫苗千人份內為 8 折，千人份以上萬人份以下為 7 折，一萬人以上為 6 折；其他產品千人份以內為 7 折，千人份以上為 6 折，5 千人份以上為 5 折。

　　以 1922～1936 年中央研究所衛生部各類疫苗及血清製造總數來看，1922 年為 380,640 人份、1923 年為 1,410,239 人份、1924 年為 565,571 人份、1925 年為 1,718,427 人份、1926 年為 1,556,160 人份、1927 年為 436,753 人份、1928 年為 506,898 人份、1929 年為 2,337,400 人份、1930 年為 897,720 人份、1931 年為 2,394,155 人份、1932 年為 1,333,766 人份、1933 年為 956,451 人份、1934 年為 1,435,286 人份、1935 年為 1,871,428 人份、1936 年為 1,198,511 人份。[註 45] 整體而言，從 1922 年一開始的疫苗和血清製造的產量為 380,640 份，到 1931 年產量為最多，即 2,394,155 份，生產的數量平均都維持在 1 百萬份左右。

　　表 1-2 是以人份作為單位，甲為鼠疫疫苗、乙為流行性腦脊髓膜炎疫苗、

[註 44] 臺灣總督府中央研究所編，《臺灣總督府中央研究所例規》，1934 年，頁 247 ～251。

[註 45] 臺灣總督府中央研究所衛生部編，《中央研究所衛生部年報》，第 1～6 號，1931 ～1936 年。

丙為霍亂疫苗、丁為感作痢疾疫苗、戊為感作霍亂疫苗、己為狂犬病預防劑、庚為傷寒注射用疫苗、辛為傷寒口服用疫苗、壬為傷寒診斷液、癸為副傷寒A型診斷液、辰為副傷寒B型診斷液、巳為傷寒診斷用血清、午為副傷寒A型診斷用血清、未為副傷寒B型診斷用血清。從表1-2中可以看出感作痢疾疫苗是於1922、1924、1928、1929年才有生產，應是因應當時臺灣社會疾病流行狀況而生產。而感作霍亂疫苗1922～1931年皆有生產，但是至此之後就沒有再進行生產，應是和社會上霍亂的疫情被有效控制的關係。傷寒口服用疫苗則是在1930年後才開始進行製造，這應和當時的口服疫苗製造技術有關，也反映了至1930年代左右，才發展出口服疫苗的製造技術。

表 1-2　中央研究所衛生部各類疫苗、診斷液及診斷用血清製造數量
（1922～1936）

種類	甲	乙	丙	丁	戊	己	庚	辛	壬	癸	辰	巳	午	未
1922	430	15,580	70	90	510	19	430		540	710	770	720	550	430
1923	500	378,370		1,325		46	500		320	1,050	1,070	580	470	490
1924	10,380	162,030	120	15	1,645	529	10,380		600	1,120	1,080	300	240	280
1925	30,220	135,500	389,330		7,400	940	30,220		640	1,180	1,200	530	520	550
1926	74,290	32,730	388,780		220	1,136	74,290		600	1,990	1,930	520	420	450
1927	8,700	15,850	16,030		1,110	251	92,530		950	1,570	1,610	730	700	680
1928	12,570	25,830	6,150	200	420	353	162,290		1,400	2,370	2,470	910	760	760
1929	13,810	7,560	104,230	15	250	241	87,150		870	2,060	2,050	590	470	450
1930	8,760	6,020	1,910		150	290	137,460	117,629	960	2,180	2,180	770	540	520
1931	5,340	4,410	31,280		5,035	287	101,660	187,879	450	1,650	1,690	480	400	410
1932	1,910	10,000	521,810			257	52,310	170,106	1,210	2,230	2,340	850	540	590
1933	2,460	62,740	2,200			277	148,740	135,258	1,080	1,600	1,600	530	510	430
1934	1,350	535,500	1,490			265	138,500	178,267	1,150	1,770	1,750	480	340	380
1935	6740	964,480	2,570			205	120,080	154,833	880	980	940	880	280	280
1936	1,690	196,950	950	1,000		252	233,770	155,695	580	740	740	220	270	270

資料來源：《中央研究所衛生部年報》，第1～6號，1931年～1936年。

　　1922～1936年的製造數量中，可以發現製造數量有劇烈變化的分別是流行性腦脊髓膜炎疫苗、霍亂疫苗、傷寒注射用疫苗、傷寒口服用疫苗。從這些數量的變化中，其實反映了當時疾病流行的狀況。如流行性腦脊髓膜炎疫苗在1922～1928年的製造數量一直維持約1萬5至13萬人份的數量，1929～1931年則落至4,410～7,560的數量，但到了1934～1936年卻暴增至約52萬～96萬人份，此數量應反映了1934～1936年該疾病的流行狀況。此外，霍亂疫苗1932年製造的數量為最高，約有52萬人份，至1936年落至950人份。傷寒

注射用疫苗從 1928 年之後，製造的數量就一直維持在 10 萬人份以上，1936
年製造的數量最多，約有 23 萬人份。傷寒口服用疫苗從 1930 年開始製造以
來，製造的數量就一直維持在 10 萬人份以上，顯示了社會上對於此種口服疫
苗需求一直很高，也反映了口服疫苗和注射疫苗比較起來，較為方便實行。

由於傷寒疫苗可分為兩種，一為注射式，一為口服式，因為注射的疫苗較
為麻煩，普及不易，故衛生部積極研發口服式的疫苗，於 1930 年開始製造。
以 1930 年首次施行的情況為例，此種口服式的疫苗，為臺北市 2 萬 9 千多名
日人所服用，在此種疫苗的有效時間內（服用後 2～15 個星期），沒有任何日
人罹患傷寒，相較於未服用的臺人，臺人的罹患率為每一萬人中有 33.1 名，
故 1930 年開始，中央研究所衛生部便大量製造口服式的傷寒疫苗。〔註46〕此
外，運用的情形還有「臺中市衛生係於昭和 6 年（1931）遭逢腸疫發生，對於
五年中發生此症之家及其附近居民，先發與預防藥（口服疫苗），使其服用，
其效果甚大。聽聞去年配附此藥的區域，無一人發病。」〔註47〕但衛生部每年
製造的傷寒疫苗雖然不少，但是因為使用者是以居住在臺北市的日人為優先，
實施的範圍及人數並不普及，因此綜觀日治時期臺灣的傷寒患者及死亡人數，
整體而言並沒有顯著的下降。〔註48〕

其次，以 1922～1936 年中央研究所衛生部痘苗製造量來看，1922 年為
341,200 人份、1923 年為 1,002,135 人份、1924 年為 251,495 人份、1925 年為
1,133,935 人份、1926 年為 1,029,460 人份、1927 年為 290,895 人份、1928 年
為 269,405 人份、1929 年為 2,106,595 人份、1930 年為 604,845 人份、1931 年
為 2,044,455 人份、1932 年為 565,746 人份、1933 年為 591,725 人份、1934 年
為 555,015 人份、1935 年為 601,640 人份、1936 年為 582,990 人份。〔註49〕痘
苗的製造，主要是用於預防天花，整體注射及預防的成效良好，這主要歸功於
痘苗接種的普及以及痘苗的順利製造，在 1921 年以前，臺灣的痘苗必須向日
本的北里傳染病研究所購買，不僅不方便，還要負擔一筆購買的費用。1921 年

〔註46〕《中央研究所衛生部年報》，第 1 號，昭和 6 年（1931），頁 30；賴郁雯，〈日
治時期臺灣的衛生研究——以臺灣總督府中央研究所衛生部為例〉，頁 107。

〔註47〕〈腸疫預防藥有特效，服此區域本年不發，臺中市努力撲滅〉，《漢文臺灣日日
新報》第 11158 號，昭和 6 年（1931）5 月 7 日，第一版。

〔註48〕賴郁雯，〈日治時期臺灣的衛生研究——以臺灣總督府中央研究所衛生部為
例〉，頁 107。

〔註49〕臺灣總督府中央研究所衛生部編，《中央研究所衛生部年報》第 1～6 號，1931
～1936 年。

起，衛生部即開始自製痘苗，不僅能自給自足，還可以外銷。〔註50〕痘苗、傷寒、霍亂及流行性腦脊隨膜炎等四種疫苗，是衛生部主要製造的疫苗種類，在製造量上都會維持一定的數量，但是若遇到流行之時，則會配合防疫措施的需要，增加疫苗的製造量。〔註51〕

最後，以 1929～1936 年中央研究所衛生部抗毒血清製造數量來看，總共生產四類抗毒血清，分別為青竹絲、眼鏡蛇、龜殼花、雨傘節，也就是民眾多為四種毒蛇所傷且危及性命，總計 1929 年為 96 人份、1930 年為 160 人份、1931 年為 138 人份、1932 年為 134 人份、1933 年為 156 人份、1934 年為 139 人份、1935 年為 170 人份、1936 年為 218 人份，數量維持在 96～218 人份。〔註52〕

1939 年中央研究所衛生部改組，因應南進政策的需求，成為熱帶醫學研究所，在隸屬關係上成為臺北帝國大學醫學部的附屬單位。熱帶醫學研究所在組織上有所調整，分為熱帶病學科、熱帶衛生學科、細菌血清科、化學科。其中和藥品相關的學科為細菌血清科和化學科，就細菌血清科來看，此學科主要是從事細菌性疾病的病理、預防治療法之研究，細菌學及免疫學製品的改善。在預防治療品的製造上，除了在中央研究所衛生部時代就已有的製造項目，如痘苗、傷寒、霍亂等疫苗外，還增加了破傷風、白喉、肺炎等血清的製造。而化學科，主要是研究熱帶藥用植物在臺灣栽植的可能性，其中有關規那樹的種植最受到重視。除此之外，希望藉由臺灣在這一方面研究成果的累積，能有助於大東亞熱帶圈內之藥草資源的調查。〔註53〕

再者，醫療用藥品的檢驗也是交由化學部負責，臺中、臺南支所負責藥品的檢驗，士林支所掌理預防治療品製造與分配，增設的原因是原來在中央研究所衛生部時代，這些製品主要還是供應臺灣本島的需要，但隨著中日戰爭及太平洋戰爭的開展，這些製品的供應範圍擴展至華南一帶，故為了應付需求量的

〔註50〕賴郁雯，〈日治時期臺灣的衛生研究——以臺灣總督府中央研究所衛生部為例〉，頁 111。

〔註51〕賴郁雯，〈日治時期臺灣的衛生研究——以臺灣總督府中央研究所衛生部為例〉，頁 116。

〔註52〕臺灣總督府中央研究所衛生部編，《中央研究所衛生部年報》第 6 號，1936 年，頁 68。

〔註53〕下條久馬一，〈南方圈と我が熱帶醫學研究所〉，《臺灣時報》第 269 號，昭和17 年（1942），頁 66～70；小田俊郎著，洪有錫譯，《臺灣醫學五十年》（臺北：前衛，1995 年），頁 131～132。

急增,設置了士林支所專門負責相關製品的製造。如痘苗的製造除了供應臺灣所需外,剩餘的則輸往中國大陸。熱帶醫學研究所甚至派員前往海南島,與當地的臺灣總督府博愛會合作,以共同開發海南島的醫事衛生及治療傳染病,另外並在當地開始細菌、血清治療藥品的製造。〔註54〕

第三節　藥品檢驗與研究

一、藥品檢驗

有關 1896～1945 年藥品檢驗機構,為臺灣總督府民政局總務部衛生(1896～1897)→臺灣總督府製藥所檢查課(1897～1901)→臺灣總督府專賣局檢定所(1901～1909)→臺灣總督府研究所化學部(1909～1921 年,有臺中市與臺南市藥品試驗兩支所)→臺灣總督府中央研究所衛生部(1921～1939 年,有臺中市與臺南市藥品試驗兩支所)→熱帶醫學研究所化學科(1939～1945 年,有臺中市、臺南市藥品試驗支所與士林藥品製造三支所)。

藥品的管理,是著眼於藥品的檢驗工作(包含漢藥與西藥),藥品檢驗制度的開端,是 1896 年民政局接管軍隊外的衛生行政後,即在局內總務部設立衛生課,職司藥劑師與藥品取締的事務。由於此時鴉片也屬於藥物,所以總督府於 1896 年以勅令第 98 號頒佈了「臺灣總督府製藥所官制」,1897 年設立總督府製藥所,將與阿片有關的事務交由製藥所掌理,〔註55〕1897 年後有關藥物的檢驗則交由總督府製藥所衛生試驗掛的檢查課負責(從事飲水和藥物的分析)。隨著檢查課的業務不斷地增加,製藥所就不再是鴉片的製造和檢查的機關,還從事和衛生有關的試驗工作。1905 年 5 月設立專賣局後,同年 6 月製藥所遭到廢止,製藥所原有的業務移交給專賣局檢定所負責。但是檢查課所負責的事務,交由專賣局負責有分工上的不妥之處。所以,臺灣總督府為了繼續確保藥品的品質,在 1909 年設立臺灣總督府研究所,以其中的衛生學部下的化學部便負責專賣局的藥品檢定與封緘之工作。

之後,臺灣總督府研究所於臺中新設藥品試驗支所(1918 年設立),分掌

〔註54〕丸山芳登編,《日本領時代に遺した——臺灣醫事衛生成績》,頁 36;賴郁雯,
　　　〈日治時期臺灣的衛生研究——以臺灣總督府中央研究所衛生部為例〉,頁
　　　123。
〔註55〕賴郁雯,〈日治時期臺灣的衛生研究——以臺灣總督府中央研究所衛生部為
　　　例〉,頁 29。

一部份藥品試驗和檢查之業務。這是由於中部地區的藥業者，其醫療材料皆是由日本內地直接移入，或由中部直接製造，但藥品若沒有經過研究所的檢查，不得販賣，這造成中部藥業者於檢查手續上非常之不便，有感於臺南藥品試驗支所已經設置（1909 年設立），故於臺中新設藥品試驗所，以方便藥業者。〔註56〕而有關臺灣總督府研究所時期，藥品檢驗和分裝的數量，如表 1-3 所示，藥品試驗不合格的比率約在 4%～14%的範圍之間，約只有 1 成 5 的藥品會被認定為不合格，約有 8 成 5 的藥品被認定沒有問題。而藥品試驗的數量範圍在 69,744～103,643 個之間，且數量逐年漸少，這應和藥品需試驗的觀念是否普及和藥品試驗的方便性有關；藥品分裝的數量範圍在 28,901～63,074 個之間，數量卻逐年增多。

表 1-3　臺灣總督府研究所化學部本部與臺南藥品試驗小分不合格個數
　　　　（1909～1917）

年度 項目	1909 年	1910 年	1911 年	1912 年	1913 年	1914 年	1915 年	1916 年
藥品試驗	103,643	100,376	99,086	95,718	69,744	81,660	92,346	69,003
藥品小分	28,901	51,793	48,030	44,387	36,112	46,226	63,074	61,251
不合格個數	14,342	5,728	6,717	3,834	3,713	9,930	7,593	6,921
不合格比率	14%	6%	4%	4%	5%	12%	8%	10%

資料來源：臺灣總督府研究所，《臺灣總督府研究所第一～八回年報》，1912～1920 年。

　　　　1921 年臺灣總督府研究所改組為臺灣總督府中央研究所，受警務局衛生課之督導，掌理全島衛生技術之研究、試驗、設計、檢查、鑑定及協助指導工作。中央研究所衛生部其實是承接了總督府研究所化學部及衛生部中有關衛生的業務，並將與衛生無關的業務交由相關的機構掌理。〔註57〕而藥品的檢驗和封緘的工作，則交由中央研究所的衛生部負責。衛生部的業務主要分為兩類，一為血清和疫苗等的製造，二是藥品等的檢驗。藥品非經日本內務省衛生試驗所或臺灣總督府中央研究所衛生部的試驗封緘，不得販賣與授與。〔註58〕

〔註56〕〈研究所分室——臺中に新設さる〉，《臺灣日日新報》第 6384 號，大正 7 年（1918）4 月 2 日，第二版；〈臺中研究所分室〉，《臺灣日日新報》第 6385 號，大正 7 年（1918）4 月 3 日，第二版。
〔註57〕賴郁雯，〈日治時期臺灣的衛生研究——以臺灣總督府中央研究所衛生部為例〉，頁 53。
〔註58〕藥品未封緘即販賣，造成的違法事件，如一篇名為〈不正賣藥〉的報導所示：

為了便利地方藥業者,在臺中州及臺南州另設有藥品試驗支所,前者負責北部地區,後者負責中南部地區。

　　花蓮港廳本也希望設立藥品試驗所且調查地方病,但是並沒有實現,「由內地移入臺灣之藥品,皆受中央研究所及臺中、臺南兩藥品試驗所檢查,僅東部地方不設此種檢查機關,是以有中央試驗所之封印,也難以安心使用。藥品中也有無封印者,故難以預料是否會有不良品或變質藥品。加上花蓮港廳地方病中之恙蟲病、黑水熱甲狀腺腫及泰雅族特有肺病,至今尚無基本調查,此等地方病研究調查,為廳下衛生設施改善上,最重要的問題。從前花蓮港廳當局,希望在花蓮設置中央研究所藥品試驗調查機關,現已著手計畫中。日前於臺灣總督府召開警務部長會議時,也有提出具體案,由瀨野尾警務課長詳細說明。」〔註59〕

　　藥品的封緘需要註明藥名箋、封緘者、製造者、商標、內容量、製造年月日及封緘號碼。〔註60〕各項檢驗工作則不論官方或民間都可以向衛生部提出檢驗的申請,申請者先填寫申請的表格,申請的表格中,申請者需填寫藥名、價格、件數以及申請人的姓名與住址,負擔一定的手續費即可完成申請。藥品試驗主要著重於藥品中的毒藥、劇藥、普通藥品、日本藥局方之外的藥品中有害成分的分析、定性分析、成分檢定、殺菌力分析等。而臺灣總督府中央研究所時期檢驗、封緘和分裝的數量,以表 1-4 所示,從 1922～1936 年的藥品試驗件數來看,在 3,651～14,975 件之間;藥品的分裝,在 1,920～6,363 件之間;藥品的封緘,在 429,538～1,090,030 件之間,三者的數量都呈現了逐年增加的現象。這顯示藥品試驗分裝和封緘需求增加,導致衛生部本所和支所的業務也跟著增加。

「這間位於桃園廳楊梅壢的藥店,是由曾維友和盧元春所經營,沒有經過衛生試驗所的成績表與內務省衛生試驗所以及總督府製藥所試驗完畢且封緘,而只以羅馬字題為大日本今中製,聖古呢涅之藥品,後被發現治療瘧疾的藥品被攜帶出藥店帶往別處,在明治 39 年(1906)8 月在大稻埕中北街的藥店添壽號,還有中壢街老街的葉生鋼、簡阿溪處發現藥品 20 瓶,此事件違反了藥品取締規則,需被處罰,現在則要調查,此藥品究竟是由日本內地或是對岸輸入的。」〈不正な賣藥〉,《臺灣日日新報》第 3294 號,明治 42 年(1909)4 月 25 日,第七版。

〔註59〕〈花蓮港廳希設藥試驗所並調查地方病〉,《臺灣日日新報》第 12312 號,昭和 9 年(1934)7 月 13 日,第四版。

〔註60〕臺灣總督府中央研究所,《臺灣總督府中央研究所梗概》,大正 12 年(1923),頁 42～43。

表1-4　中央研究所衛生部本所、臺中、臺南藥品試驗小分封緘總件
　　　　數表（1922～1936）

年度／項目	1922	1923	1924	1925	1926	1927	1928	1929
藥品試驗	3,651	4,554	4,432	5,494	6,009	6,481	11,980	12,570
藥品小分	1,920	3,062	3,206	3,847	3,999	4,377	3,489	3,686
藥品封緘（個數）	429,538	458,525	489,538	612,992	637,104	727,906	818,294	877,814

年度／項目	1930	1931	1932	1933	1934	1935	1936	
藥品試驗	11,510	12,838	12,454	12,292	3,650	13,761	14,975	
藥品小分	3,873	3,460	3,892	5,172	1,657	6,048	6,363	
藥品封緘（個數）	824,439	896,678	863,559	888,310	241,773	1,019,913	1,090,030	

資料來源：《中央研究所衛生部年報》，第1～6號，昭和6年～昭和11年。

　　進入戰爭時期，日本為了實行所謂的「南進政策」，遂於1939年將中央研究所衛生部改組為「熱帶醫學研究所」，隸屬於臺北帝國大學醫學部（臺灣大學醫學院前身），為南進政策中熱帶衛生試驗之中心機構。藥品檢查的工作，則交由該所化學系中所設置的藥品檢查室負責。除了原有的臺中與臺南支所負責檢查藥品，還新成立了士林支所（又稱為細菌血清製造部），主要掌理預防治療品的製造及分配。〔註61〕在日本戰敗，臺灣由國民政府接受之後，熱帶醫學研究所及該所的士林分所，則隨同臺北帝國大學改隸於中央，而該所藥品檢查室則改稱為臺灣大學醫學院藥品檢查室並在臺南設有分支機構。〔註62〕

二、藥品研究

　　在臺灣的日本籍學者投入醫學研究中，除了任教於總督府學校、臺北醫專、帝國大學醫學部的教師外，由於學校內的研究設備不足，經費有限，必須依靠總督府中央研究所工作的經費和設備，因此許多教師兼任中央研究所的研究人員。〔註63〕有關藥品的研究，臺灣總督府研究所衛生部時期的研究

〔註61〕賴郁雯，〈日治時期臺灣的衛生研究──以臺灣總督府中央研究所衛生部為例〉，頁116～131。
〔註62〕賴郁雯，〈日治時期臺灣的衛生研究──以臺灣總督府中央研究所衛生部為例〉，頁53。
〔註63〕謝博生，《現代醫學在臺灣──臺灣醫學會百年見證》，頁86。

主要還是著眼於疫病的診斷、分析的研究，以及以規那等藥用植物以及臺灣藥用之草根木皮等為主題的研究，〔註64〕主要是希望能夠研究出漢藥藥品對於治療瘧疾或其他疾病的效用，如高尾與一郎對漢藥茯苓成分的研究（1919年）、〔註65〕惠澤貞次郎對漢藥柴胡成分的研究（1917年）與對輸入臺灣漢藥種目的紀錄（1916年）、〔註66〕丸山芳登對瘧疾患者血清及反應診斷價值評估（1912年）、〔註67〕山口謹爾對有關鹽酸奎寧影響免疫物質產生之機轉（1914年），〔註68〕橫川定、丸山芳登、佐藤廣胖對有關臺灣人貴重的中藥鹿鞭的研究（1914年）。〔註69〕直到臺灣總督府中央研究所衛生部時期，對於醫藥用藥品的研究，就相對較多。

　　該所的研究主要是集中於急性傳染病的治療藥品與藥品成分的研究。以下則針對此兩類，進行討論。整體而言，藥品研究因為受限於經費，故研究室只能進行醫藥品的合成研究，包括瘧疾及傷寒治療用藥、奎寧樹之生藥學研究、臺灣產動植物及漢藥中有效成分之研究。〔註70〕有關漢藥及民間用藥的藥效學研究，因為日治時期西式醫療雖然日漸普及，但是臺灣人民仍然習慣服用漢藥，但是漢藥中到底具備了哪些成分，使其具有治療上的效果的研究並不太多，故中央研究所衛生部希望藉由藥理學及治療學方面的實驗，抽取出漢藥及民間用藥中的有效成分，經由動物實驗後，能夠實際應用在治療人類疾病上，以解決臺灣部份西式醫療用藥的不足。〔註71〕

〔註64〕〈醫藥新研究——研究所の新事業〉，《臺灣日日新報》第6379號，大正7年（1918）3月28日，第二版。

〔註65〕高尾與一郎，〈論漢藥茯苓的成分〉，《臺灣總督府研究所年報第七回》，1919年，頁147～152。

〔註66〕惠澤貞次郎，〈論漢藥柴胡的成分〉，《臺灣總督府研究所年報第五回》，1917年，頁179～180；惠澤貞次郎，〈輸入臺灣的漢藥種目〉，《臺灣總督府研究所年報第四回》，1916年，頁361～388。

〔註67〕丸山芳登，〈瘧疾患者血清及反應診斷價值評估〉，《臺灣總督府研究所第一回年報》，1912年，頁393～401。

〔註68〕山口謹爾，〈有關鹽酸奎寧影響免疫物質產生之機轉〉，《臺灣總督府研究所第三回年報》，1914年，頁183～247。

〔註69〕橫川定、丸山芳登、佐藤廣胖，〈有關臺灣人貴重的中藥鹿鞭的研究〉，《臺灣總督府研究所第三回年報》，1914年，頁249～272。

〔註70〕賴郁雯，〈日治時期臺灣的衛生研究——以臺灣總督府中央研究所衛生部為例〉，頁65。

〔註71〕賴郁雯，〈日治時期臺灣的衛生研究——以臺灣總督府中央研究所衛生部為例〉，頁65。

　　首先，是急性傳染病的治療藥品研究，以治療瘧疾藥品研究最多。日治時期因為瘧疾造成的死亡人數一直居高不下，且日治時期並沒有有效的滅蚊方法，故投藥〔註72〕就成為唯一治療瘧疾的方式，因此有關瘧疾的研究重點，就由一開始對瘧蚊的研究轉向治療用藥品的研究上。〔註73〕奎寧是瘧疾主要用藥，但奎寧的副作用大且無法自給，因此中央研究所衛生部的研究中，便不斷低尋找替代性用藥。其中以 Plasmochin（以下簡稱 P 藥）及 Atebrin（以下簡稱 A 藥）為研究重點，P 藥與奎寧合用，服用連續兩週的效果最佳，也可減輕藥物的副作用。由於 P 藥並不便宜，為了降低成本以便於大眾化，於是著手進行包括治療時間的縮短及與其他藥物合用的試驗。奎寧的副作用大，雖然 P 藥在這方面有所改善，但 P 藥對於瘧原蟲在效力上是具有特殊性，而 A 藥不但副作用小，對於三種瘧原蟲皆有作用，在治療效果上與奎寧相似。〔註74〕

　　其他用藥的試驗包括柴胡、常山及驅霉劑，前兩者為臺灣民間用藥，但只具有解熱的效果，對於瘧原蟲再發率的降低毫無作用，而後者只能作為間日瘧的急治處置之用，只有暫時的效果，但有強烈的中毒症狀。另外針對兒童則是有炭酸乙酯奎寧的使用，此種藥劑的苦味大為降低，兒童較敢服用。此外，還有將國際聯盟研發的 totaquina 加以改良，製造出一種新藥-takequina，takequina 苦味較少，兒童較易服用，且價格低廉，對於三日瘧及惡性瘧具有良好的效果，三日瘧的再發率為零，惡性瘧為 14%，間日瘧效果則較差為 46%。〔註75〕日人之所以研發此種藥劑，主要是為了因應戰時奎寧價格的上揚，而想要研發出價格低廉的替代性藥品，由於 takequina 廉價且具效果，因此日治末期臺灣普遍使用此一藥物。〔註76〕以上藥品的研究中，以 P 藥和 A 藥的合

〔註72〕 在臺灣這種投藥式的防治方法，最早於 1907 年施行。1907 年，木下嘉七郎至甲仙埔先後對住民進行採血檢查，對於帶原者及發病者施以服藥治療，同時並對同地住民施行柯霍（Koch）的 gram 預防法，結果良好。之後，臺東、花蓮港等地也開始施行此法。詳參見警務局衛生課，《マラリア防遏誌》（臺北：臺灣總督府警務局衛生課，1932 年），頁 2。

〔註73〕 賴郁雯，〈日治時期臺灣的衛生研究──以臺灣總督府中央研究所衛生部為例〉，頁 90。

〔註74〕 賴郁雯，〈日治時期臺灣的衛生研究──以臺灣總督府中央研究所衛生部為例〉，頁 87～88。

〔註75〕 賴郁雯，〈日治時期臺灣的衛生研究──以臺灣總督府中央研究所衛生部為例〉，頁 88～90。

〔註76〕 范燕秋，〈醫學與殖民擴張──以日治時期臺灣瘧疾研究為例〉，頁 151。

劑最為有效，但因為價格太高，而無法推廣，這顯現了經濟的考量，影響了
臺灣總督府對於衛生措施的施行。〔註77〕

其次是中藥或民間用藥的研究，主要是針對老紅酒、樟腦油、檳榔、木瓜
葉等四種進行試驗，前三種只限於藥物學學理方面的成果，如實驗出檳榔葉中
的成分 arecolin，對於副交感神經末稍會有興奮的作用，因此能達到鬆弛的效
果，但實際上的治療效果如何，就不得而知。而木瓜葉的效果，則是臨床上獲
得證實。木瓜葉一向是熱帶地區重要的民間用藥，用途為解熱及局部鎮痛藥，
研究人員發現木瓜葉中的成分 carpain，對於痢疾的病原蟲有殺菌的效果，於
是將其使用在阿米巴痢疾患者的治療上，不僅效果良好，與一般痢疾治療用藥
emetion 相比，除了療效相當外，carpain 無副作用且成分又較為低廉，故值得
推廣運用在實際的醫療上。〔註78〕在戰爭期間由於 emetion 缺乏，故以木瓜葉
carpain 製成的藥品作為替代用藥。〔註79〕

再者為毒蛇血清的研究，衛生部的研究主要是以蛇毒的毒物學及藥物學
為主，研究人員針對出血毒的毒蛇（龜殼花、青竹絲、百步蛇）及神經毒的
毒蛇（眼鏡蛇、雨傘節）加以實驗，比較兩種毒蛇對麻痺中樞性痛覺之作用
強度的不同，研究結果顯示神經毒的蛇毒麻痺作用較強。〔註80〕其結果後來
獲得應用，即利用此作用精製眼鏡蛇毒，作為治療神經痛及對疾病疼痛的鎮
痛藥，且獲得日本特許局的特許。〔註81〕最後為藥物學的研究，這方面的研
究主要是將生藥注射在家兔或水蛙的體內，以觀察這些藥物對家兔或水蛙，
在呼吸、血壓、血糖、內臟及中樞神經等方面的作用，用以實驗的生藥包含

〔註77〕范燕秋，〈醫學與殖民擴張——以日治時期臺灣瘧疾研究為例〉，頁 151。
〔註78〕賴郁雯，〈日治時期臺灣的衛生研究——以臺灣總督府中央研究所衛生部為
　　　例〉，頁 102。
〔註79〕杜聰明，《杜聰明回憶錄》（臺北：龍文，1989 年），頁 185。杜聰明和其學
　　　生於臺北帝國大學所成立的藥理學教室，對於中藥的研究約於 1940 年後開
　　　始，杜聰明希望中西醫研究一元化，雖向臺灣總督府當局建議過兩次，但都
　　　沒有成功，但其和藥理學教室對於生藥及中藥的藥理研究，仍有不少的成果，
　　　如苦參子、魚藤、八角蓮、麻黃、木瓜葉、鴉膽子等的有效成分與作用，其
　　　部份對於中藥的研究成果也發表於臺灣總督府中央研究所衛生部的年報中。
　　　楊玉齡，《一代醫人杜聰明》（臺北：天下遠見出版社，2002 年），頁 156～
　　　157。
〔註80〕賴郁雯，〈日治時期臺灣的衛生研究——以臺灣總督府中央研究所衛生部為
　　　例〉，頁 103。
〔註81〕杜聰明，《杜聰明回憶錄》，頁 157。

嗎啡、plumbagin、アルコロイトリ（阿片中的成分）、尼古丁等，經由這些藥物作用的實驗，希望其能在治療的功能上有進一步的應用。〔註82〕

〔註82〕賴郁雯，〈日治時期臺灣的衛生研究──以臺灣總督府中央研究所衛生部為例〉，頁103。

第二章　網絡內外的私人製藥和藥品 移入──臺、日製藥業者舉隅

　　臺灣藥業網絡內的製藥業者，是指藥種商除了販售藥材之外，還在臺灣從事製藥和銷售。臺灣藥業網絡外的製藥業者，是指以臺灣作為市場，但在藥業網絡外的地區製藥後，將藥品移入臺灣販售。前者，主要是漢藥藥種商（有臺籍和日籍，但臺籍佔大多數），後者主要是日本製藥業者。兩者都處於藥業網絡上游製造與提供的位置。

第一節　臺、日製藥業者概況

　　日治時期在臺灣藥業網絡的民間製藥地域上的分布狀況，以臺灣總督府民政部編的《臺灣總督府統計書第一～第二十二回》（1899～1944）的數據綜合來看，日治時期全台灣製藥業者最多時達到 59 名（1918 年），各個時期的數量變動甚大，從製藥業者的分布地區來看，北部集中於臺北和南部則集中於臺南，至於東部地區要到 1919 年之後才有製藥業者數據的呈現。

　　詳細來說，從 1898 年開始，當時的臺北縣有 15 個製藥業者，其他地區沒有出現製藥業者的紀錄。1899～1906 年，全臺灣的製藥業者只有 1～3 人，主要集中在臺灣北部，1906 年臺南廳才出現有製藥業者的紀錄。1907～1910 年，全臺灣製藥業者的數量在 24～31 人之間，從 1907 年開始中南部的製藥業者數量漸多，製藥業者也變成主要集中於中南部，1910 年澎湖廳也出現製

藥業者的紀錄。1911～1912 年，全臺灣的製藥業者在 5～6 人之間，1914 年又再度增加為 32 人，1915～1916 年製藥業者又掉到剩下 3～7 人。從 1917～1942 年，製藥業者的人數就維持在 16～47 人之間，從 1920 年之後製藥業者的分布就呈現了集中於臺北州和臺南州的現象，1920～1942 年臺北州的製藥業者人數就維持在 8～24 人之間，新竹州則在 1～6 人之間，臺南州則在 2～19 人之間，高雄州在 1～12 人之間，花蓮港廳在 1～13 人之間。澎湖廳在 1910～1912 年、1918 年出現製藥業者的紀錄後，直到 1929 年才又出現紀錄。但以上對於製藥業者所作的統計資料因為沒有資本額等細目，故無法得知是否有合併的狀況或臺資與日資之差別，也缺乏全貌性的了解。只能對於製藥業者在地區上的分布，有一粗略的概觀。

由於製藥業者在營業之前，需派其技術人員，接受地方官廳的測驗，通過測驗後，發給營業執照。考試通常和藥種商的測驗一同進行，有關測驗的題型也和藥種商的題型相同，故可參照第四章第一節有關於藥種商測驗的說明。這也代表了其實在日治時期，絕大多數從事製藥行為的多為藥種商，由於製藥業者和藥種商在工作內容上有製藥這部分的重複，故在官方測驗兩者的型態上，才會一同辦理。日治時期在臺灣發展的製藥業者，多為漢藥種商所從事的小型製藥工場製藥作業，日本製藥業者主要還是從事藥品移入的工作，臺灣藥品的來源主要還是靠臺灣當地的藥品營業者移入或輸入藥品。

而藥種商中製藥事業規模較大的，列舉以下八者，八者的設立時間多是在大正年間，藥種商於大正年間的發展應走向成熟的階段，主要是藥種商和醫師們的合作與聯絡，組織而成的製藥公司。〔註1〕

第一是陳茂通經營的乾元藥行。〔註2〕此藥行所製造之平安散，專治霍亂，購者不少。〔註3〕在他監製下的何首烏七寶丹、元丹、平安散及各種製

〔註1〕依照附錄三的資料藥種商的製藥事業，還有生產漢藥粉末的是臺北市陳清生製粉所（職工數 2，有一臺馬力 2 的電力原動機；大正 9 年 1 月創立），代表者為陳紅毛。生產丸藥的是臺北市存仁藥房（職工數 1，有一臺馬力 1 的電力原動機；大正 13 年 2 月創立），代表者為蘇國。生產藥粉的是臺南市雙和發藥粉製造場（職工數 2，有一臺馬力 1 的電力原動機；大正 12 年 8 月創立），代表者為魏三順。還有臺南市同志藥粉製造場（職工數 2，有一臺馬力 2 的電力原動機；大正 12 年 4 月創立），代表者王生淋。

〔註2〕乾元藥行元丹製造工場：職工數有 2 名，有一臺馬力 1 的電力原動機，於大正 10 年 6 月創立。

〔註3〕〈平安散之暢銷〉，《臺灣日日新報》第 7249 號，大正 9 年（1920）8 月 14 日，

藥，品質精良，銷路甚廣，甚至於大正 11 年（1922）4 月舊曆 13 日臺南迎
神之際，用樂隊來宣傳廣告。後又購買品質佳良之機器，工場設在原永和街
12 番戶（改正之新町名為臺北市太平町三丁目 138 番地），其意在於改善製
藥。〔註4〕此外，大正 9 年（1920）時，專賣局半澤技師為會長之臺灣藥友
會會員若干名，於大正 9 年（1920）2 月 16 日下午一點半，聯同半澤、田代
兩專賣局技師和前川技手、春原醫學校助教授，臺北廳技手暨研究所、臺北
醫院職員小山，1 行約有 30 人，視察大稻埕南街乾元藥行樓上所陳列之漢
藥方五百餘種，其後更下樓觀其製造藥丸、藥膏之實況，至黃昏才滿足離去。
〔註5〕由此次的活動可以發現，陳茂通所經營之藥行有聲有色，製藥的情況，
能夠供藥業相關人員參觀與學習，是臺籍藥種商中表現突出之人。

　　第二是明治 45 年（1911）7 月 16 日在臺北鐵道旅館召開發起人會成立
的臺灣製藥株式會社（日臺資製藥）。該會社總資本金定為 50 萬圓，主要業
務為栽培適於臺灣本島風土之藥材，能夠自己產生原料，並仿照日本藥局方，
製造西藥和漢藥、滋養品、化學飲用品及輸入漢藥，轉售臺灣島內。〔註6〕製
藥之外，兼研究試驗各種化學，販路則於全島之外，遠及對岸以及諸外國。
由社會派委技師及專門家，前赴日本和中國。常事調查一以採辦原料，一以
販售製造藥品，並聘專門學者為顧問。與總督府研究所暨內地衛生試驗所，
以至外國試驗研究所等，相為聯絡，藉以改良藥品，精益求精。該會社創立
委員長為木下新三郎氏，委員為柵瀨軍之佐、瀧野種孝、三野德三郎、高橋
忠義、齋藤豐次郎、周清談、周清郎、周植澄、劉清柳、王獻章、劉庚、劉世
將、江增堂等。〔註7〕此製藥會社於同年 5 月 1 日得到臺灣總督府的認可，但
卻在大正 1 年（1912）10 月 2 日忽向臺北廳提出認可取消之申請，原因在於
其認為本島每年輸入漢藥雖計有 300 萬圓，其中鴉片原料 266 萬圓，餘各地

　　　第六版。
〔註 4〕〈乾元製藥大廣告〉，《臺灣日日新報》第 7847 號，大正 11 年（1922）4 月 4
　　　日，第四版。
〔註 5〕〈視察漢藥製藥〉，《臺灣日日新報》第 7100 號，大正 9 年（1920）2 月 18 日，
　　　第六版。
〔註 6〕〈製藥會社近況〉，《臺灣日日新報》第 4246 號，明治 45 年（1911）3 月 26
　　　日，第四版；〈製藥組織變更〉，《臺灣日日新報》第 4357 號，明治 45 年（1911）
　　　7 月 17 日，第一版。
〔註 7〕〈製藥會社成立〉，《臺灣日日新報》第 4256 號，明治 45 年（1911）4 月 6 日，
　　　第四版。

藥店總計 2,500 人，每人一年獲利不過數百圓，就利益上而言，擔心收支無法平衡。〔註8〕

　　第三是 1918 年設立的臺北藥材公司，由臺灣中、北部漢藥業者，籌設臺灣藥業公司，按定資本金 20 萬圓分做股份 4 份，其組織與其繳納方法，大致上與藥業組合相符合。本島、對岸漢藥種商及漢醫，欣然加入者，多至 200 人。〔註9〕臺灣藥業公司於大正 7 年（1918）5 月 1 日，於臺北市春風得意樓召開創立總會，由陳捷昇致開會詞後，就議長席位，選舉幹部。先由重要發起人舉理事監事姓名提示，並說明何人任何職之理由，使無偏選知人之弊病，而後請會眾選舉。中間發生了一段有趣的小插曲那便是，忽然有親近周清淡的幾個人，力為周君要求重要位置，周君且從而提議其所經營慶茂藥行之合併，會眾不允，選舉進行，一時稍阻，及經在席之山木警部，熱忱警告，才變為和平之態度。周君為發起之一人，其意是希望成為公司之首腦，合併其數十年之事業，即承其一切舊貨舊帳，但其謀不密，被明眼人識破。

　　此日選舉，理事八人為陳聯陞、林佛國、賴芳蓮、黃則芸、陳金鍋、簡文伴、黃則水、周清談。理事三人為林禮會、陳燈煌、周清標，理事又舉陳捷陞為總辦，陳金鍋為專務，簡文伴為常務，黃則水掌會計。公司股東中，有藥鋪者 160 名，漢醫師 20 名，其他間接關係者數 10 人，出席者 70 餘人，皆發委任狀。〔註10〕但該公司發展狀況不佳，故在大正 15 年（1926）臺灣藥業公司失敗後，就有杜天禎、林協興、黃仁根結合舊幹部陳聯陞，繼起承辦，以黃氏為當事，改其名為臺北藥材公司，重張旗鼓，努力經營二年，成績良好。〔註11〕故此組織，主要是以漢藥材作為營業的產品。

　　第四是 1918 年設立的有限責任東瀛藥種貿易公司，除了經營有關醫藥、賣藥、工業用藥品、其他藥種業務者，西藥、漢藥藥種商外，西醫師和漢醫師也是參與的一員。該公司於大正 7 年（1918）10 月 22 日，在臺北市東薈

〔註8〕〈製藥會社中止〉，《臺灣日日新報》第 4437 號，大正 1 年（1912）10 月 7 日，第三版。

〔註9〕〈籌設藥業公司〉，《臺灣日日新報》第 6393 號，大正 7 年（1918）4 月 9 日，第六版。

〔註10〕〈藥業公司總會〉，《臺灣日日新報》第 6415 號，大正 7 年（1918）5 月 3 日，第五版。

〔註11〕〈臺北藥材公司重整旗鼓〉，《臺灣日日新報》第 9379 號，大正 15 年（1926）6 月 14 日，第四版。

芳樓中，開創立總會，公推顏雲年為議長，選舉重役，理事、監事並選，理事由顏雲年、林熊徵、簡阿牛、謝汝銓、謝師熊當選，顏國年、郭進木、王祖派為監事，皆承諾就任，後由議長推選許梓桑、蘇惟仁、簡朗山、陳瑚、陳和信、謝唐山、陳清澤、潘日祥為評議員，並議請醫藥界重要人士為顧問。接下來則是理事互選，以謝汝銓為理事長，以謝師熊為常務理事，代表公司掌理事務。顏雲年認為本公司與醫界最有密切關係，希望出席的醫師股主力為援助，使公司能有好成績，且對西藥的前途也會較有希望。陳清澤醫師則起而表達公司及醫界的希望，認為醫師既為公司的股東，自然要對公司盡力，自家所需藥品，需仰賴於此公司，同時更應該進一步勸誘同業光顧，團結勢力援助公司，不只公司得到利益，醫師們也可以得到廉價且新鮮之藥品。此次出席者醫師有 20 人，除了臺北的醫師外，還有桃園、新竹、臺中、嘉義的醫師也有出席者，由此可見醫師對於該公司的熱忱，來賓也有新聞記者和警官，該公司之目的就是與全島本島人開業醫師相互聯絡，現在開業醫為公司的股東者，就約有百人。〔註 12〕故該組織，主要是以漢藥和西藥品等一切和醫藥相關的產品，作為該組織的營業商品。

　　第五是東亞製藥株式會社，大正 7 年（1918）2 月 28 日所創立，其營業是以藥種商、製造賣藥為目的，會社在臺北大稻埕南街，工廠則在大加蚋堡牛埔庄，陳作霖（其弟為留學日本的藥劑師，於 1922 年在臺北市創設東西製藥廠）為社長，張友金為專務取締役，郭廷獻為常務取締役。據該會社第一回之營業報告，自大正 7 年（1918）2 月 28 日起，至 6 月 30 日止，大正 7 年度上半季之營業成績觀之，有如表 2-1 所示。由此表觀之，營業之日數，不過僅 120 日間，於此短期之間，賣出之額就有 63,069 圓 81 錢，收入之金為 25,061 圓 64 錢，此半期間之淨餘金，有 4761 圓 50 錢，創設以來，僅此些少之日數，即得獲如此之厚利，其興隆之氣象，與成績之良好，可想而知。該會社全部由本島人所創立，資本金 400,000 圓，總股數 8,000 股，當時股東 201 名。東亞製藥貿易株式會社更於大正 8 年（1919）1 月 29 日下午三時，召開定期總會，處分利益，因為此期有利益可分配。〔註 13〕

〔註 12〕〈東瀛藥種公司〉，《臺灣日日新報》第 7589 號，大正 7 年（1918）10 月 24日，第二版。

〔註 13〕〈東亞製藥總會〉，《臺灣日日新報》第 6682 號，大正 8 年（1919）1 月 25日，第五版。

表 2-1　東亞製藥株式會社第 1 期營業報告之貸借對照表（單位：圓）

資產之部		負債之部		損益勘定	
未繳納株金	300,000.00	株金	400,000.00	當期總益金	29,247.35
地所家屋	9,528.17	借入金	39,364.68	當期總損金	24,845.85
機械什器	5,323.97	賒買	25,521.60	差引－當期純益金	4,761.50
賒賣	38,008.17	支拂手形	11,985.00	法定積立金	150.00
現在品	77,692.87	當期純益金	4,761.50	缺損補填準備積存金	2,500.00
未收金	4,530.55			後期編入金	2,111.50
假渡金	50.00				
銀行定期預金	43,750.00				
諸預金	1,719.93				
現金	1,028.32				
合計	481,631.78	合計	481,631.78		

資料來源：《臺灣時報》第 107 號，大正 7 年（1918）8 月，評論。

　　但是好景不常，臺北東亞貿易製藥會社，因為責任重役及業務擔當者，無誠意為會社謀求發展，只圖私利，其最受打擊者，為與香港之關係，一開始是因購買香港藥材，銀價暴騰，誤買銀行單為擔保，損失五六萬圓，然後又設香港支店某重役為主任，專營自己事業，有利歸己，損則挪歸會社。臺南黃合源藥材行主人某，大正 10 年（1921）因事業失敗，潛赴香港，託某重役為其購買綢緞，價值萬圓，某歸未幾，旋報倒產，該款無著落，仍歸會社缺失。又貨物賣出不登帳簿或登帳人名不知何處人者，購入則以少報多。弊端種種，數年來每次定期總會，該社某監察役，檢閱帳冊，不為之署印，彼則託人婉求，苟且了事。大正 10 年（1921）某監察役，因事渡香港，無意中查出支店弊端，歸臺大憤，本期總會，絕對不為署印。因此日前總會，遂至流會，雖有出為斡旋者，終至無效，其專務已於總會以前，潛往對岸，此事徹底根究至今該社責任重役，當不免背任之咎，大正 11 年（1922）5 月 24 日磋商之後，委託辯護士訴訟。〔註14〕

　　而東亞製藥會社此次事件，解決的方法，便是就其非正當損失各款，總括為 23,000 圓，由新舊責任重役負責任賠償，已於某辯護士處作成臨時契約，該責任重役等連名署印，又現任重役引咎辭職，該株示時價，每股納 17 圓 50

〔註14〕〈東亞製藥紛擾〉，《臺灣日日新報》第 7902 號，大正 11 年（1922）5 月 29日，第四版。

錢者，一時落至 1 圓 50 錢，整理之後，每股就有 7～8 圓。〔註15〕且於召開
總會時，更換社長，以陳智貴轉補，且籌度改善良策，以洗從前陋習。〔註16〕
但該會社從大正 11 年（1922）開始，業務上產生種種議論，於同年 9 月間召
開臨時股東總會，各股東認為該會社負債甚多，且缺乏周轉資金，故認為應
以解散為上策，滿場皆表贊成，遂依多數股東的意見決議解散。但取締役余
克讓一人不肯贊成，遂提出決議無效之訴訟，而法院也以議題無明載解散之
文字，欲為解散決議者，法律上的解釋不適其宜。遂照余氏的訴訟，判決解
散決議無效。為此會社依然繼續，直到大正 12 年（1923）4 月 30 日召開第七
回定時股東會議時，商議會社解散，股東中有解散的意見，也有繼續的意見。
議論之後，認為會社創立以來，已滿五年多，累積數項甚多，一時整理也很
困難。就一般的狀況來看，漸有恢復的希望，若能讓社債減少，以謀低利，同
時加上節約經費。各幹部以慎重之態度，籌謀業務之進展，補救前面的損失，
也未必沒有希望。不如使會社的營業繼續，由會社長陳智貴率先盡瘁整理，
振興業務，或以為妥。而股東一同暸解，於是否決解散決議，乃以會社存續，
重整旗鼓，該會社長必能自重，請求股東再納股金、或謀求運轉資金，當有
一番善後之法，各股東若支援會社，當能漸次發達。〔註17〕東亞製藥會社整
理稍見就緒，於大正 13 年（1924）又兼營熟藥部（零售部門），其製煉方法
皆遵古制，不稍苟簡，材料也是精選之物。〔註18〕

　　第六是 1920 年創立的臺灣藥業金融公司。此臺灣藥業金融公司，以通
融藥業界金融為目的，資本金 20 萬圓，於大正 9 年（1920）8 月 9 日創立總
會，由陳茂通擔任理事長，營業場所在大稻埕永和街 12 番戶乾元藥行背後。
〔註19〕臺灣藥業金融公司於大正 9 年（1920）8 月 16 日開業，至大正 10 年
（1921）春，因觀財界動搖，金融機關也難以周轉，公司理事長陳茂通、專

〔註15〕〈東亞製藥事件解決〉，《臺灣日日新報》第 7904 號，大正 11 年（1922）5 月
　　　　31 日，第六版。

〔註16〕〈東亞製藥改善〉，《臺灣日日新報》第 7947 號，大正 11 年（1922）7 月 13
　　　　日，第六版。

〔註17〕〈東亞製藥解決〉，《臺灣日日新報》第 8244 號，大正 12 年（1923）5 月 6 日，
　　　　第五版。

〔註18〕〈東亞製藥營熟業〉，《臺灣日日新報》第 8631 號，大正 13 年（1924）5 月 27
　　　　日，第六版。

〔註19〕〈藥業金融開辦〉，《臺灣日日新報》第 7249 號，大正 9 年（1920）8 月 14 日，
　　　　第六版。

務理事陳培雲有鑑於此，於大正 10 年（1921）2 月 12 日，召集臨時股主總會，磋商欲將該公司解散諸條件，其時陳理事長陳述意見，表示今日之財界變動，恐波及各界商業，何不早一日解散，堪為上策。各出席之股東，滿場一致贊成解散一案，其後著手清算結果，計自開業以來，所有貸出之金額，全部收回，未曾分毫被欠，而且每股利益有 40 錢，於大正 11 年（1922）6 月 6 日發與股東。〔註 20〕

第七是 1920 年設立的臺中製藥會社，這是臺中街之藥種業者，前田、井上、佐川、藤井等計畫以資本金 10 萬圓所設立，其目的為藥品製造買賣、藥用植物之栽培、其他化學生產事業等。〔註 21〕為了獲得蓖麻子油之原料，故栽種蓖麻，栽種的成績良好，其臺中市老松町之工場，製造キミチンキ類產品。〔註 22〕第八是 1936 年設立的新興製藥會社（1936），由稻江鄭松溪、李義人、陳得勝、陳培雲等人所創設，以創造西、漢藥材、藥種、加工品兼輸移出入為其業務內容；資金 20 萬圓，事務所設於永樂町合盈芳金舖。〔註 23〕

以上主要是臺灣藥種商（臺籍和日籍皆有，或是與醫師合作）的製藥事業。接下來，則要討論日治時期，藥品藉由哪些方式被移入臺灣，以供成藥販賣者、藥劑師、藥種商、日本製藥業者在臺灣設立的支店銷售，且為消費者所使用。以附錄二 1939 年臺北市藥業組合的資料來看。1939 年，臺灣已經處於戰時經濟統制的狀態，臺灣總督府以組合的方式，將相同營業類別的營業者集中管理，主要藉此集中管理物資，該份資料中的從事移入的藥業從業人員就囊括了藥種商（製藥、移入）、藥劑師（製藥、移入）、移入藥品至臺灣的製藥業者等。由於資料的限制，故以下將以臺北市的藥品移入狀況，來探討日治時期臺灣藥品移入的網絡。

但須注意的是附錄二的資料中主要是藥品的移入，只有一例藥品和藥材的輸入，這應和 1939 年日本已經和中國開始作戰，而難以和中國交易藥品或藥材之背景應有關。在未交戰前，必有自中國進行藥品和藥材輸入之情況。

〔註 20〕〈藥業金融好成績〉，《臺灣日日新報》第 7926 號，大正 11 年（1922）6 月 22 日，第五版。

〔註 21〕〈臺中製藥會社〉，《臺灣日日新報》第 7084 號，大正 9 年（1920）3 月 2 日，第三版。

〔註 22〕〈中部製藥事業〉，《臺灣日日新報》第 7110 號，大正 9 年（1920）3 月 28 日，第四版。

〔註 23〕〈新興製藥會社創立〉，《臺灣日日新報》第 13158 號，昭和 11 年（1936）12 月 10 日，第四版。

如一篇 1929 年名為〈漢藥消費──1 年 500 萬圓多採自川粵〉之報導就說明
了「年來本島內臺人西醫開業者日增，漢方醫師漸減，病人多趨於西藥，雖
然生齒日繁，生計日迫，而西藥奇貴，中人以下難得醫，以故服用漢藥者仍
夥。臺灣本年中向中華採購藥材，價達三百萬圓。若以關稅合算之，當不下
五百萬圓。所辦藥品，廣東、廣西二省佔多。四川所產多滋補君臣之高價藥。
大抵寒帶出涼劑，熱帶出燥劑。臺北 1 年間消費 200 餘萬圓，十中六七轉售
地方云。」〔註24〕就證明了藥材自中國輸入的情況。

　　附錄二中，1939 年在台北市臺人從事藥品或藥材移入者至少有以下 15 種
形式，一是賣藥（販售成藥者，以下皆同）移入，是指販賣成藥者自日本（或
日本殖民地）移入成藥，但無法看出以何種形式販售成藥。二是賣藥（移入、
行商），販賣成藥者自日本（或日本殖民地）移入成藥，以行商而非店舖的方
式販售移入的成藥。三是賣藥（移入、店賣），是指販售成藥者自日本（或日
本殖民地）移入成藥，以店舖的方式販售成藥。四是賣藥（移入、店賣）及賣
藥類似品（店賣），是指販售成藥者移入成藥，以店舖的方式販售成藥和賣藥
類似品（賣藥類似品是指老鼠藥、除蟲藥、防臭藥、染髮料，並非針對人體疾
病而進行治療或預防的藥品，以下皆同）。

　　五是賣藥及賣藥類似品（移入、店賣），是指販售成藥者，自日本（或日
本殖民地）移入成藥和賣藥類似品以店舖的方式進行販售。六是賣藥及賣藥類
似品（製造、移入、行商），是指販賣成藥和賣藥類似品者除了製造藥品之外，
也自日本（或日本殖民地）移入成藥和賣藥類似品，且以行商的方式販售成藥
和賣藥類似品。七是賣藥類似品（店賣、移入），是指販售賣藥類似品者自日
本（或日本殖民地）移入賣藥類似品以店舖的方式進行販售。

　　八是藥種商、賣藥（製造、店賣）及賣藥類似品（製造、移入、店賣），
是指藥種商（藥材商人，以下皆同）從事成藥的製造，且以店舖的方式販售成
藥、藥材，除此之外也製造和自日本（或日本殖民地）移入賣藥類似品，在店
舖進行販售。九是藥種商、賣藥（製造、移入）及賣藥類似品（店賣），是指
藥種商對成藥進行製造和自日本（或日本殖民地）移入成藥、藥材，且在店舖
販售成藥、藥材和賣藥類似品。十是藥種商、賣藥（製造、移入、店賣）及賣
藥類似品（店賣、製造），是指藥種商製造成藥和賣藥類似品，在店舖進行販

<hr>

〔註24〕〈漢藥消費一年五百萬圓多採自川粵〉，《臺灣日日新報》第 10659 號，昭和 4
　　　年（1929）12 月 19 日，第四版。

售，且自日本（或日本殖民地）進口成藥、藥材。

十一是藥種商、賣藥（製造、移入、店賣）及賣藥類似品（移入、店賣），是指藥種商製造和自日本（或日本殖民地）移入成藥、藥材，在店舖販售成藥、藥材和自日本（或日本殖民地）移入的賣藥類似品。十二是藥種商、賣藥（製造、移入、店賣、行商）及賣藥類似品（店賣、行商），是指藥種商自日本（或日本殖民地）移入成藥和藥材，且自行製造成藥，以行商的方式販售成藥和藥材，且以店舖和行商的方式販售賣藥類似品。十三是藥種商、賣藥及賣藥類似品（店賣、移入），是指藥種商自日本（或日本殖民地）移入成藥、藥材和賣藥類似品以店舖的方式進行販售。十四是藥種商、賣藥及賣藥類似品（移入），是指藥種商自日本（或日本殖民地）移入成藥、藥材和賣藥類似品。十五是藥局（日治時期的藥劑師法中有規定，只有藥劑師開設的店舖，才能稱為藥局）、賣藥（製造、移入），是指藥劑師除了製造藥品之外，還自日本（或日本殖民地）移入成藥在藥局進行販售。

在附錄二中，1939 年臺北市日人從事藥品或藥材移入者至少有以下 24 種形式。一是賣藥（店賣、移入），是指業者自日本（或日本殖民地）移入成藥在店舖販售。二是賣藥（移入），是指販售自日本（或日本殖民地）移入的成藥。三是賣藥（移入、行商），是指業者自日本（或日本殖民地）移入成藥，以行商的方式販售。四是賣藥（店賣、移入）及賣藥類似品（店賣），是指業者自日本（或日本殖民地）移入成藥，在店舖販售成藥和賣藥類似品。五是賣藥（店賣、移入、行商），是指業者自日本（或日本殖民地）移入成藥以店舖和行商的方式進行販售。

六是賣藥及賣藥類似品（店賣、移入），是指業者自日本（或日本殖民地）移入成藥和賣藥類似品，在店舖進行販售。七是賣藥及賣藥類似品（移入），是指業者自日本（或日本殖民地）移入成藥及賣藥類似品。八是賣藥及賣藥類似品（行商、移入），是指業者自（或日本殖民地）移入成藥和賣藥類似品以行商的方式販售。九是賣藥及賣藥類似品（店賣、移入、行商），是指業者自日本移入成藥和賣藥類似品，以店舖和行商的方式販售。十是賣藥類似品（移入），是指業者自日本（或日本殖民地）移入賣藥類似品。十一是賣藥類似品（店賣、移入），是指業者自日本（或日本殖民地）移入賣藥類似品在店舖販售。十二是賣藥類似品（店賣、移入、行商），是指業者自日本移入賣藥類似品，以店舖和行商的方式販售。

　　十三是藥局、賣藥及賣藥類似品（店賣、移入、製造），是指藥劑師在藥
局販售、製造和自日本（或日本殖民地）移入的成藥和賣藥類似品。十四是藥
局、賣藥（店賣、移入、製造）及賣藥類似品（店賣、製造），是指藥劑師在
藥局販售、製造和自日本（或日本殖民地）移入的成藥，且在藥局製造和販售
賣藥類似品。十五是藥局、賣藥及賣藥類似品（店賣、移入），是指藥劑師在
藥局販售自日本（或日本殖民地）移入的成藥和賣藥類似品。十六是藥局、藥
種商、賣藥及賣藥類似品（店賣、製造、移入），是指藥劑師自日本（或日本
殖民地）移入成藥、藥材和賣藥類似品，且在藥局販售，此外，也在藥局製造
成藥和賣藥類似品。十七是藥局、藥種商、賣藥（製造、移入、店賣）及賣藥
類似品（店賣、移入），是指藥劑師自日本（或日本殖民地）移入成藥、藥材、
賣藥類似品在藥局販售，且在藥局製造成藥。

　　十八是藥種商、賣藥及賣藥類似品（店賣、製造、移入），是指藥種商在
店舖製造成藥和賣藥類似品，且自日本（或日本殖民地）移入成藥、藥材和賣
藥類似品在店舖販售。十九是藥種商、賣藥（製造、移入、店賣、行商）及賣
藥類似品（店賣、行商），是指藥種商自日本（或日本殖民地）移入藥材、成
藥，且在店舖製造成藥，以店舖和行商的方式販售藥材、成藥和賣藥類似品。
二十是藥種商、賣藥（店賣）及賣藥類似品（店賣、製造、移入），是指藥種
商在店舖販售藥材、成藥和賣藥類似品，且自行製造和自日本（或日本殖民地）
移入賣藥類似品。二十一是藥種商、賣藥（移入），是指藥種商自日本（或日
本殖民地）移入藥材和成藥。二十二是藥種商、賣藥（製造、店賣、移入），
是指藥種商自日本（或日本殖民地）移入成藥和藥材販售，且製造成藥。二十
三是藥種商、賣藥及賣藥類似品（店賣、移入），是指藥種商自日本（或日本
殖民地）移入藥材、成藥和賣藥類似品在店舖販售。二十四是藥種商、賣藥及
賣藥類似品（製造、移入），是指藥種商自日本（或日本殖民地）移入藥材、
成藥和賣藥類似品，且製造成藥和賣藥類似品。

　　附錄二的資料中，無法明確的得知每一家日籍或臺籍營業者移入藥品的
詳細狀況，但是從以上的通路可以看見，製藥業者移入藥品和藥品由藥業網
絡中游的藥種商和藥劑師進行販售之脈絡，如臺北市日人移入藥品通路的第
七項中，賣藥及賣藥類似品（移入），是指業者自日本（或日本殖民地）移入
成藥及賣藥類似品，然後交由中游的業者以店舖和行商的方式販售給下游的
消費者。

　　如 1912 年以臺灣作為其市場的日本製藥業者有於臺中回春堂、參天堂藥
房、高島愛生堂和順天堂大藥房等,都是藉由移入藥品的方式,將其藥品帶入
臺灣的藥業市場中。當時移入的藥品中有名的是臺中回春堂藥鋪的健胃肥肉
丸(3 日份 10 錢、10 日份 30 錢、35 日份 1 圓),功效是輕微胃病,服用七日
後,可完全根治,可治氣色蒼白,病後可用於補血,恢復元氣,無病之人服用
此劑,可用於預防諸種疾病。〔註25〕參天堂藥房的大學目藥(小份 2 錢、中份
4 錢、大份 8 錢),此大學目藥是依據帝國醫科大學醫院處方所製成之貴重藥
劑,治療流行性眼睛之疾病、星目、血目、疲目等其他一切眼病。〔註26〕高島
愛生堂的仁丹,功效是消化不良、頭痛目眩、胸痛腹痛、惡疫預防、惡醉舊醉、
暈車暈船等。〔註27〕

　　順天堂大藥房的中將湯(2 天份 20 錢、4 天份 35 錢、1 週 60 錢、2 週 1
圓 10 錢、3 週 1 圓 60 錢、5 週 2 圓 50 錢),此藥善治子宮各病;善治月經各
病;經來腹痛;月經妄行;處女初次行經;月經延期;倒經能使血脈歸止;白
帶與赤帶;避免小產;產前產後調養身體;養血保胎;易孕得子;調和八脈;
保腎助陰;治療憂鬱病。〔註28〕中將湯,除了幫助婦女補血、養血外,對於補
氣、手腳冰冷也有幫助,故該藥房於報紙廣告中極力推崇中將湯對抗流行性感
冒的功效,且不分男女皆可飲用。〔註29〕此外,隨著時代進步,中將湯的製作
過程也逐漸的科學化、機械化,使用真空乾燥機與最新式的自動充填機,符合
當時對於藥品衛生的要求。〔註30〕中將湯也特別在廣告中宣傳它作為和漢藥
品(藥效溫和的漢藥品)的優勢,強調和漢藥比西藥更溫和、更無副作用,且
不傷身體。〔註31〕

　　接下來則要以史料上呈現較為完整的星製藥作為分析對象,討論日本製
藥業者以各種形式的通路販售其藥品,至少顯示了日本製藥業者使用以上的
通路,進入了臺灣的藥業網絡之中。就臺灣藥業網絡外日本製藥業者,其進
入臺灣的背景、對藥業的理念以及其對藥品的製造和流通如何進行,同時輔

〔註25〕《臺灣日日新報》第 4504 號,大正 1 年(1912)12 月 16 日,第四版。
〔註26〕《臺灣日日新報》第 4504 號,大正 1 年(1912)12 月 16 日,第四版。
〔註27〕《臺灣日日新報》第 4504 號,大正 1 年(1912)12 月 16 日,第四版。
〔註28〕《臺灣日日新報》第 4504 號,大正 1 年(1912)12 月 16 日,第四版。
〔註29〕梁璨尹著,《臺灣日日新:老藥品的故事》,頁 61～62。
〔註30〕梁璨尹著,《臺灣日日新:老藥品的故事》,頁 62。
〔註31〕梁璨尹著,《臺灣日日新:老藥品的故事》,頁 62。

以其他日治時期大型日系製藥業者，一同建構有關日治時期臺灣藥業網絡外日本製藥業者移入藥品的狀態。

第二節　星製藥

一、星一及其藥業交際活動

　　首先，先就星製藥株式會社的負責人其生平和藥業理念，進行討論。星一生於日本橫濱縣，21 歲渡美留學，得美國哥倫比亞大學學位，後於紐約經營日美週報等新聞，於明治 39 年（1906）歸日本，著手於製藥業。〔註32〕明治40 年（1907）星一先建立星製藥，後於明治 44 年（1911）改組織為資本金 50萬圓之星製藥株式會社，後增加資本成為 2,000 萬圓大會社，大正 2 年（1913）年於臺北市設立星製藥會社臺灣出張所。星製藥會社長星一於 1920 年～1925年發生星製藥阿片違反事件，〔註33〕使得星一等被告皆課罰金，且追徵金 126萬 920 圓，從對於阿片違反事件的當事者星一、關戶信次、木村謙吉三名之阿片令違反被告事件公判報導中可以得知事情的原委，阿片在日治時期屬於藥品，又屬專賣，由於星一對於阿片的非法販賣，使得他捲入此事件中。大正 14年（1925）11 月 9 日此事件於臺北地方法院開庭，僅有木村謙吉和律師岡野出席。判決主文寫明了，被告星一罰金 3,000 圓、關戶信次（運輸業）和木村謙吉（無業）罰金 2,000 圓，並追徵金 126 萬 920 圓。〔註34〕

〔註32〕〈星製藥特約店大會〉，《臺灣日日新報》第 7586 號，大正 10 年（1921）7 月17 日，第四版；星一，〈文明國と賣藥〉，《臺灣日日新報》第 4663 號，大正2 年（1913）5 月 29 日，第七版。

〔註33〕〈阿片違反事件判決〉，《臺灣日日新報》第 9163 號，大正 14 年（1925）11月 10 日，第四版。

〔註34〕星製藥阿片違反事件的其他判決條文：第一：被告星一，為星製藥株式會社社長，此會社於大正 9 年（1920）中，由臺灣總督府專賣局外數處，受採辦古耳古生阿片 150 封度，合計 1,871 個命令。當時被告等料想後日價格騰貴，及以同會社以製藥原料年附與 15,000 封度生阿片使用特權，故期待後日得許可而使用之。為此種事情，基於星一之命令，向紐約拉屢分路夫拉會社外數處購買，同時更購買指定數量以外 1200 個。嗣而其後依此命令者，各為納附，殘餘即指定數量外份額，於橫濱稅關官吏默許下，藏稅關構內。大正 10 年（1921），同稅關長告知不能繼續藏置，宜緊急處理，為窮於處置，乃對於夙所相知之當時在臺灣總督府專賣局長之職，即賀來佐賀太郎，陳述其情，暫時藏置基隆稅關，旋得其承諾，自大正 10 年（1921）6 月下旬至 11 月之間，分作數次，由

　　星製藥株式會社社長星一除了歷經大正年間的阿片事件之外，在此後更遭遇了於東京會社內部股東的紛爭，臺灣內部特殊的氣候暴風雨，而導致他所投入的規那栽培事業出現問題，造成損失。後來星一發行會社債券，宣告個人和會社的破產。但經過昭和8年（1933）7月18日的債權者會議強制和議的成立，解決了破產的問題。於昭和9年（1934）8月至臺灣視察，規那栽培園地和生產的狀況。由於規那樹皮中的有效成分奎寧，可製作成解熱藥、強壯藥等，而且世界上有六成的人類為了熱病所苦，臺灣更有著風土病的問題。〔註35〕

　　故如果在臺灣規那的栽培成功之後，對於星製藥會社來說，便有原料可繼續製造藥品，達到自給自足的狀態，且能輸出至世界各地。因為日本藥種製品或原料，多仰於外邦，歐戰開始後，來源頓絕，故自行研究，在星製藥株式會社內由會社出資，派遣會社所聘之專業人員往美國其他留學考察，且研發出藥品，如藥種中最重要的阿片製劑、古加乙涅、規那、亞卓鹿林四藥。該會社取得原料且知製法，由於此四藥原料，並非歐洲所生產，而是生於南美、印度或南洋者，原料易得，生產費不多，在歐戰結束後，歐洲人之製品輸來，便可以之抗衡。星製藥會社為了謀求原料豐富，既設藥圃研究栽培方法，又研究出驅除殘害果樹小蟲之藥品。

　　昭和8年（1933年）臺灣總督府的預算中，其中包括了熱帶藥草的研究費，其中有30,000圓為栽培研究費，提供會社的爭取，星製藥四處陳情遊走以獲得此經費。昭和9年度（1934年）臺灣總督府的預算中，星一便請求了

橫濱稅關移送基隆，搬入於保稅倉庫。第二：進入大正11年（1922）星一以金融關係欲販賣上述之阿片，即告知被告木村謙吉和關戶信次託當授受之任，得其承諾，三名共謀，犯意繼續，於大正11年（1922）6月起至大正12年（1923）4月下旬，分作15次在東京或臺北市賣與上海之郭天和外數十人，每一封度13圓，該阿片全部他，其上更利用浦鹽政府等所發之輸入許可證，由基隆稅關搬運出庫，轉載赴支那方面船舶而販賣之。星一表示已於大正11年（1922）8月28日搭船赴美，大正12年（1923）1月12日返神戶，其間販賣他都不曾參與，只就其後之買賣，受其報告。依照各被告在當公廷第一回公判之供述，可以十分認定。結果：被告三人對於判決不服，即行上訴。參照〈阿片違反事件判決〉，《臺灣日日新報》第9163號，大正14年（1925）11月10日，第四版。

〔註35〕大正5年（1916）大阪的武田長兵衛就自爪哇輸入了10公噸的規那，希望能夠著手製造，但最後並沒有成功且放棄了。後由星製藥會社購買殘存的規那進行研究，且成功的製造出藥品。

26,000 圓的研究費，星一期望達到 12,000 甲的栽培面積，且於昭和 19 年（1944 年）完成事業，除了栽培規那，還有除蟲菊的栽培。此外，臺灣總督府的政策中其中有一項為重要的理蕃政策，也就是授與蕃人職業，強調臺灣的規那造林和生蕃職業為密不可分之事業。平地蕃大致上已經歸順，從事農業活動，而高山蕃現在還過著狩獵的生活，為了使他們獲得比較富裕的生活。規那的栽培活動中，如果能夠由這些蕃人包含栽種、清理苗圃和雜草等活動，提供他們獲得收入來源的另外一份職業。〔註36〕

　　昭和 10 年（1935 年），星一更希望利用蕃地創設臺灣獨立會社，設立了資本金 125 萬圓的臺灣星製藥株式會社，會社財產為臺北市大和町事務所，以及南投 216 甲、嘉義 170 甲、鳳山 70 甲之土地，高雄州潮州郡、旗山郡甲仙，臺東廳大溪、知本，花蓮廳玉里郡清水，總面積為 444 甲的土地，主要用於栽培規那。取締役乃星一、大阪藥種商谷村留三郎、本社技師長官宮本真一、臺北馬場弘；監察役則為嘉義古桐農場主任大林寬治。此會社以栽培古柯、規那、除蟲菊、薄荷、其他藥草為事業，與內地星製藥分離。〔註37〕除了從事製藥事業，另外一項比較特殊的事業，便是星一對於藥學教育的投資，那就是東京星藥學專門學校的設立，依照專門學校令認可後，於昭和 16 年（1941）5 月 18 日在日本工業俱樂部便召開了盛大紀念祝賀會。〔註38〕此項事業，雖然臺灣的藥業從業人員，一直希望能夠設立藥學教育的專門學校，但是卻一直未能實現。

　　由星製藥會社社長星一的交際與活動內容中，可以發現星一在臺灣的藥業市場中，所具有的重要性或代表性。由於星一和報社記者的關係相當良好，所以在曾為記者，之後成為藥種商的謝汝銓所開藥房之披露會中，可以看見他的身影，甚至代表致謝詞。1913 年 3 月 8 日和 9 日大稻埕中街「謝汝銓〔註39〕

〔註36〕臺北的斑鳩子，〈キナの全貌と星製藥會社〉，《臺灣日日新報》第 12241 號，昭和 9 年（1934）5 月 3 日，第三版。

〔註37〕〈臺灣新設星製藥會社〉，《臺灣日日新報》第 12728 號，昭和 10 年（1935）9 月 5 日，第八版。

〔註38〕〈星藥專開校紀念祝賀會〉，《臺灣日日新報》第 14798 號，昭和 16 年（1941）5 月 22 日，第二版。

〔註39〕謝汝銓（雪漁）擔任過臺灣日日新報漢文報記者，後為藥種商。有關謝汝銓擔任臺灣日日新報漢文報記者時期，撰寫有關日治時期臺灣醫藥衛生之報導，較契合臺灣總督府之立場，可參見李敏忠，〈日治初期殖民現代性研究──以《臺灣日日新報》漢文報衛生論述（1898～1906）為主〉，國立成功大學臺灣文學研究所碩士論文，2004 年，頁 85～86。

所經營之保和藥局開披露會」〔註40〕中的致詞，星一就表示謝汝銓「曾為新聞記者今營賣藥事業，與謝君之境遇大同，因此可以預知謝君的發展會是成功的」。〔註41〕星一與臺灣地方官紳、漢醫的關係也可從他 1913 年 6 月 3 日設宴於臺北市東薈芳旗亭的設筵招待〔註42〕和 1918 年 1 月 8 日星製藥於臺北鐵道旅館所舉辦的春宴，宴會的情況為「星製藥會社長星一，於鐵道旅館盛開春宴，正午，招待北部內地人、本島人兩藥種組合員約有百名。星一氏起述該會社經營經過，謂本會社始以十五萬圓，再變為百萬圓，去年乃變為兩百萬圓，此後隨業務之發展，籌畫變為五百萬圓或千萬圓，本會社初僅製造賣藥，因時局影響，成績絕好。席散之後，各概以該會社所製人參錠及香水，分贈諸賓。」〔註43〕活動中可以看出，星一以宴會和贈與星製藥生產的藥品之方式，極力維持和當地藥業相關人員或是地方上重要人士的關係，以協助他在臺灣藥業事業的發展。

　　1913 年 6 月 5 日於輔臺街建築事務所的「賣藥及活動寫真」活動，此活動是「星一氏來臺擴張賣藥業務，將建築一廣大可容多人之娛樂場，內置新式活動寫真，購買 20 錢以上之顧客，則贈 1 張入場觀覽券，發揮日人廣告業務之精神。」〔註44〕以上的活動，除了可以看出他和報社記者關係良好的結果，就是登上報紙的版面進行宣傳，同時為了吸引消費者，使用新穎且特殊的方式，讓消費者覺得消費藥品的同時，也能夠得到不一樣感受。除此之外，1914 年 5 月「臺灣出張所設立 1 週年紀念的 500 圓的懸賞發賣會，購求者甚多。」〔註45〕

〔註40〕　參與人員有商工銀行長木村匡、星一製藥會社長，臺灣日日新報社赤石社長、前社長今井周三郎、編輯局尾崎秀翼，大稻埕宮原所長、瀧澤衛生警部、研究所諸氏、本地紳商數 10 名。

〔註41〕　〈保和藥局披露〉，《臺灣日日新報》第 4589 號，大正 2 年（1913）3 月 11 日，第六版。

〔註42〕　〈星社長之招宴〉，《臺灣日日新報》第 4670 號，大正 2 年（1913）6 月 5 日，第六版。參與人員有紳士辜顯榮、林熊徵諸氏及大稻埕區長黃玉階、本島人名醫葉煉金、藥種商組合長張清河、臺灣日日新報社記者魏清德、其他內地桂商會等人。

〔註43〕　〈星製藥之春宴〉，《臺灣日日新報》第 6302 號，大正 7 年（1918）1 月 10 日，第六版。

〔註44〕　〈賣藥及活動寫真〉，《臺灣日日新報》第 4670 號，大正 2 年（1913）6 月 5 日，第六版。

〔註45〕　〈星製藥懸賞大賣出〉，《臺灣日日新報》第 5012 號，大正 3 年（1914）5 月 27 日，第七版。

　　1914 年 5 月，「星製藥會社者，以各種約值價千圓之藥品，慰問前進討蕃軍人警官。」〔註46〕和「星製藥會社者，以星紫雲膏 1400 個、感冒良劑 5000 袋、斯他 1500 袋、妙春丹 1850 個、腹痛神藥 1000 個、萬應良藥 1250 個、止瀉藥 1000 個，寄贈愛國婦人會臺灣支部，作為討蕃隊慰問品。」〔註47〕星一贈送藥品給討蕃軍隊，更顯示了他除了注重和地方業者、重要人士的關係，另外一個交際、他需要更下功夫的對象，就是官方——臺灣總督府，所以順應當時討蕃的形勢，以贈送藥品非常實際且有用的方式，作為交際以及博取官方好感的一種方法。

　　1914 年 9 月，因為「此回歐戰，藥品一途大受影響，各店騰貴有多至數倍者，獨星製藥會社之賣藥，不獨不肯高唱，對金 10 錢以上之顧客，則必贈以歐洲戰鬥明細地圖，而使知時局之變。」〔註48〕即舉行的藥品拍賣活動或是購藥就贈送地圖的方式，都希望讓消費者能夠有消費藥品，就能得到另外一種商品，這種撿到便宜的心態。

　　1914 年星製藥在桃園協助創設桃園壽星公司所舉辦的活動，即「星製藥會社長星一，謀設桃園壽星公司，設宴招待同公司相關人員，希望該公司保全國民健康，供給有責任良藥於桃園廳，由桃園廳下各紳士組織，待發達後，第二計畫在向南清南洋各方面發展。」〔註49〕從其公司的人員（參與活動的人員有呂鷹揚、簡朗山、簡阿牛、陳耀樞、陳嘉猷、王式璋、徐克昌、鄭永南、張越成、鄭步青、許春漢、簡長春）分析起，其主要都是桃園地區的藥種商，藉由和地方藥業相關人員的協助與交際，再度展現他謀求於臺灣發展藥業的決心和交際的手腕。

　　1934 年 8 月，「星製藥會社長星一，因該社規那事業和蕃地運輸交通用，欲購買琉球馬百頭，以現金 1500 圓提供給警務局，懇請其幹旋購買，警務局乃與殖產局長高澤技師、帝大山根教授等聯絡，努力幹旋，聽聞琉球產中等馬，1 頭 50 圓，合運費需 80 圓以上。於 1935 年 5 月到達臺灣，其中 30 頭

〔註46〕〈星製藥之慰問〉，《臺灣日日新報》第 5002 號，大正 3 年（1914）5 月 16 日，第六版。

〔註47〕〈星製藥更寄贈〉，《臺灣日日新報》第 5006 年，大正 3 年（1914）5 月 20 日，第六版。

〔註48〕〈星製藥與戰區地圖〉，《臺灣日日新報》第 5107 號，大正 3 年（1914）9 月 2 日，第七版。

〔註49〕〈星製藥與桃園〉，《臺灣日日新報》第 5147 號，大正 3 年（1914）10 月 13 日，第三版。

送到星製藥事業地高雄萊社，20頭送到臺中州見晴牧場，由臺中州理蕃課管理。」〔註50〕因為星製藥會社的規那事業和官方一直有緊密的合作關係，故連用於交通運輸的馬匹購買，都藉由臺灣總督府（主要是指警務局、殖產局長高澤技師、帝大山根教授）的協助，獲取馬匹後，選取其中的馬匹分派至官方農場，作為其發展事業的方法。

從以上的交際活動中，可以看出，星製藥會社的社長，極力在臺灣維持和官方、地方有力人士、報社人員、地方藥業相關從業人員的關係，且以贈送該社所出產的產品，作為會後的禮物。以上這些舉措，使得他之能夠在大正初期進入臺灣後，一直發展至日治時期結束，是日治時期少數能夠參與官方藥用植物栽培事業、報紙廣告上大篇幅刊登藥品廣告的製藥業者，這都在於他對於以上人士的交際與往來所打下的人際網絡基礎與官商的關係。

二、星製藥的藥品製造與流通

星製藥會社於臺灣藥業網絡中的發展，要從藥品的製造與流通討論起，但首先要檢討的是他對於製藥事業的理念，因為這些理念也深刻影響了他對於臺灣藥業市場的經營模式。星一主要認為製藥事業得與國家力量結合、製藥機關的完備、日本製藥原料應自給自足、藥品之輸出足可以代表日本文明的程度。星一認為賣藥對於公眾衛生及國民保健，有密切關係，因而對於國家活動力更有至大的影響，故賣藥業宜為官營事業，揭示了官方力量和藥業的發展應該緊密結合的理念。在臺灣，星一由於對於藥用植物規那的栽培，得到了官方的協助和支援，使得他在此項製藥事業中，可以順利的發展。〔註51〕星一也高唱親切第一，也高唱一人一業主義，即親切且專心於事業。欲製造善良藥品，需創完備工場，該社之工場設於東京市外大崎町，第二、第三工場及其他北海道、新瀉、臺灣、南美等處工場，合計總坪數為三萬坪。各工場皆用鐵枝、混凝土、磚製造而成，約有百棟網羅最新式之製造機械，其技術人員則有石津藥學博士、藥學士、醫學士、工學士、農學士及藥劑師等共200名，男女從業員約1,000名。該社招聘了外國醫學士及內國醫學士等專攻醫學者，與前記諸學者，共同從事製藥實務。如該社細菌部，為著名的醫學博

〔註50〕〈星製藥購馬〉，《臺灣日日新報》第12505號，昭和10年（1935）1月24日，第八版。

〔註51〕星一，〈文明國と賣藥〉，《臺灣日日新報》第4663號，大正2年（1913）5月29日，第七版。

士野口英氏擔任製造者，其發明了著名的梅毒診斷液──爾衛真。而擔任製造疫苗者，其就學於英國菜卓博士且研究多年之坂上學士。因為藥品對於個人日常衛生，有至大關係，於國家濟生保健有深遠影響，故若人體患病，當需要診療之技能者醫師與製造藥品，以製造出完全效能之藥品為緊要條件。同時飼育動物供藥品反應之實驗，且設附屬診療所，就疾病之實地試驗、製造藥品。〔註 52〕

　　因為歐戰爆發，藥品輸入杜絕，在醫藥治療上，缺陷畢露，此原因就在於藥物原料沒有自給自足，戰前日本藥品多仰賴外國輸入，缺乏製造一途，並非不能製造而是製法之研究因為原料缺乏，而無法發揮。星製藥製藥會社遭此時局，深感製藥事業需要獨立。為了努力獲得原料，派遣社員於海外，輸入成功，又於秘魯、滿駿、珠爾馬約及臺灣購買廣大之藥草耕地，開拓經營，以得現今鹽基物之製造，即鹽酸奇那、硫酸奇那、鹼鹽、古加乙涅、鹽酸毛啡、鹽酸奚老因等，此貴重醫藥品為醫師不可或缺者。除了栽培古柯其規那外，還種植其他數十種藥草，以該耕地之藥草，以求原料之自給自足。星製藥株式會社，為了藥品自給自足之策，在臺灣及南美經營藥草園。〔註 53〕

　　星製藥的另外一個事業的理念，就在於將製作良藥當作對日本文化之宣傳，星一認為製藥對於國內的貢獻在於國民保健衛生，對外輸出藥品則是展示日本國之文明程度。在 1923 年的言論提出，許多人以為賣藥是流行於未開化之地，殊不知賣藥實流行於文明之地。星一認為從對所賣藥品的高消費可以看出文明的程度，如英、美、德、法就為世界第一的藥品消費國。為何賣藥會流行於文明之國呢？這是由於個人智識的發達，對於個人身體的構造與短處皆有所瞭解，則賣藥則是補人身體之短處之事，人們對於藥品的需求，而使得賣藥能流行於文明國中。試舉一例說明之，若因經過昨夜之奔走，受夜風吹襲，今早起床時發現食慾不振且頭痛，為了縮短苦痛，與其花費 3 至 4 小時的時間進行治療，不如購買一錢至二錢之藥品服用，利用 1 至 2 個小時進行治療，特別是在競爭如此激烈，時間如此寶貴的社會，更應該促成改良後家庭常備藥的普及。在文明的國家，服用胃腸藥之後，約待 1 至 2 小時，

〔註52〕星一，〈文明國と賣藥〉，《臺灣日日新報》第 4663 號，大正 2 年（1913）5 月29 日，第七版。

〔註53〕星一，〈文明國と賣藥〉，《臺灣日日新報》第 4663 號，大正 2 年（1913）5 月29 日，第七版。

就能如平常一般的愉快，繼續平常的業務。〔註54〕星一這種理念，主要則是一再的宣導服用藥品，便不會影響個人，甚至是國家的生產力與發展。國家的生產力佳，發展的過程順利，有效率，更代表了國家文化的向上發展，以及品質的提升。所以他將藥品從個人使用的層次推展至國家發展此等重要的位置上，強調藥品對於國家的不可或缺性。

（一）藥品的製造

星製藥株式會社於日治晚期才至臺灣設製藥工場，在此之前，皆是進口由東京星製藥株式會社所製作的藥品進行販售。從圖 2-1 中可以看見以健康為無限的資本作為藥品廣告的開場白，也就是以藥品治療疾病，以保障個人無限的健康資本，更以家庭作為藥品消費的主要單位。希望藉由家庭的購買，使得保健身體和防禦疾病，也能夠成為簡單在家中就能完成的事，來吸引消費者的購買。廣告中的藥品除了家庭常備的胃腸藥品外，還有因應當時臺灣重大疾病瘧疾所製作的鎮靜止熱藥品，另有專為幼兒設計的藥品、成人強健營養藥品，圖 2-1 其實羅列了星製藥主要的明星產品，且以★號中加上藥字，作為其特殊的商標。就藥品的形式來看，不論是以內服或外用，甚至是注射的藥品，星製藥株式會社皆有生產，不只一般消費者可以使用，就連醫院或診所中的醫師，也都可以成為星製藥會社的消費者，成為他處方箋下開給病人使用的藥品。就市場的需求而言，星製藥株式會社所製作出來的藥品，可以說幾乎滿足社會各個階層的需求。

星製藥 1913～1925 從日本移入於臺灣流通的藥品，〔註55〕可分為以下七類，分別是疫苗、幼兒專用藥品、婦女保健藥品、營養保健產品、胃腸藥品、鎮痛解熱和感冒藥品與萬用藥品，於臺灣的藥業網絡中流通。一是具有預防目的的疫苗，星製藥會社中有進行藥品研發的細菌部，在 1918 年末因見到世界

〔註54〕星一，〈文明國と賣藥〉，《臺灣日日新報》第 4663 號，大正 2 年（1913）5 月 29 日，第七版。

〔註55〕《臺灣日日新報》第 4819 號，大正 2 年（1913）11 月 5 日；第 4885 號，大正 3 年（1914）1 月 16 日；第 5107 號，大正 3 年（1914）9 月 2 日；第 4907 號，大正 3 年（1914）2 月 7 日；第 5006 號，大正 3 年（1914）5 月 20 日；第 5114 號，大正 3 年（1914）9 月 9 日；第 5187 號，大正 4 年（1915）12 月 26 日；第 6391 號，大正 7 年（1918）4 月 9 日；第 8921 號，大正 14 年（1925）3 月 13 日；第 8963 號，大正 14 年（1925）4 月 24 日；第 8975 號，大正 14 年（1925）5 月 6 日；第 7571 號，大正 10 年（1921）10 月 2 日，第六版；臺灣藥友會，《臺灣藥友會誌》，第 3～19 號，1922～1924 年，廣告類。

感冒將有流行之兆，故以預防治療為目的，率先混合五種菌，製成藥品，提供
於市上，其後感冒流行數次，也都如此應用之，且將實驗成果，向臺北出張所
呈送。而該社所製造之規那藥品，其販賣通路廣及英國、法國、義大利、比利
時、荷蘭、西班牙、瑞士、希臘、土耳其、俄羅斯、德意志等國，以及南北美
洲、澳洲與紐西蘭。而該社所製作的疫苗種類有 20 餘種，有治療目的者，有
預防目的者，其著名者為感冒用混合疫苗、淋菌疫苗、葡萄狀球菌疫苗、傷寒
疫苗、肺炎球菌疫苗、結核菌疫苗，就感冒疫苗而言，醫師最為推薦。其他預
防液類、診斷液類、疫苗等，也進行製造，流通於藥界。還有，該會社的傳染
病研究所則製品血清及疾菌等，也都在特約商店進行販售。

圖 2-1　星製藥家庭藥品廣告

圖片來源：《臺灣日日新報》第 8921 號，大正 14 年（1925）3 月 13 日。

在報紙廣告上就可看見星製藥的疫苗注射藥品，包含了肺炎球菌疫苗、流
行性腦脊髓膜炎球菌疫苗、赤痢菌混合預防液、百日咳菌與肺炎球菌混合疫
苗、感冒用肺炎球菌、假性實布至利亞菌、葡萄狀球菌、連鎖狀球菌疫苗、結
核菌疫苗、軟性下疳菌疫苗、淋菌疫苗、丹毒菌疫苗、化膿球菌疫苗、腸窒扶

斯診斷液、腸窒扶斯菌治療液、霍亂預防液、大腸菌疫苗，且皆有發售注射器。以上這些產品販售的對象，主要還是以醫院、私人開業醫師、藥種商或藥劑師所開設的藥局為主，而不是一般民眾。以下的產品，才是一般民眾可以方便購買使用的藥品。

二是幼兒專用藥品，這是鑑於日本所賣之幼兒專門藥品，並沒有專門用於治療幼兒之蟲藥，而是以大人的藥品治療之，這使得日本的幼兒中，能活到五歲的約只有 80 萬人，絕大多數都是因為疾病而死，其死亡率之高反映了缺乏幼兒專門藥品。為了防止幼兒病死，使其雙親安心，故開始販賣幼兒專門藥品，如 1925 年出現的小兒風藥，是小兒感冒之專門藥。還有小兒去痰藥，此劑對於小兒之百日咳特別有效。

三是婦女專用保健藥品，可分為內服保健藥品和外用化妝保養品，和其他種類的藥品比較起來，婦女使用的內服和外用藥品或化妝保養品，價錢都較貴，成為一種消費的享受。星製藥移入臺灣的內服保健藥品有 1913 年出現的婦人至寶丸，價錢為 3 個 30 錢、6 個 50 錢、20 個 1 圓，功效是治療子宮疼痛與子宮疾病。還有 1913 年出現的婦界寶（調經藥品），價錢是大盒 60 錢、中盒 35 錢、小盒 10 錢，功效為專門治女人行經不順、或前、或後、或閉、或亂、或數月不行、死血作霖、赤帶白帶、逆上、頭痛、下腰腹足冰冷、產前產後之諸症、惡阻、難產、流產、神經衰弱、虛癆損傷之藥品。

星製藥所製造的女性外用化妝保養品，1925 年出現的產品是從臉部的化妝品、護膚品、清潔產品、止汗產品、護髮產品皆有。化妝品方面，一是美水白粉（粉底液），價錢為 35 錢，分白色、肌色、肉色，可依肌膚的狀況選擇，使用方式是以手指取適量抹於肌膚。二是美煉白粉（蜜粉），價錢為 35 錢，此品為純白無鉛之美妝料，從廣告詞中「無鉛」就可以發現，製藥業者對於化妝品的成分對於皮膚的影響，已經有所重視。三是美固煉白粉（粉餅狀），價錢 70 錢，此品除了平時以此粉保持豔麗外，即使以清水洗淨之後，仍能維持肌膚的美麗，且上妝之後即使濃妝也沒有厚重的妝感，其質地還能美化肌膚。從廣告詞中，可以發現化妝和保養合一的概念在日治時期就一直存在於女性的保養概念中。四是美粉白粉，價錢 30 錢，有分白色、肌色、肉色，防汗之面部白粉。五是美ベルツ液（妝前基礎液），價錢 30 錢，在陽光強烈皮膚乾荒之時，上白粉前之美顏產品。六是美液（妝前隔離液），價錢 30 錢，此品可調整肌膚紋裡防止陽光照射，即帶有防曬的效能。星製藥所生產的女性化妝與保養

品，從圖 2-2 就可以發現以女性攬鏡自照作為號召，藉由圖中女性面前的一罐罐化妝與保養品，只要消費者購買使用，就能夠成為圖中那位摩登女性的模樣，且讓美麗、人生和春天的美好劃上等號，即擁有美麗，就能夠讓女性的人生如春天一般美好且燦爛。從這些產品的出現，可以知道讓女性變美的產品，不只在今日，早於日治時期就已經攻佔了女性消費項的一部份。

　　護膚產品，一是美化妝水，價錢 35 錢，此為水粉合一之化妝水，粉在下。二是美オーデキニン，價錢 1 圓 20 錢，此品可預防除毛時的疼痛，用於鎮靜皮膚。三是美クリーム（面霜），價錢 50 錢，此品用於調整肌膚變黑、肌膚紋裡之面霜，於脂肪多之處可加強使用，暗示產品有瘦的功能。護髮產品有美ベルーム（護髮霜），價錢 1 圓，可提供毛髮營養，防止頭皮屑，且使頭腦爽快。還有美香油（護髮油），價錢 50 錢，此品為使毛髮恢復烏黑之純椿油。止汗產品則有美汗おさへ（止汗劑），價錢 20 錢，可防止流汗，使肌膚平滑且散發芳雅之香味。清潔產品則是美化妝石鹼，1 個 25 錢，利用濃厚的泡泡清潔肌膚，使皮膚色澤豔麗。

圖 2-2　星製藥女性外用化妝保養品廣告

圖片來源：《臺灣日日新報》第 8963 號，大正 14 年（1925）4 月
24 日，第六版。

　　四是營養保健產品，保健預防的功效甚於疾病治療的目的。有 1914 年出現的養血液（助肺呼吸），價錢是大瓶 3 圓 50 錢、中瓶 2 圓、小瓶 1 圓，功效為專治男婦老少肺病、虛癆損傷、嘔血、喀血、鼻血、痰中帶血等症之患，功能養血、助肺呼吸，凡有肺病之人，聲音失宜，病原可嘆，若將養血液，信心悅服，自然藥到病除矣。還有 1914 年出現的生血液（大補氣血、美味良劑），價錢大瓶 2 圓、小瓶 1 圓，功效為生血活血之妙品，不論男婦小兒，均宜常服，衰弱之人，週見疼痛、耳聾、耳鳴、頭腦眩暈、腎虧精枯、眼花陽痿、四肢無力、手腳酸軟、身虛腳腫、胃弱腸薄及婦人經水不調、痔瘡、腰酸、五勞七傷、喀血、吐血、鼻血、暈暈、血崩，種種奇效，難以盡述，此藥功專扶陽補血，強筋壯骨。從以上的廣告詞中，可以發現此種保健藥品，只要是各種身體的衰弱症狀，皆可以得到改善，廣告之詞有過於誇大之嫌。

　　五是腸胃藥品，主要是因應臺灣的炎熱天氣，所造成的食慾不振、腹瀉、消化不良等症狀的藥品。1925 年出現的藥品，一種是出產的治療胃腸脹氣之藥品，如胃腸氣痛妙藥，價錢是 2 日半份 10 錢、6 日份 20 錢、18 日份 50 錢，使用方法為在每夜睡前飲一匙，早上起來便覺精神爽快，早上起來飲一匙，便覺元氣旺盛，終日活動圓滿，全島 400 個特約店有賣，此藥品為胃痛、腫痛、胸飽、冷積腹痛、食傷中毒、嘔吐、消化不良、慢性胃腫痛之神方。第二種為治療便秘的藥品，如出產的利便靈藥，價錢是 30 粒 5 錢、70 粒 10 錢，功效為治療便秘之良藥，廣告詞中出現了便秘則害腸胃，傷腦神經，將腸胃功能和主管人心智的腦神經連結起來。第三種為防止腹瀉的藥品，如正氣止瀉丸，價錢是 18 錠 10 錢、40 錠 20 錢，此藥治療吐瀉。還有ホンチヤ－コール錠，是胃腸保健藥劑，可治下痢等症狀。第四種是有助於滋養消化的胃腸藥品，如的胃腸藥和胃腸錠。其中，ミクロスターセ是 1923 年由京都大學豐島醫學博士所創製及實驗之藥品，外觀為淡黃褐色，是具有特異香氣及甘味的粉末，能夠排除腸胃雜菌，對於酸和熱的抵抗力強，不會有效力減退的問題，用量為 1 天使用 1.5g 至 2g，包裝為 1 瓶 25g 入。只要是消化不良、便通不整其他一般急性慢性腸病患都適用，健康者可以保健之目的，長期使用之。

　　六是鎮痛解熱和感冒藥品，主要是為了因應臺灣的瘧疾和感冒所出產之藥品。1925 年出現的藥品，一種是治療瘧疾或其他熱性疾病之藥品。如寒熱

良藥，價錢是 2 日份 25 錢、5 日份 60 錢、10 日份 1 圓 10 錢，此藥能治瘧疾寒熱。還有家庭麻喇利亞丸，價錢是 2 日份 20 錢、5 日份 60 錢、10 日份 1 圓，能治療瘧疾及其他熱性疾病。第二種是治療感冒的藥品，如感冒錠，是以鹽酸キニーネ為主成分製作的高級感冒藥。風藥，則是預防和治療四季感冒；去痰藥，則可以快速止咳且鎮熱。第三種是鎮痛解熱藥，是治療頭痛、齒痛、關節痛，以及因為感冒而引發的發燒症狀之良藥。ヘデキユーア，則是頭痛專門藥。

七是萬用藥品。1914 年出現的藥品，有內服的清涼妙春丹，價錢是每罐丸藥裝 10 錢，能治消化不良、酒後頭暈目眩、心氣不足、腹瀉、傷食，治療各種臨時症狀；外用的外科萬應良藥，價錢為中瓶 30 錢、大瓶 50 錢，能治火傷、挫傷等。

（二）藥品的流通

星製藥在藥品的流通上，善用了幾個特質，首先為他善用廣告宣傳的方式，促成消費者的購買，如 1914 年的報導指出「星製藥會社為擴張販路於臺灣，自前年末，則設支店於臺北，竭力招徠，因其藥功效甚神，人競購服，該社又以所製之生血液、養血液二種，運臺灣發售，特於大稻埕公學校左近，即北門外街直至新媽祖宮前一直線大路盡處，置一極大廣告標，高約三丈，兩房柱繫以旋轉之電光燈，需費約三千圓，該生血液功效神速，非他舖之補血液可比云。」〔註56〕

另外一項特質就是其專賣店的制度，不同於日治時期臺灣藥業網絡中的批發和零售制度，而是直接由日本輸入藥品後，交由專賣店進行藥品販售。星製藥會社之販賣組織，採用新制，即採取特約店制度〔註57〕，大正年間日本全國特約店有 5 萬多家。而在臺灣，星製藥同樣施行此特約店制度，使其藥品流通於臺灣的藥業市場中。就星製藥特約店大會的召開以及會議進行的狀況就可以看出星製藥將特約店的制度放入臺灣的藥業市場中進行運作。如星一於1916 年創立景西星藥公司，用來專賣東京星製藥株式會社所製藥品，該會社

〔註56〕〈星製藥之發展〉，《臺灣日日新報》第 4903 號，大正 3 年（1914）2 月 3 日，第五版。

〔註57〕星製藥會社並不是獨有此販賣制度的製藥業者，由於資料的限制，此處以星製藥業者的販賣制度為例，待更多資料的佐證，才能知道其他的製藥業者對於特約店制度的運用。

資本金 30,000 圓，以陳錫奎〔註58〕為公司長、張棟梁為專務理事。〔註59〕使得除了專賣店制度外，該公司體制也成為星一販售藥品的一環。

星製藥更於 1921 年 7 月 16 日於臺北鐵道旅館所召開的臺灣北部特約店大會，出席者數百名，本島北部藥業家則全部網羅，且在會場懸掛該社事務所、工場、南美及臺灣其他各地所有藥草園等大照片數十枚，以示事業概況。該社臺灣出張所主任前田氏首先為開會敘禮，次為星製藥株式會社長星一，力說本人獨特的處世觀、經濟觀，以促藥業者之奮起與反省，會後介紹該社營業事務所及工場作業之狀態。〔註60〕而當日主要的賓客有檢察官長小野得一郎、醫學校校長堀內次雄、臺北醫院院長下瀨謙太、稅關長原鶴次郎、師範學校校長太田秀穗、地方法院院長宇野庄吉、臺灣電力會社社長高木友枝、臺灣電力會社理事永田隼之助、臺灣商工銀行負責人木村匡、臺北州南警察署長岡野才太郎、礦物課長福原喜之助、地理課長野呂寧、萬華區長吳昌才、七星郡長館與吉、臺灣日日新報社的花田節、尾崎秀真和實業家黃東茂。〔註61〕從以上參與的主要賓客中，便可發現星一和官方之關係的緊密，和他在臺灣發展藥業事業有著絕對緊密的關係。

此外，星製藥會社於 1921 年 7 月 18 日在臺南公館也召開了本島特約店大會。與會者也有數百名之多，臺灣出張所主任前田致開會詞，接下來為社長星一的談話，來賓有志者的談話，以及特約店有志者的談話，之後便參觀該社製藥工場及事務所營業狀況之照片。〔註62〕大正 12 年（1923）5 月 29 日，星製藥於高雄州的批發處主任行友勇雄，在高雄召集了高雄、鳳山、岡山郡下的

〔註58〕 陳錫奎：明治 7 年（1874）7 月 20 日生，住址為臺中州彰化郡和美庄塗厝厝字同八八二，經歷為材木商、錦日春、和美縣辦務署第五區庄長、塗厝厝區庄長、材木商、福馬圳圳長、塗厝厝衛生組合長、和美縣公學校學務委員、新港區長、美恒生信用販賣購買利用組合長、和美庄協議會員、和美恒生信用販賣購買利用組合長理事。詳參見岩崎潔治編，《臺灣實業家名鑑》（臺北：臺灣雜誌社，1912 年），頁 333；臺灣新民報社調查部編，《臺灣人士鑑》（臺北：臺灣新民報社，1934 年），頁 261。

〔註59〕 〈創立景西星藥公司〉，《臺灣日日新報》第 5583 號，大正 5 年（1916）1 月 12 日，第六版。

〔註60〕 〈星製藥的特約店大會〉，《臺灣日日新報》第 7582 號，大正 10 年（1921）7 月 13 日，第七版。

〔註61〕 〈星製藥的特約店大會〉，《臺灣日日新報》第 7582 號，大正 10 年（1921）7 月 13 日，第七版。

〔註62〕 〈星製藥特約店大會〉，《臺灣日日新報》第 7586 號，大正 10 年（1921）7 月 17 日，第四版。

零售業者，詳細說明了星製藥現況、營業方針及信條，且講解了對於小兒藥之宣傳和衛生講話，參與者有百餘名。〔註63〕由這些活動可以看出，星製藥會社有其一套販賣和流通的特殊制度，不止授與藥品，更著重賣藥業者對於星製藥事業理念和事業的瞭解，以及對於藥品的宣傳。

第三節　其他製藥及其業者

　　有關日治時期其他日本製藥業者移入藥品的狀況，由於最多醫藥品廣告的報紙資料，相當龐大，且有研究者進行了部份的研究。〔註64〕故此部份筆者希望能從不一樣的材料著手，也就是藉由日治時期《臺灣藥友會會報》、《臺灣藥友會誌》和《臺灣藥學會誌》中「新藥彙報」（藥品廣告）的資料為主，〔註65〕輔以《臺灣日日新報》中部份醫藥品廣告圖片，作為討論的素材。主要會使用此兩本雜誌作為分析對象的原因，在於接觸此兩本雜誌的讀者群，主要都是藥業從業人員，可以算是藥業從業人員接觸一手訊息的其中一種管道。筆者想要知道的是，藥業從業人員眼中於日治時期常出現的製藥業者和藥品為何，製藥業者以哪些藥品或廣告台詞，吸引賣藥者（藥種商、藥劑師和成藥販售者）的注意，且成為賣藥者作為商業買賣時的依據和參考的對象。此外，廣告中藥品的出現和宣傳代表著何種意義？是否反映了日治時期製藥業者依據疾病的需求，不斷地製造出和疾病問題相對應的藥品？消費者本身得以接觸的是藥品，而非製藥業者本身，此處本文的重點才會比較希望以藥業從業人員眼中其他移入藥品的民間製藥業者為主。

　　首先先綜合言之，但因為沒有詳細的資本資料，故無法得知其詳細的資本類別究竟是完整的日資、中資或外資（西方資本），且是否有資本合併的現象，只能粗略的看出主要還是以日資為主。日治時期於臺灣進行藥品移入的製藥業者，有鹽野義製藥會社、ラヂウム製藥會社、臺灣武田藥品會社、三共製藥株式會社、大阪大日本製藥株式會社、朝鮮製藥合資會社、名古屋小島合名會社、山之內藥品商會、京都日本新藥株式會社、東京鳥居商店、ドリツヒバイ

〔註63〕〈星製藥宣傳〉，《臺灣日日新報》第8270號，大正12年（1923）6月1日，第四版。
〔註64〕可參見梁瓈尹，《臺灣日日新：老藥品的故事》，臺北：臺灣書房，2007年。
〔註65〕以上三種刊物為日治時期臺灣藥業從業人員的交流組織──臺灣藥友會、臺灣藥學會，兩者定期發行的機關雜誌，目前可以利用的刊物，時間範圍以1920～1930年代為主。有關兩個組織的運作狀態，可見第三章的討論。

エル社、東京ロシユ株式會社日本學術部、田邊製藥株式會社、東京第一製藥株式會社、東京中村合名會社、大阪田邊五兵衛商店、東京藥院、虎標永安堂大藥房、東京興醫社、大阪萬有製藥株式會社、東京泰昌製藥株式會社，共 21 間會社或商會。接下來就以藥品形式和疾病症狀作為分類，討論日治時期臺灣除了星製藥株式會社之外，其他的製藥業者所移入的藥品，希望勾勒出其他製藥業者移入藥品的粗略輪廓。

一、口服藥品

（一）肥胖問題——「鹽野義製藥會社」：解決肥胖所導致的身體問題，「鹽野義製藥會社」製作了「アンチオベジチー」，此藥品為 100 錠入之對心臟、腎臟及消化系統全無副作用之脂肪肥滿脫脂劑，且是具有通便作用之藥品；開始服用的前 14 天，每餐飯後服用 2 錠，後 14 天飯後服用 3 錠，脂肪過多、肥胖及肥胖所導致的心臟衰弱及呼吸困難之症狀適用。〔註66〕而鹽野義製藥會社為大阪的製藥會社，其主要的事業消息，是在高雄州潮州郡蕃地栽培 827 甲規那林，昭和 11 年（1936）6 月 9 日已從總督府取得許可。〔註67〕此會社於高雄州大武山所栽培之規那，經歷了 8 年之後，便開始採取製藥的原料，且試驗出成品的結果為優良，而鹽野義會社位於高雄州的製藥工場也於昭和 18 年（1943）開始動工，以因應時局以及接下來對於規那相關藥品的製造。〔註68〕

（二）鎮咳祛痰——「鹽野義製藥會社」和「ラヂウム製藥株式會社」：此處的鎮咳祛痰藥品，主要由「鹽野義製藥會社」製作的「フアトミン」祛痰鎮咳藥品，主要分為液狀、粉末、錠狀內服藥劑。〔註69〕「ラヂウム製藥株式會社」也生產了「ヒデイン」，該藥品是以特殊的方法抽取車前草中之成分調製而成，味甘芳美之暗褐色黏稠性液體，亦溶於水且不含雜質，具有緩和、鎮咳的作用，長期服用也不會造成副作用，一日服用 5～10g，可依症狀增加至 20g。適用於由呼吸器疾病、急性慢性氣管炎、肺炎、流行性感冒、肺結核、

〔註66〕臺灣藥友會，《臺灣藥友會會報》第 3 號，1922 年，頁 16～17。

〔註67〕〈潮州郡の蕃地に規那樹苗的植栽〉，《臺灣日日新報》第 13010 號，昭和 11 年（1936）6 月 16 日，第五版。

〔註68〕〈鹽野義キニーネ製造に乘出す〉，《臺灣日日新報》第 15726 號，昭和 18 年（1943）12 月 11 日，第二版。

〔註69〕臺灣藥學會，《臺灣藥學會誌》第 48 號，1935 年，廣告類。

喉頭結核所伴隨而來的咳嗽症狀。〔註70〕

　　（三）營養劑──「臺灣武田藥品會社」、「三共製藥株式會社」、「大阪大日本製藥株式會社」及「朝鮮製藥合資會社」

　　有關日治時期報紙廣告種類中，常出現的營養保健劑，有「臺灣武田藥品會社」（日系製藥）出品的「ポリタミン」（可見圖 2-3），該產品是由森島醫學博士指導研究而完成之新滋養劑，含有動物性蛋白質且可溶於水的美味粉末，包裝為 1 瓶 100g 包裝；各種消化器疾病、食慾缺損、營養不良、貧血症、神經衰弱、糖尿病、幼兒營養不良、產婦及恢復期的患者、一般虛弱者適用；製造者為（大阪西成郡千舟町）大五製藥合資會社，販賣者為武田長兵衛商店。〔註71〕還有「バンネミン」，該品是由醫學博士帖佐彥四郎指導下，以蛋白質為基礎配劑製造，能夠發揮滋養增血的作用，一回 3～5 錠，一天三回飯後服用，有 200 錠入的包裝，各種貧血、各種恢復期、神經衰弱、精神消耗症、消化不良適用。〔註72〕

圖 2-3　武田製藥藥品廣告

圖片來源：《臺灣日日新報》第 14563 號，1940 年 9 月 26 日，第六版。

　　除此之外，製作營養劑的製藥業者還有三共製藥株式會社（日系製藥），三共製藥株式會社出品三共肝乳和三共維他命 A，前者是標榜成長期虛弱兒童的滋養強壯劑，沒有肝油的臭味且好吸收、消化；後者為魚肝油產品的進化版，《臺灣日日新報》上的廣告表示，雖然促進發育、抵抗疾病及增加抵抗力等功效，使用肝油、牛奶及雞蛋等營養品也可以達到，但若是把三共維他命與上述這些營養品相比較的話，維他命 A 的含量高於上述的營養品，對於因為

〔註70〕臺灣藥友會，《臺灣藥友會誌》第 11 號，1923 年，頁 8～9。
〔註71〕臺灣藥友會，《臺灣藥友會誌》第 7 號，1923 年，頁 7。
〔註72〕臺灣藥友會，《臺灣藥友會誌》第 17 號，1924 年，頁 15。

缺乏維他命 A 所引起的各種症狀更具有療效。〔註73〕

　　最後製作營養品的則是「朝鮮製藥合資會社」，其所生產的藥品全島各藥店皆有販賣，藥品的主要功效為滋養身體機能，有純人蔘精腦（1 圓 80 錢～12 圓；功效為補氣）、人蔘實母散（50 錢～16 圓，功效為婦人病、貧血、發冷等）、人蔘大寶丸（10 錢～1 圓，功效有補血強劑、健胃整腸等），其廣告如圖 2-4 所示。〔註74〕

圖 2-4　　人蔘藥品廣告

圖片來源：《臺灣日日新報》第 8527 號，大正 13 年
（1924）2 月 13 日，第六版。

　　（四）止瀉劑——「臺灣武田藥品會社」：止瀉劑則有「臺灣武田藥品會社」的「カルコン」，該品具有優秀的止瀉止血作用粉狀藥劑，腸出血、慢性下痢、及慢性腸胃病適用。〔註75〕

　　（五）除蟲劑——「臺灣武田藥品會社」和「名古屋小島合名會社」：除蟲劑則有「臺灣武田藥品會社」的「ヘルミナールメルク」，該品是從紅

〔註73〕梁璨尹，《臺灣日日新：老藥品的故事》，頁 34～35。
〔註74〕《臺灣日日新報》第 8527 號，大正 13 年（1924）2 月 13 日，第六版。
〔註75〕臺灣藥友會，《臺灣藥友會誌》第 15 號，1923 年，頁 9。

藻類海草中抽取有效成分之蛔蟲驅除劑，有 20 錠和 50 錠兩種包裝。〔註76〕此外，還有「名古屋小島合名會社」的「マルコニン」，該品為粉狀（25g）和錠狀之除蟲藥（有 100 錠和 12 錠），條蟲、蟯蟲、十二指腸蟲驅除藥品適用。〔註77〕

　　（六）鎮痛解熱藥劑——「三共製藥株式會社」和「山之內藥品商會」：鎮痛解熱劑，也常是日治時期報紙和雜誌廣告的常客。如「三共製藥株式會社」的「セダロン」此為內服粉狀藥品，為化學結合物，呈現黃色粉末狀，具有強力的鎮痛作用，服用後約 20～30 分鐘奏效，可持續 10～12 小時。經痛、神經痛、肛門裂傷造成的疼痛、頭痛、齒痛、手術後的疼痛適用。〔註78〕還有「山之內藥品商會」，此商會製造之藥品，如圖 2-5 所示，圖中說明了藥品功效，是由感冒所引發的各種疼痛與發熱之症狀，都能夠藉由此藥品得到抒解。

圖 2-5　山之內藥品商會藥品廣告

圖片來源：《臺灣日日新報》第 15053 號，昭和 17 年（1942）2 月
2 日，第六版。

〔註76〕臺灣藥友會，《臺灣藥友會誌》第 18 號，1924 年，頁 13。
〔註77〕臺灣藥友會，《臺灣藥友會誌》第 5 號，1923 年，頁 9。
〔註78〕《臺灣日日新報》第 8830 號，大正 13 年（1924）12 月 12 日，第六版。

（七）腸胃調理藥劑——「三共製藥株式會社」、「日本新藥株式會社」
和「東京鳥居商店」：腸胃調理藥劑有「三共製藥株式會社」出品的強力消化
酵素和整腸藥劑（圖 2-6），圖中顯示了該藥品主要是以增進腸胃蠕動，維持
消化系統的健康為目的。另還有「日本新藥株式會社」的「エバーハ」，該品
內服後，能促進腸的蠕動，有粉末狀和錠狀兩種包裝，便秘、急性腸胃炎、腳
氣等適用。〔註79〕最後則有「東京鳥居商店」的「ゲンノポン」，該品是由漢
藥和西藥合成之藥品，為粉狀內服藥劑，可治療大腸及小腸不適、結核性下
痢、消化不良等症狀。〔註80〕

圖 2-6　三共製藥藥品廣告

圖片來源：《臺灣日日新報》第 14321 號，昭和 15 年
（1940）1 月 27 日，第六版。

（八）催眠藥品——「ドリツヒバイエル社」和「東京ロシユ株式會社
日本學術部」：催眠藥品主要有「ドリツヒバイエル社」的「ウオルンター
ル」，該品為鎮靜催眠藥品，微苦且具有麻醉性，分為錠狀和粉狀，主要治療
神經衰弱、輕度興奮躁狂、心臟神經痛、暈眩、神經性失眠、手術前的精神
不安、幼兒的神經過敏狀態。〔註81〕此外，還有「東京ロシユ株式會社日本

〔註79〕臺灣藥友會，《臺灣藥友會誌》第 17 號，1924 年，頁 15。
〔註80〕臺灣藥學會，《臺灣藥學會誌》第 43 號，1931 年，廣告類
〔註81〕臺灣藥友會，《臺灣藥友會誌》第 18 號，1924 年，頁 12～13。

學術部」的「スマールロンユ」，該品為對於呼吸及血液循環無害之催眠劑，
一瓶 15 錠，催眠劑（睡前服用 2〜3 錠）、癲癇（1 日 2〜4 錠）、精神病（精
神障礙、躁狂興奮）適用。〔註 82〕

　　（九）淋病──「日本新藥株式會社」：治療淋病的產品有「日本新藥株式
會社」的「ミプノール」，該品是由樟科植物中採取出樟腦油（白檀油）而製作
成的治療淋病內服藥品，藥品以膠球的形式服用和包裝，一日三回，飯後服用
2〜3 個。急性和慢性淋病、淋毒性膀胱炎、攝護腺炎、尿道炎適用。〔註 83〕

　　（十）婦女疾病──「田邊製藥株式會社」：日治時期治療婦女問題的藥
品，除了有名的中將湯之外，還有其他相關的藥品，也發揮了相當的效果，如
「田邊製藥株式會社」製作的女性藥品（圖 2-7），強調解決女性於生理上的疼
痛與其他生理問題，以使得女性體力恢復，不為身體病痛所苦。

圖 2-7　田邊商店販賣藥品廣告

圖片來源：《臺灣日日新報》第 15726 號，昭和 18 年（1943）
12 月 11 日，第一版。

二、外用藥品

　　（一）子宮問題──「鹽野義製藥會社」：有關女性子宮問題的治療藥
品有「鹽野義製藥會社」的「アンチフルオリン」，該品為特種乳酸菌等製

〔註 82〕臺灣藥友會，《臺灣藥友會誌》第 6 號，1923 年，頁 5。
〔註 83〕臺灣藥友會，《臺灣藥友會誌》第 16 號，1924 年，頁 11。

成的白帶治療消毒預防劑，有粉末和錠狀，以消毒器具深入陰道進行消毒，白帶分泌過多、子宮內部糜爛、子宮內膜炎、內分泌機能障礙、產褥熱預防適用。〔註84〕

（二）消毒藥品——「鹽野義製藥會社」：消毒藥品有「鹽野義製藥會社」的「アルゾール」，該品為理想的收斂性殺菌消毒劑，有液狀和貼布兩種形式包裝。耳鼻咽喉科的殺菌消毒、濕疹、創傷等適用。〔註85〕

（三）洗滌藥劑——「三共製藥株式會社」：清洗治療藥劑有「三共製藥株式會社」的「ペニフオルム」，該品為粉狀外用洗滌用藥劑，1瓶25g入，1923年研製，大腸與子宮病症適用。〔註86〕

圖2-8　東京第一製藥株式會社藥品廣告

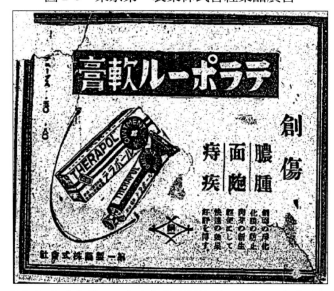

圖片來源：《臺灣日日新報》第15738號，昭和18年（1943）
12月23日，第六版。

（四）皮膚疾病和痔瘡問題——「三共製藥株式會社」、「京都日本新藥株式會社」、「東京第一製藥株式會社」和「東京中村合名會社」：皮膚疾病的藥品，在日治時期的外用藥品廣告中，也相當的突出，如「三共製藥株式會社」的「ノウオテール」，該品為外用液狀藥品，是由足立昇所創製實驗之藥品，為黑褐色濃稠液體，包裝有30g、100g、225g，濕疹、凍傷、乾癬、腋臭及其他皮膚性疾

〔註84〕臺灣藥友會，《臺灣藥友會誌》第16號，1924年，頁10。
〔註85〕臺灣藥友會，《臺灣藥友會誌》第17號，1924年，頁15。
〔註86〕臺灣藥友會，《臺灣藥友會誌》第5號，1923年，頁10。

病適用。〔註87〕此外還有「京都日本新藥株式會社」的「ピチロールパスタ」，也為皮膚病外用藥膏。〔註88〕「東京第一製藥株式會社」的「テラポール軟膏」（圖2-8），主要治療面皰、痔疾之問題。治療痔瘡的藥品還有「東京中村合名會社」的「アスリール」，該品的效果為發炎、化膿、濕潤與乾燥收斂之作用，為插入肛門使用之外用藥品，為10個入包裝，痔瘡與痔癌適用。〔註89〕

（五）鎮痛消炎藥劑──「大阪田邊五兵衛商店」：日治時期的鎮痛消炎藥品，主要為口服和注射形式的藥劑，外用的藥品，雖然沒有口服和注射型式的藥品多，但仍有「大阪田邊五兵衛商店」的「サロメチール」該品為霜狀，容量25g的外用鎮痛消炎劑，ロイマチス、感冒性頭痛、關節炎、其他筋肉及關節疼痛等問題適用。〔註90〕

（六）生髮藥品：日治時期有一項特殊的外用藥品，那就是生髮產品，如「東京藥院」生產的生髮藥，其廣告可見圖2-9。

圖2-9　生髮藥品廣告

圖片來源：《臺灣日日新報》第12974號，昭和11年（1936）5月11日，第五版。

（七）外傷藥品──「虎標永安堂大藥房」：最後，外用藥品中，著名的有華人資本的「虎標永安堂大藥房」所出產之「虎標萬金油」，臺灣總經理為合資會社楊裕發商行，位於臺北市永樂町。該藥房出產「虎標萬金油」，主要內治四時感冒、頭痛暈眩、心氣腹痛、時行瘟疫；外治無名腫毒、跌打刀傷、蚊蛇狗咬、皮膚破傷，其萬金油的廣告，如圖2-10所示。〔註91〕

〔註87〕臺灣藥友會，《臺灣藥友會誌》第9號，1923年，頁7。
〔註88〕臺灣藥學會，《臺灣藥學會誌》第48號，1935年，廣告類。
〔註89〕臺灣藥友會，《臺灣藥友會誌》第6號，1923年，頁6。
〔註90〕臺灣藥友會，《臺灣藥友會會報》第3號，1922年，頁16～17。
〔註91〕《漢文臺灣日日新報》第11073號，昭和6年（1931）2月10日，廣告類（第六版）。

圖 2-10　虎標萬金油藥品廣告

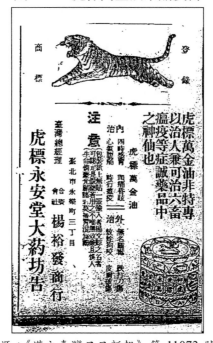

圖片來源：《漢文臺灣日日新報》第 11073 號，昭和
6 年(1931)2 月 10 日，廣告類(第六版)。

三、注射藥品

（一）心臟、高血壓問題——「鹽野義製藥會社」：要解決心臟和高血壓等問題，有「鹽野義製藥會社」的「ジリナール」，該藥品為靜脈注射藥品，包裝為 1 管 2cc，6 管入，動脈硬化症、腦溢血狹心症、慢性腎臟炎、高血壓、老人病症等適用。〔註92〕

（二）梅毒——「鹽野義製藥會社」：治療梅毒的藥品，有「鹽野義製藥會社」的「ムタノル」，該品是由美國研究製造的梅毒性患者肌肉注射治療劑，一管 2cc，10 管入 1 箱，第 1～3 期梅毒及神經梅毒適用。〔註93〕

（三）瘧疾與肺炎——「臺灣武田藥品會社」：瘧疾一直是日治時期，臺灣總督府急欲克服的疾病，此時治療瘧疾的藥品有「臺灣武田藥品會社」的「バグノン」，該藥品為注射用藥劑（有 2cc，10 管入和 5cc，5 管入之包裝），對瘧疾、結核熱、扁桃腺炎、肺炎、熱性傳染病、神經痛等具有治療的優秀效

〔註92〕臺灣藥友會，《臺灣藥友會會報》第 3 號，1922 年，頁 16～17。
〔註93〕臺灣藥友會，《臺灣藥友會誌》第 15 號，1923 年，頁 8～9。

果。〔註94〕臺灣武田藥品會社，前身為大阪武田長兵衛商店，曾在臺北市本町二丁目設立臺北出張所，且在臺中州竹山和臺東廳境內經營規那及其他植物的栽培，此商店於昭和 15 年（1940）12 月獲得在臺灣營業的許可，且和其農事分割，全數繳交資本金 100 萬圓成立臺灣武田藥品會社，且於昭和 16 年（1941）3 月 8 日早上十時於臺北出張所召開創立總會，社長由武田長兵衛商店的取締役農事部長久保藤吾擔任，常務取締役則由臺北出張所的所長豬口邦雄擔任。有關其在臺東廳大武有 712 甲的土地，在關山有 740 甲土地，臺中州竹山的大學演習林則有 15 甲以及同林之外的 74 甲，共計 1,541 甲，將移讓給新會社主要用來栽培規那，而關山則計畫要用來栽培其他的藥用植物。其取締役為（社長）久保藤吾、（常務）豬口邦雄、武田二郎、森本寬三郎、竹田義藏、三宅馨、渡邊太作。監察役為三木孝造、玉井芳三。〔註95〕

　　（四）各種傳染性疾病──「臺灣武田藥品會社」：「臺灣武田藥品會社」的「エリオザン」，該品為應用最新治療學界特殊的異性蛋白體療法之注射療法，使用於靜脈及肌肉注射，包裝為 1 管 1.1cc，10 管入。急性及慢性關節炎、淋毒性關節炎、各種關節痛、子宮附屬器炎、淋毒性附屬器炎、產褥熱、敗血症、蜂窩性組織疾病、丹毒、各種炎症性眼部疾病（角膜炎、結膜炎、膿漏眼）各種傳染病疾病適用。〔註96〕

　　（五）動脈硬化──「臺灣武田藥品會社」：治療動脈硬化問題的藥品，有「臺灣武田藥品會社」的「テラツーテン」，該品對於動脈硬化症的治療和預防有特殊的作用和價值，1 週 2 回靜脈注射使用，動脈硬化症及其結果所導致的腦、末稍神經、心臟腎臟動脈硬化症、血壓過高適用。〔註97〕

　　（六）腺體疾病──「臺灣武田藥品會社」：「臺灣武田藥品會社」的「タケダテレビン」，該品為能促進抗體產生之肌肉注射藥品，泌尿器之化膿性炎症、傳染性皮膚病、腺體疾病，有關於婦科炎症性疾病、軟性下疳適用。〔註98〕

　　（七）鎮靜解熱──「臺灣武田藥品會社」和「三共製藥株式會社」：注

〔註94〕臺灣藥友會，《臺灣藥友會會報》第 3 號，1922 年，頁 16～17。
〔註95〕武田長兵衛實驗治療社於昭和 6 年（1931）11 月 16 日在嘉義公會堂，舉行醫藥科活動寫真，供醫藥業者觀覽。詳參見〈嘉義醫藥會〉，《漢文臺灣日日新報》第 11349 號，昭和 6 年（1931）11 月 15 日，第四版。
〔註96〕臺灣藥友會，《臺灣藥友會誌》第 8 號，1923 年，頁 8。
〔註97〕臺灣藥友會，《臺灣藥友會誌》第 12 號，1923 年，頁 11。
〔註98〕臺灣藥友會，《臺灣藥友會誌》第 16 號，1924 年，頁 11。

射用的鎮靜解熱藥品有「臺灣武田藥品會社」的「エルスチン」注射用藥劑，流行性感冒、流行性肺炎、支氣管炎、喘息、敗血症、丹毒、猩紅熱、蜂窩性組織炎、產褥熱、乳腺炎、痛風、中耳炎、關節炎、扁桃腺炎等適用。〔註99〕以及「三共製藥株式會社」的「チヤホツキン」肌肉注射劑，該品為無中毒性副作用之肌肉內注射劑（1回使用2cc），對於各種球菌皆有功效，包含球菌所引發的傳染性發熱、產褥熱、丹毒及流行性感冒肺炎。〔註100〕

（八）呼吸系統疾病——「三共製藥株式會社」：治療呼吸系統疾病的藥品有「三共製藥株式會社」的「テコイフン」注射藥劑，該品是由中川宗平所創製的百日咳治療注射液，每日一回至兩回，連續三日進行皮下和肌肉注射。用量依年紀而不同：出生3個月0.4cc、出生6個月0.6cc、1歲0.8cc、3歲1cc、5歲1.2cc、10歲1.5cc、15歲2cc，包裝為一瓶1.5cc入。百日咳、急性支氣管炎、肺炎、肋膜肺炎、偏頭痛、流行性感冒、神經痛、間歇性發熱等可使用。但有心臟疾病和體質衰弱者不可使用本藥品。〔註101〕

（九）糖尿病——「三共製藥株式會社」：治療糖尿病的藥品則有「三共製藥株式會社」的「インシユリン」皮下注射藥劑，該品使得糖尿病患者胰島素分泌正常，糖尿病適用。〔註102〕

（十）催乳藥劑——「三共製藥株式會社」：適用於產婦的催乳藥劑有「三共製藥株式會社」的「ラケチフエリン」注射藥劑，該品為土肥衛博士多年的研究，抽取出胎盤中的有效成分，且經過動物和臨床實驗，注射用催乳劑，一次注射3.5cc。乳汁分泌不足或不分泌者的催乳劑適用。〔註103〕

（十一）止血劑——「東京第一製藥株式會社」：止血用藥劑，則有「東京第一製藥株式會社」的「ボスミン」，該品是由柳澤秀吉研究完成，藥學博士慶松勝左衛門和醫學博士久野義磨對其品質保證，含有副腎有效成分的人工合成品，呈現白色粉末狀，需溶於生理食鹽水注射使用之止血劑。包裝溶液有10cc入、25cc入、注射用有1cc，5管入、10管入。〔註104〕

（十二）利尿劑——「東京興醫社」：利尿劑則有「東京興醫社」的「ア

〔註99〕臺灣藥學會，《臺灣藥學會誌》第49號，1936年，廣告類。
〔註100〕臺灣藥友會，《臺灣藥友會誌》第6號，1923年，頁5～6。
〔註101〕臺灣藥友會，《臺灣藥友會誌》第14號，1923年，頁12。
〔註102〕臺灣藥友會，《臺灣藥友會誌》第17號，1924年，頁14。
〔註103〕臺灣藥友會，《臺灣藥友會誌》第18號，1924年，頁13。
〔註104〕臺灣藥友會，《臺灣藥友會誌》第7號，1923年，頁6～7。

ビタン」，該品是由坂本醫學博士、原田醫學士兩人所製成靜脈用注射利尿劑，尿量可多 3 至 5 倍，包裝為 5cc，6 管入，浮腫、水腫（心臟性及腎臟性）、心臟性喘息胸內煩悶症、腎臟炎、腎臟硬變性等適用。〔註 105〕

（十三）金屬中毒——「大阪萬有製藥株式會社」：金屬中毒治療藥品則有「大阪萬有製藥株式會社」的「ネオデトキソール」，是重金屬中毒、蕁麻疹靜脈注射治療劑。〔註 106〕

（十四）婦女疾病——「大阪萬有製藥株式會社」：女性內分泌系統的治療藥劑，有「大阪萬有製藥株式會社的「ギナンドール」，以內分泌學最新學說製成的注射藥劑，治療女性生殖器內分泌障礙所引起的各種疾病。〔註 107〕

四、內服、外用和注射皆可

（一）肺部疾病與皮膚問題——「鹽野義製藥會社」：「鹽野義製藥會社」的「ヂリメアル」，該品為 1908 年為美國藥局方收錄之藥品，其藥效普遍得到醫界的確認，可內服和與溶液混合後進行靜脈注射，包裝有粉末 25g 和 5g 入兩種，為一般強壯補血藥，適用於肺結核、貧血、喘息、肺氣腫、偏頭痛和皮膚諸病症。〔註 108〕

（二）心臟衰弱問題——「臺灣武田藥品會社」：「臺灣武田藥品會社」的「コラミン」對於心臟機能衰弱具有興奮作用，且能夠恢復呼吸麻痺的症狀，有內服液和注射藥劑兩種形式，由瑞士パーゼル化學工業會社日本總代理店交由武田製藥會社販售。〔註 109〕

（三）營養劑——「ラヂウム製藥株式會社」和「東京第一製藥株式會社」：「ラヂウム製藥株式會社」的「ベリベロール」腳氣營養新劑，有粉末、錠狀、液狀內服形式，也有灌腸、靜脈注射用藥劑、外用坐藥的形式，腳氣、幼兒腳氣的治療與預防、懷孕期和哺乳期維他命 B 的缺乏、卵巢缺落症、幼兒消化不良、幼兒綠便、一般便秘等症狀適用，可促進分泌機能、增進食慾，使肌肉疲勞獲得恢復。〔註 110〕此外，還有「東京第一製藥株式會社」的「ア

〔註 105〕臺灣藥友會，《臺灣藥友會誌》第 7 號，1923 年，頁 6～7。
〔註 106〕臺灣藥學會，《臺灣藥學會誌》第 43 號，1931 年，廣告類。
〔註 107〕臺灣藥學會，《臺灣藥學會誌》第 48 號，1935 年，廣告類。
〔註 108〕臺灣藥友會，《臺灣藥友會誌》第 11 號，1923 年，頁 8。
〔註 109〕臺灣藥學會，《臺灣藥學會誌》第 49 號，1936 年，廣告類。
〔註 110〕臺灣藥學會，《臺灣藥學會誌》第 49 號，1936 年，廣告類。

ベリー」為維他命 B 製劑，有粉末、液狀、錠劑內服的形式，也有皮下及靜脈注射用藥劑。〔註111〕

（四）癌治療藥劑——「東京鳥居商店」：「東京鳥居商店」的「プロチモール」，該品為松下醫、理博士及日野博士發現可內服和注射之癌治療劑，使用時，注射一回為 1cc 的量，內服一回也為 1cc 的量，各種癌腫適用。〔註112〕

（五）性功能障礙——「東京泰昌製藥株式會社」：性功能障礙的藥品，有「東京泰昌製藥株式會社」的「テストガン」（男性用）和「テリガン」（女性用），該品主要用於使生殖腺之內分泌獲得改善且恢復正常的不全治療劑，使用方法，錠劑為內服，1 日 2～3 回，一次 1 錠，注射液可與錠劑合用或單獨使用，一次使用 1cc 進行肌肉注射。包裝有錠劑 40 錠、100 錠，注射用則有 1 管 1cc，12 管入。神經衰弱、生殖器性障礙等其他疾病適用。〔註113〕

從以上的討論中，可以發現於廣告中常出現的日資大型製藥業者有「鹽野義製藥會社」、「臺灣武田藥品會社」、「三共製藥株式會社」、「大阪大日本製藥株式會社」和「山之內藥品商會」等。其中也不乏日系資本以外的製藥業者，如華人資本「虎標永安堂大藥房」。從藥品的廣告中可以發現，藥品廣告詳細說明藥品療效，使用份量與方法，以及藥品藥理等事項，這些說明主要都是給閱讀者，也就是專業的藥業從業人員參考所用，而非一般的民眾所能閱讀與理解的。故報紙廣告中的藥品說明，一定會比藥學雜誌的藥品廣告說明，特別是功效的部份會更為淺顯。

藥品廣告也顯示了一個現象就是製藥業者針對各個身體部位的問題不斷的研發出藥品，所設計的藥品至少於 1920 年代之後就已經相當的多樣化，如解決肥胖問題的藥品、營養劑、止瀉劑、除蟲劑、鎮痛解熱藥劑、腸胃調理藥劑、催眠藥品、淋病治療藥品、婦女疾病治療與調養藥品、消毒藥品、洗滌藥劑、皮膚藥品、痔瘡藥品、生髮藥、心臟疾病治療藥品、高血壓治療藥品、梅毒治療藥品、瘧疾治療藥品、呼吸系統疾病治療藥品、糖尿病治療藥品、催乳藥劑、止血劑、利尿劑、金屬中毒、癌治療藥劑、治療性功能障礙藥品。從以上的藥品中，可以發現有些文明疾病，已經隨著生活水準的發展，平均壽命的提高，於日治時期出現，如治療腦神經疾病與失眠問題的催眠藥品、癌

〔註111〕 臺灣藥學會，《臺灣藥學會誌》第 48 號，1935 年，廣告類。
〔註112〕 臺灣藥友會，《臺灣藥友會會報》第 3 號，1922 年，頁 16～17。
〔註113〕 臺灣藥友會，《臺灣藥友會誌》第 8 號，1923 年，頁 8。

症治療藥品，催眠藥品更從治療的角色，成為用來自殺的藥品之一。此外，營養劑介於藥品和食品的界線並不明確，廣告中強調以動物性蛋白質對於虛弱的人體補充營養，就如同食補的觀念一般，與藥品抑制和治療疾病的效能不太相同。

第三章　網絡中游的製造與
販賣──藥劑師

　　「藥劑師」為日本名詞，日本於明治初年，東京帝國大學藥學科教授柴田承桂博士自德文之 Apotheker 譯成「藥劑師」，成為藥劑師一名的由來。〔註1〕若依照日治時期法令中對藥劑師的定義，認為藥劑師是依據醫師的處方箋對藥品進行調劑或製造，用以販售給病患的職業。以下將對於藥劑師的養成和其工作的狀態進行討論。

第一節　藥劑師的養成教育

　　日治時期的臺灣對於藥劑師的養成，並沒有專門的機構，雖然報紙報導中可以看見漢醫請求設立藥學校的訴求。如一篇名為〈議設藥學〉的報導中認為，「臺灣所用草木之藥，雖云遵照古法以製，然比西藥之精益求精，則製焙又不可不講也。一昨日藥商組合開會，臺北廳長臨場演說，其中有提及藥學校一事，以為藥業組合既然成立，諸君之裨益良多，如肯努力前進，復設藥學校以研究之，其功效不愈宏乎，況乎藥學校之人即藥組合之人，又覺順水行舟，毫不費力，惟諸君圖之云云。聞各人甚以為然，已有倡議設立者，想不久或能成就也，尚其拭目待之。」〔註2〕另有「漢醫雖然無法復活，但漢藥

〔註1〕范佐勳，《臺灣藥學史》（臺北：財團法人鄭氏藥學文教基金會，2001年），頁7。
〔註2〕〈議設藥學〉，《臺灣日日新報》第 1182 號，明治 35 年（1901）4 月 13 日，第六版。藥商組合開會之事，是指明治 35 年（1901）4 月 12 日藥商組合於東薈芳開會之事。

仍須利用，由現在臺灣醫師分佈的狀態、本島人經濟現況和漢藥功效來看，漢藥不只不能廢，甚至應該進而研究之。近來臺北州衛生課池野技手，曾於臺北漢藥組合總會上表達各人意見，陳述漢藥店既無醫師，故宜設藥劑師，以圖漢藥調劑之向上，如果能夠設立藥業學校，培養藥劑師，才為適切之道。日本內地藥專已有 10 幾間，朝鮮也有，如大阪、東京、明治、長崎、熊本、金澤各處及東京女子藥專、大阪女子藥專等 23 校，每年養成的藥劑師有千餘名，本島卻尚無一間藥專，故宜設藥學校，可於臺北醫學校中設一藥學科，也是一項解決之道。」〔註3〕雖然有以上的訴求，但是日治時期一直並未於臺灣實現，故日治時期臺灣所需的藥劑師主要還是由留學日本（漢藥和西藥的訓練）和西方教會醫療體系的教育訓練（以西藥為主）提供。

（一）西方傳教醫療藥劑師教育

西藥正式傳入臺灣，應是自 1865 年英國基督教長老教會派人至臺灣傳教開始，1892 年英國基督教再派蘭大衛來臺籌設醫院，於 1906 年建造「彰化基督教醫院」，傳教醫療所建立的醫院，除了傳入現代的醫學外，也將現代藥學傳入臺灣。故以下將以蘭大衛等人所著的藥學教材為主，討論在日治時期同樣存在於臺灣的傳教醫療體系，除了使用留學日本的藥劑師，其本身也自行訓練教會醫院所需的藥劑助手（藥劑生）。以 1922 年蘭大衛等人所著的《臺南彰化長老教醫館公用藥方》〔註4〕此教材為例，分為配藥調劑的方法、製藥方法、論中毒治療法、驗尿法、簡易顯微鏡使用方法、常用藥品使用份量六個部份。

有關此六個部份的教授內容，主要是教導藥劑生調配藥品時的份量、製作藥品的基礎、治療和檢驗的方法。第一是配藥調劑的方法，教材內容為以下這些藥劑中各藥品調配之份量，即麻醉劑、洗眼劑、眼藥水、嗽口水、吸入劑；頓服藥劑中的鎮靜劑、磺胺製劑等；外用的藥水、藥油、擦劑；內服藥劑中的發汗劑、利尿劑、催吐劑與植物根和樹皮提煉藥劑、奎寧、瀉藥；幼兒藥粉、蛔蟲驅除藥粉。第二是製藥方法，為鹽酸、硝酸及硫酸稀釋的方法；氯丹製作的方法；植物葉片的硝（酸）化處理；單寧酸甘油和碳酸甘油的製作；以氯仿、冷水或熱水浸漬藥用植物樹皮和樹根的方法；液態化藥用化學物質的

〔註3〕〈希設臺灣藥專學校或置藥業科於醫專以維持漢藥於不墜〉，《臺灣日日新報》第 11761 號，昭和 8 年（1933）1 月 4 日，第四版。

〔註4〕蘭大衛等編，《臺南彰化醫館長老教公用藥方》，1922 年第 2 版。

方法；化學藥品著色與淨化的方法。

第三為論寄生蟲治療法，是學習包含病患所產生的症狀、照料的方法與可使用的藥品以及藥品使用的方法與週期。第四為驗尿法，是學習檢驗尿中蛋白質和糖尿病的方法和檢驗過程中需使用到的化學藥劑之分量。第五為簡易顯微鏡使用方法，學習使用顯微鏡檢驗人體體液中之瘧疾原蟲、梅毒螺旋體、絲狀蟲、鼠疫病菌、肺結核與痲瘋病病菌、淋菌、葡萄球菌、鏈球菌、雙球菌、蛔蟲等寄生蟲、阿米巴痢疾原蟲、瘤的方法。第六為常用藥品使用份量，學習醫院常用內服、外用與注射藥品使用的份量與注意事項。

（二）留日藥劑師教育

日治時期臺灣並沒有藥學的專門學校或科系，主要還是將藥學納入一般醫學中，若需培養臺籍藥學人才，主要還是以留學日本為主。其中以東京大學和京都大學的地位最高，畢業的人數也較少，大多數是就讀日本各藥學專門學校，如名古屋、京都、大阪、明治、東北、昭和女子等藥專，少數就讀東京、長崎、富山、千葉、岐阜、熊本、金澤、共立女子、帝國女子、神戶女子、東邦女子、星等藥學專門學校。臺灣藥劑師也有留學滿州瀋陽醫科大學藥學部，因此校為日本所創設。另外還有少數留學朝鮮漢城藥專，因用日語教學，故也成為學子留學的地區之一。〔註5〕

日本藥學教育的開展源自於明治初年，政府接受 Theodor E.Hoffmann 等外人教師的進言，施行了應及早區別醫學和藥學的方針，故於明治7年（1874）1月於第一大學區醫學校（舊東校）設置製藥學科，同校於同年5月改稱為東京醫學校，且有20名學生通過學業試驗進入製藥學科就讀。此科的修業期限為六個學期，共三年，教授其化學、動物學、金石學、物理學、植物學、製藥分析、實習等學科。東京醫學校於明治10年（1877）與東京開成學校合併為東京大學，明治11年（1878）1月第一回製藥學科生九名畢業，至此之後，各地藥店主人養成之藥學校就此誕生。至明治15年（1882）7月，公布「藥學校通則」，同年5月就公布了「醫學校通則」，作為設立藥學教育專門學校之準則。藥學校分甲、乙兩種，甲種為教授正常藥學科目，養成學生成為藥劑師的一種教育過程，修業年限為三年以上，入學資格則由18歲以上，初等中學校畢業學力者入學；乙種為教授簡易的藥學科目，企求藥劑師速成的一種教育

〔註5〕范佐勳，《臺灣藥學史》，頁72。

過程，修業年限為兩年，入學資格則由具有 16 歲以上小學中等科畢業之學力者入學。〔註6〕

　　明治 19 年（1886）3 月「帝國大學令」中的東京大學，作為分科大學中之醫科大學設置了修業年限三年的藥學科。同年，中學校令公布，基於同令，施行高等中學校之實務教育。且分科設立法科與醫科，且於高等中學校醫學部設置製藥科。自此之後，明治 27 年（1894）公布「高等學校令」，高等中學改稱為高等學校，有一部份設置醫學部，另有一部份設置藥學科，至此製藥科成為藥學科。明治 40 年（1907）4 月 10 日公布「官立醫學專門學校規定」，醫學專門學校中分有修業年限四年的醫學科和修業年限三年的藥學科，明治 34 年（1901）高等學校的醫學部獨立成為千葉、仙臺、岡山、金澤、長崎五間醫學專門學校。從明治 40 年代至大正初年，還有新潟醫學專門學校、公私立醫學專門學校以及藥學專門學校的設立，至大正 5 年（1916），共有 5 間官立醫學專門學校、公私立醫學和藥學關係的專門學校共有 11 間。〔註7〕

　　臺灣由於沒有藥學教育機構，當然也就沒有驗收藥劑師學成之後的測驗規則。依照日本內地的「藥劑師試驗規則」（為大正 2 年 9 月 19 日文部省令第 29 號，經歷大正 8 年文令 34 號、大正 12 年文令 29 號及 44 號的改正），藥劑師試驗每年舉行兩次，施行試驗的地點和時間由文部大臣告示之，試驗分學說試驗（試驗的科目有物理學、化學、藥用植物學、生藥學、製藥化學、衛生化學、藥局方和藥劑師相關的法規）和實地試驗（定性與定量的分析學、包含顯微鏡檢查的藥品鑑定、製藥化學、調劑學、衛生化學），學說試驗合格之後，才有實地試驗的資格。而應考藥劑師的資格，必須中學校畢業或修業年限四年以上的高等女學校畢業或具有同等學力者，才得以參加藥劑師測驗，試驗合格就發予合格證書。〔註8〕大體而言，留學日本的藥學人才約有 400 多人，留在日本的藥劑師約 10 名，另有 4 名至大陸，其餘皆返回臺灣。〔註9〕整體而言，臺灣人是約在 1920 年之後，才去日本就讀藥專，1936 年開始臺灣人到日本留學的人數增加，1938 年留學藥專的人數達到高峰，以後慢慢遞減，大部分回國後將執照租借給漢藥房，自己開業的藥局人數大約只有兩成。日

〔註6〕厚生省醫務局，《醫制百年史（記述編）》，頁 86～87。
〔註7〕厚生省醫務局，《醫制百年史（記述編）》，頁 87～88。
〔註8〕只野典男編，《內地、臺灣醫事藥事法典（附關係法令、限地開業醫師及藥種商試驗案內其他）》（臺北：醫事藥事法典刊行會，1928 年），頁 150～154。
〔註9〕范佐勳，《臺灣藥學史》，頁 72。

治時期的日籍藥劑師大多服務於衛生機關及研究機構，或是當官立醫院藥局長和藥局人員，也有自行開設藥局者。〔註10〕但從臺灣總督府對於藥劑師數量的統計資料中，在時間上卻呈現了不一樣的特質。

第二節　藥劑師的工作與職能

　　有關日治時期藥劑師日籍和臺籍的人數，在地區和任職種類上的數量，如表 3-1～表 3-4。筆者之所以會製作 5 份表，是因為統計的資料是依照各個時期不同的地方單位進行呈現。綜合言之，從表 3-1～3-6 中，直到 1942 年藥劑師的總數為 355 人，和藥種商的數量比較起來，少了許多，分布於各個地區的密度，也沒有藥種商高，所以同為藥業網絡中游的藥種商和藥劑師，藥種商所販售的藥品被民眾消費的機率會比藥劑師高。從地區的分布，可以發現藥劑師在北部地區主要是在臺北，中部地區在臺中，南部地區則在臺南。其他地區藥劑師的分佈，往往是個位數，對於病患的狀況來說，往往是遠水救不了近火，於是日治時期比藥劑師數量還要多的藥種商（西藥和漢藥）所開設的藥店，就成為病患在經濟上許可的狀況下，比較可以選擇藥品的管道。若就藥劑師任職的種類上來看，除了在官立機構和醫院任職之外，自行開業在數量上於 1938 年後，呈現多數的狀態，顯示了 1930 年代後，學成歸國的藥劑師，有不少人投入了地方藥局的網絡中，和消費者進行實際的接觸。以 1942 年的數量為例，355 名藥劑師中有 257 名（約 72%）自行開業。數量顯示了消費者和藥劑師接觸的機會，主要還是集中於地方藥局的管道，而非官立醫院，越至日治後期，這個傾向越為明顯。

表 3-1　藥劑師人數統計表（1897～1908）　　　（地方單位：縣或廳）

地方 時間	臺北	基隆	宜蘭	新竹	苗栗	臺中	斗六	嘉義	臺南	鳳山	臺東	澎湖	總計
1897 年	14		2	2		3		2	3	2	1	1	30
1898 年	16		2			2			5			1	26
1899 年	12		2			2			6		1	1	24
1900 年	16		1			3			7		1	2	30
1901 年	13	2	1	1	1	1	1	1	3	1	1		27
1902 年	10	2	1	1	1	2	1	1	3	1	1	1	25

〔註10〕范佐勳，《臺灣藥學史》，頁73。

1903 年	10	2	1	1	1	2		1	4	1	1	1	25
1904 年	10	3	1	1	1	2		1	5	1	1	1	27
1905 年	4	2			1	1			2				10
1906 年	13	4	2	1	1	3		1	3	1	1	1	31
1907 年	5	2			1	1			1				11
1908 年	5	2	1			1		1	2		1		13

資料來源：臺灣總督府，《臺灣總督府第一統計書～第十二統計書》，1899～1910 年。

　　詳細來看，表 3-1 中，從 1897～1908 年，藥劑師主要還是集中在臺北地區，其次則是分布在臺南地區和臺中地區，澎湖廳和臺東廳等其他地區從 1897～1908 年的藥劑師數量就一直維持在 1～2 人。表 3-2 中，甲代表藥劑師於官廳奉職的人數，官廳奉職是指任職於官立、公立醫院（公共團體設立之醫院）和官衙；乙表示藥劑師自行開業的人數，在 1909～1919 年這段時間的統計資料，已經可以看出各地區的藥劑師主要任職於官廳和自行開業兩種類型，這段時間於官廳任職的藥劑師不論在哪個地區數量上都多於自行開業的藥劑師，於官廳任職或自行開業主要還是集中於臺北地區，其次是臺中和臺南地區。特別的是南投廳、阿緱廳和花蓮港廳，在此段時間只有藥劑師任職於官廳的紀錄，都沒有出現藥劑師自行開業的紀錄。

表 3-2　藥劑師人數統計表（1909～1919）　　　（地方單位：縣或廳）

類別 時間	臺北		宜蘭		新竹		臺中		南投		嘉義		臺南		屏東		臺東		花蓮港		澎湖		總計
	甲	乙	甲	乙	甲	乙	甲	乙	甲	乙	甲	乙	甲	乙	甲	乙	甲	乙	甲	乙	甲	乙	
1909 年	19	5	1	1		1	1	2			1	1	5	1			1	1				1	41
1910 年	15	5	1	1	1		3	2			1	1	4	2	1		1	1	1			1	40
1911 年	13	4	1	1	1		3	2			1		5	2	1		1					1	39
1912 年	15	7	1	1			3	2			2		6	1	1		1					2	46
1913 年	13	8	2	1	1		2	3			2	1	6	2	1		1					2	47
1914 年	15	7	2	1	1	1	3	3			1		7	3	2		1					2	52
1915 年	26	8	2	1			4	3			2	1	9	4			2					2	72
1916 年	9	6	2	1	2		3	3			2	1	8	2	2		2	2	2		2	2	51
1917 年	9	7	1	1	2		3	3			2	1	8	4			2		2			2	49
1918 年	29	7	2	1	3	1	5				4		11	6	4		2		2			2	84
1919 年	12	7	2	1	3		1	6	3		4	1	11	4	3		2		2			2	65

資料來源：臺灣總督府，《臺灣總督府第十三統計書～第二十三統計書》，1911～1921年。

　　表 3-3 中，甲代表藥劑師於官廳奉職的人數；乙表示藥劑師自行開業的人數，顯示了 1920～1937 年藥劑師於官廳奉職和自行開業的統計。以臺北州為例，從 1931 年開始自行開業的藥劑師人數開始比於官廳任職的人數還要多，也就是從 1931 年之後，藥劑師不只於官立醫院服務民眾，於民間開業的為民眾所利用的效益也比 1931 年之前多。特別的是澎湖廳還是沒有藥劑師於民間開業的紀錄，藥劑師主要還是在官立機構實現其專業，而臺東廳和花蓮港廳至少要到 1935 年左右，才有藥劑師於民間開業的紀錄。

表 3-3　藥劑師人數統計表（1920～1937）

時間 ＼ 類別	臺北州		新竹州		臺中州		臺南州		高雄州		臺東廳		花蓮港廳		澎湖廳		總計
	甲	乙	甲	乙	甲	乙	甲	乙	甲	乙	甲	乙	甲	乙	甲	乙	
1920 年	27	10	5	1	7	4	11	2	7	2	1		2				79
1921 年	47	12	5		8	4	12	3	6	1	2		2				102
1922 年	17	11	3	1	8	2	11	3	5	1	2		2				66
1923 年	21	12	3	1	8	2	13	4	5	1	3		3				76
1924 年	23	21	3	1	4	3	11	4	6	1	2		3				82
1925 年	21	22	4	1	6	4	11	5	5	1	2		3				85
1926 年	18	22	4	1	7	4	12	6	5	3	2		3		3		90
1927 年	28	25	4	1	8	4	11	6	7	3	2		3		3		105
1928 年	22	27	4	1	7	6	16	8	7	5	3		3		2		111
1929 年	20	23	4	9	5	6	15	9	8	6	3		2		2		112
1930 年	29	24	4	4	11	8	14	11	6	7	3		4		2		127
1931 年	24	25	4	4	9	12	12	12	6	7	2		2		3		122
1932 年	19	28	4	3	9	13	12	13	6	10	2		2		2		123
1933 年	23	29	4	4	9	11	10	18	7	14	2		3		2		136
1934 年	29	31	4	6	7	11	11	21	7	15	3		5		3		153
1935 年	28	34	4	6	9	11	10	21	8	15	3		5	2	2		158
1936 年	35	31	6	13	9	13	12	24	6	19	3		5		2		178
1937 年	23	34	6	15	9	14	13	27	9	26	2	2	5	3	2		190

資料來源：臺灣總督府，《臺灣總督府第二十四統計書～第四十一統計書》，1922～1939 年。

表 3-4　藥劑師人數統計表（1938～1942）

類別／時間	臺北州				新竹州				臺中州				臺南州				高雄州				臺東廳				花蓮港廳				澎湖廳				總計
	甲	乙	丙	丁	甲	乙	丙	丁	甲	乙	丙	丁	甲	乙	丙	丁	甲	乙	丙	丁	甲	乙	丙	丁	甲	乙	丙	丁	甲	乙	丙	丁	
1938 年	16	6	12	28	3		2	12	5		4	17	9	1	5	32	5	1	2	34	2		1	3	2	2	1	5	2		1		213
1939 年	20	12	3	31	3	2		16	4	4		20	6	5	1	46	6	3	1	52	1	1		3	4	1	2		2	1	1		251
1940 年	15	15	16	38	4		5	19	4		5	25	7	1	5	54	5	1	2	60	2		1	3	4	1	1	5	1				300
1941 年	17	17	17	36	2		5	31	3		5	36	6		3	67	5	1	2	62	3		1	3	3	1	1	6	1				335
1942 年	21	4	29	50	2		6	35	4		6	34	6		3	56	5	2	2	76	3		1	3	1				3	1			355

資料來源：臺灣總督府，《臺灣總督府第一統計書～第四十六統計書》，1899～1944 年。

　　表 3-4 中，甲代表藥劑師於官立醫院奉職的人數；乙表示藥劑師於公立醫院奉職的人數；丙表示藥劑師於官衙奉職的人數；丁代表藥劑師自行開業的人數。在這段時間，澎湖廳還是沒有出現藥劑師於民間開業的紀錄，藥劑師應還是任職於澎湖醫院為主。若將 1933～1942 年全臺灣所有藥劑師任職於官立醫院、公立醫院、官衙、自行開業四種類別的人數，〔註11〕計算出其比例，可以發現 1933 年任職於官立醫院的藥劑師有 29%，公立醫院有 3%，官衙有 13%，自行開業有 56%；1934 年任職於官立醫院有 29%，公立醫院有 7%，官衙有 9%，自行開業有 55%；1935 年任職於官立醫院有 27%，公立醫院有 7%，官衙有 10%，自行開業有 56%；1936 年任職於官立醫院有 22%，公立醫院有 11%，官衙有 11%，自行開業有 56%；1937 年任職於官立醫院有 18%，公立醫院有 5%，官衙有 13%，自行開業有 64%；1938 年任職於官立醫院有 21%，公立醫院有 5%，官衙有 13%，自行開業有 62%；1939 年任職於官立醫院有 18%，公立醫院有 12%，官衙有 3%，自行開業有 68%；1940 年任職於官立醫院有 14%，公立醫院有 6%，官衙有 12%，自行開業有 68%；1941 年任職於官立醫院有 12%，公立醫院有 6%，官衙有 11%，自行開業有 72%；1942 年任職於官立醫院有 12%，公立醫院有 2%，官衙有 14%，自行開業有 72%。從以上的比例可以發現，1933～1942 年大多數的藥劑師營業重心是放在自行開業的部分，官立機構不再是他們可以大展身手的場合之一了。也就是藥劑師可以發揮影響力的網絡，已經從官立機構，轉向自行開業的民間藥局，更能為民眾所利用。以下將分別敘述藥劑師於官立機構和民間自行開業藥局的工作內容。

〔註11〕臺灣總督府，《臺灣總督府第一統計書～第四十六統計書》，1899～1944 年。

（一）任職於官方機構和地方機構

表 3-5 中可以看見藥劑師任職的官立機構，以醫院為主，包括了基隆醫院、臺北醫院、赤十字醫院、臺北婦人病院、博愛病院、更生院、養神院、結核療養所、樂生院、臺北衛戍病院、新竹醫院、臺中醫院、辻醫院、臺南醫院、嘉義醫院、臺南慈惠病院、臺南新樓醫院、臺南衛戍病院、鳳山產業組合醫院、高雄醫院、屏東醫院、澎湖醫院、臺東醫院、花蓮港醫院、花蓮港羽鳥醫院、花蓮港湯橋醫院、宜蘭醫院、中央研究所、中央研究所臺南支所。地方機構，則以各地方的市役所、各州或廳的衛生課、工場、學校、研究機構為主，包括了基隆市役所、臺北市役所、臺南市役所、高雄市役所、臺北州廳衛生課、新竹州衛生課、臺中廳州衛生課、臺南州廳衛生課、高雄州廳衛生課、澎湖廳衛生課、臺東廳衛生課、花蓮港廳衛生課、臺北第一中學校、臺北工業學校、大學理農學部、專賣局酒課、專賣局南門工場、專賣局鹽腦課、專賣局酒工場、北港製糖所醫務室、鹽水港製糖岸內工場、新營臺灣生藥會社。從表 3-5 中，可以發現日治時期任職於官立機構和地方機構的藥劑師，主要還是以日人居多，臺人較少，臺人只有任職於赤十字病院的林紀煌、新竹醫院的吳開發、臺南新樓醫院的汪文波，和北港製糖所醫務室的蔡則楷。女性藥劑師的數量也較少，只有任職於辻醫院的池田輝子、臺北醫院的坂元實子、吉原多鶴子等人。

表 3-5　日治時期任職官立和地方機構的藥劑師（1935）

官立機構	
所屬單位	姓　名
基隆醫院	初音勝治、西田一郎
臺北醫院	土田義介、越前福三、筒井臺輔、井上秀介、松村靖、大西明男、重松保彥、富永敏夫、橫山雄次郎、加賀謙、坂元實子、吉原多鶴子
赤十字醫院	大田鐵郎、士永常雄、伊藤潛、田中文雄、春日井信雄、林紀煌
臺北婦人病院	武藤良造
博愛病院	佐伯良知
更生院	宇田川重良
養神院	森田哲

結核療養所	河原達雄
樂生院	中濱伴次郎、野口光次郎
臺北衛戍病院	白川潔、河野春光
新竹醫院	大野寅雄、三田久夫、吳開發
臺中醫院	山內茂弘、宮田信義、福屋武富、栗原哲三、加島英明
辻醫院	池田輝子
嘉義醫院	野田易、山田正人、古賀治
臺南醫院	羽鳥庫次、瀧井博志、伊藤一郎、葛岡成一、松本弘一、中園幸枝
臺南慈惠病院	野口治平
臺南新樓病院	汪文波
臺南衛戍病院	井戶重夫、梶原政木
鳳山產業組合醫院	蒲地正美
高雄醫院	駒井三千人、高橋易顯、大賀謙輔
屏東醫院	高島光貞、高橋茂二郎
澎湖醫院	中村隆保
臺東醫院	梅村智、倉滿茂夫
花蓮港醫院	松尾正美、本山常比古
花蓮港羽鳥醫院	神谷二郎
花蓮港湯橋醫院	岡田一見
宜蘭醫院	上野啟次、坂井嘉久男
中央研究所	荒木忠郎、田崎佐市、宮下好雄、八束精一、鈴木充彥、石原五郎
中央研究所臺南支所	宗正隆、田邊總七
地方機構	
所屬單位	姓　名
基隆市役所	神谷清一
臺北市役所	山本憲太郎、青木三郎、藏原親夫
臺南市役所	豐田誠之
高雄市役所	大久保政治
臺北州廳衛生課	大場六之助、一瀨肇
新竹州衛生課	鈴木和三郎、神川義一
臺中廳州衛生課	篠原榮、進藤正、木原竹義

臺南州廳衛生課	熊井市衛、小林俟爾、橫山勇
高雄州廳衛生課	廣瀨勘七、古賀陽祐
澎湖廳衛生課	岩村又男
臺東廳衛生課	八田元
花蓮港廳衛生課	一村清隆
臺北第一中學校	山崎雄造
臺北工業學校	增田壽夫
大學理農學部	長瀨誠
專賣局酒課	金村鷹之
專賣局南門工場	鄉司琢磨、林田傳
專賣局鹽腦課	竹田祥三郎
專賣局酒工場	進藤義也
北港製糖所醫務室	蔡則楷
鹽水港製糖岸內工場	江口正
新營臺灣生藥會社	鎮目豐、宮本勝、德村武雄、中村志郎、岡上林一

資料來源：臺灣藥學會，《臺灣藥學會誌》，第 48 號，1935 年 9 月，頁 89～95。

　　至 1922 年時藥劑師於此兩大範疇的職能不出藥品研究、投藥封緘、投藥瓶的消毒、投藥瓶的區別、投藥號碼的確認、製劑室的製劑工作、對於藥品的品質檢查、衛生檢查等工作。〔註12〕由於資料主要集中於官方機構，故主要可以看見任職於官立醫院和研究機構藥劑師的工作情況，藥劑師除了在研究機構從事藥品檢驗、製造、研究的工作外，醫院中藥劑師主要任職於藥局，藥局的職掌分配為局長、調劑師、囑託、雇員，月俸依照年資支付，月俸在 20～40 圓之間。除了在藥劑部配置藥品外，也對醫院所購入的藥品進行藥品鑑定的工作，較為完整的藥品試驗記錄為臺灣總督府臺北醫院和臺中醫院，可參見表 3-6 和表 3-7。表 3-6 和 3-7 中臺北醫院對於藥品試驗的數量，一直都比臺中醫院所需試驗的藥品數量還要多，直到 1934 年，臺中醫院藥品試驗數量為 677 個時，臺北醫院已經需要處理 3,100 個藥品了。

　　除了對藥品進行試驗外，也會進行藥品製造，製造藥劑的部門則有調劑部、診察室、病室，詳細的數量可參見表 3-8，就數量上來看，從 1906 年的 22,842 個至 1934 年藥品製造的需求量已增加至 64,410 個。以臺灣總督府臺北

〔註12〕〈三都藥劑部の對應策〉，《臺灣藥友會會報》，第 3 號，1922 年，頁 1～11。

醫院的紀錄為例，製造的藥品有橙皮丁幾、橙皮舍利別、ドウフル氏散、ヨード丁幾、單軟膏、鹽酸エメチン、苦味丁幾、グリセリン座藥、複方甘草酸、アムモニア茴香精、醋酸カリウム液、樟腦精、單舍利別、スルフオサリチール酸、アンチフオルミン、小兒散、ドーフル等。〔註13〕

表 3-6 臺灣總督府臺北醫院藥品試驗數量表（1900～1936）

時間	數量（個）	時間	數量（個）	時間	數量（個）	時間	數量（個）	時間	數量（個）
1900	689	1906	307	1920	1,449	1926	1,231	1932	2,367
1901	634	1912	1,155	1921	1,230	1927	1,328	1933	3,703
1902	751	1915	1,153	1922	1,265	1928	1,540	1934	2,972
1903	965	1916	1,266	1923	1,114	1929	1,795	1935	3,144
1904	303	1917	1,291	1924	1,143	1930	1,871	1936	3,100
1905	333	1919	1,493	1925	1,252	1931	1,976		

資料來源：臺灣總督府臺北醫院，《臺灣總督府臺北醫院年報》第 3 回～第 40 回，1901～1937 年。

表 3-7 臺灣總督府臺中醫院藥品試驗數量表（1912～1934）

時間	種類	個數	時間	種類	個數	時間	種類	個數
1912 年	64	109	1920 年	71	87	1928 年	204	397
1913 年	72	179	1921 年	131	319	1929 年	246	460
1914 年	55	227	1922 年	119	275	1930 年	287	663
1915 年	58	131	1923 年	230	430	1931 年	283	688
1916 年	48	360	1924 年	251	502	1932 年	280	577
1917 年	45	312	1925 年	233	497	1933 年	229	423
1918 年	117	540	1926 年	267	578	1934 年	262	677
1919 年	102	409	1927 年	258	448			

資料來源：臺灣總督府臺中醫院，《臺灣總督府臺中醫院院務要覽》，臺中：臺灣總督府臺中醫院，1935 年，頁 90～91。

〔註13〕 醫院中提供的藥品主要為內服藥（分水劑、散劑、丸劑、膠囊劑）頓服藥（分水劑、散劑、丸劑）、外用藥（分蓓法劑、洗滌劑、塗布劑、浣腸劑、吸入劑、注入劑、綿球劑、巴布劑）、含嗽劑、塗擦劑、撒布劑、膏藥、點眼藥、坐藥。臺灣總督府臺北醫院，《臺北醫院年報第二十三回》（臺北：臺灣總督府臺北醫院，1933 年），頁 280～281；臺灣總督府臺北醫院，《臺北醫院年報第二十四回》（臺北：臺灣總督府臺北醫院，1934 年），頁 280。

表 3-8　臺灣總督府臺北醫院各部門藥品製造數量（1907～1936）

時間	個數	時間	個數	時間	個數	時間	個數	時間	個數
1906	22,842	1912	27,432	1921	44,825	1926	53,162	1931	97,785
1907	25,934	1915	25,833	1922	47,467	1927	64,956	1932	65,595
1908	31,252	1916	28,941	1923	42,815	1928	65,895	1933	59,879
1909	31,333	1919	32,240	1924	48,046	1929	69,304	1934	64,410
1911	28,041	1920	35,510	1925	50,333	1930	78,164	1935～1936	923,521

資料來源：臺灣總督府臺北醫院，《臺灣總督府臺北醫院年報》第 11 回～第 40 回，1908～1937 年。

　　以接受留日藥劑師教育，後於官立醫院任職與研究機構的藥劑師來看，林蔡娩女士〔註14〕（以下簡稱蔡女士），可為例子。其父蔡勝章是臺灣總督府醫學校本科第一屆的畢業生，蔡女士在小時候就常至父親的診所幫忙包藥，蔡女士在婚後跟隨先生至日本，先生攻讀醫科，她則計畫讀藥科。當時東京有三間藥科學校，分別為共立、昭和、東京（藥科與醫科合併）三所藥學校，她最後選擇了昭和女子藥學專門學校，且幸運的考上。就她就讀藥專的經驗來說，她認為在藥專上課常要上實驗課，用玻璃試管，試驗化學藥品，檢驗藥品的性質，當時是三～四個人一組，可以互相幫忙作研究。1941 年因為爆發珍珠港事變，由於戰爭欠缺醫師，部份同學被派往細菌研究所，蔡女士也是其中一位。在衛生試驗所內細菌研究室的工作就是專門作實驗，像是幫動物注射藥物，然後觀察他們的變化。蔡女士在研究院待了半年之後，又回學校上課，於 1944 年 9 月 27 日取得藥專的文憑。同年 10 月 20 日，蔡女士赴東京帝國大學醫學部的藥房實習，直到戰爭結束，才回到臺灣。那時，醫院欠缺藥物，每天醫院都配給一大瓶葡萄酒，摻在藥裡給病人喝。

（二）開業藥局

　　日治時期自行開業的藥劑師，如表 3-9 所示。從表中可以發現時至 1935

〔註14〕林蔡娩：1910 年生，臺北人。曾就讀鳳山公學校（1924 年畢業）、臺北第三高等女學校（1928 年畢業）、臺北第三高等女學校補習科（1930 年畢業）、臺北女子高等學校（1932 年畢業）、東京昭和女子藥學專門學校（1944 年畢業）。曾任臺北市立耳鼻喉科醫院調劑主任（1947～1951 年）、臺大醫院藥劑師（1952～1953 年）、中興醫院藥劑師（1953～1973 年）、南門幼稚園園長（1974～1978 年）、樂山療養院院長（1980～1983 年）。游鑑明訪問，吳美慧、張茂霖等紀錄，《走過兩個時代的臺灣職業婦女訪問記錄》（臺北：中央研究院近代史研究所，1994 年），頁 175～216。

年藥局的主持者主要還是以日籍的藥劑師（59 名，66%）為主，臺籍的藥劑師
（31 名，34%）仍屬少數，但其中不乏女性的藥劑師。

表 3-9　日治時期自行開業藥劑師（1935）

臺北州			
藥局名稱	姓　名	藥局名稱	姓　名
バイニル	古藤健男、笠原省吾	名稱不詳	田中金三
ヒラノ藥局	平野文男	コトブキ藥局	多賀萬壽
山陽堂	木村秀雄	中央藥局	前川寬
三尾藥局	三尾亮介	高砂藥局	成田清晉
保元藥局	劉林氏合	信生堂藥局	森田博子
廣生堂藥局	吉越隆一	資生堂	島田實
臺北藥局	淺川純一	武田長兵衛製藥	豬口邦彦、李伴地
バーゼル	栗山昇	大丸藥局	熊野熊雄
新高製藥所	森田耍藏	三共藥局	荻野虎一、祝次郎、瀧澤敬之
柳フアマシー	柳榮太郎	東京藥局	林太郎
京町藥局	新原謙相	井上藥局	長谷田久吉
南門藥局	江口三郎	區臣氏藥房	李義人
東京堂藥局	矢野靜雄	アサヒ藥局	中川周次
ダルマ藥局	福田小三郎	高尾商店	高田增次郎
ラヂウム	吉岡昊	基隆藥局	吉原多三郎
ミトリ藥局	河合音治	回生堂藥局	風早正
開設藥局名稱不詳者	松本周祐、吉岡信亮、中川正夫、李德財、鳥居嘉藏、杉田万吉、隈部讓治。		
新竹州			
藥局名稱	姓　名	藥局名稱	姓　名
新竹藥局	北千代	和生堂	古賀琢一
昭和藥局	植山真治	開設藥局名稱不詳者	六車定亮、饒維嚴
臺中州			
藥局名稱	姓　名	藥局名稱	姓　名
田中利弘藥局	田中利弘	全安堂	盧茂川

濟生堂	佐藤重利	丸三藥局	藤井康三
保生藥房	李天生	月藥局	曾茂己
近田藥局	近田花子	十字堂藥局	下野政雄
中西藥研社	曾紅英	中西藥局	何金疏
開設藥局名稱不詳者	楊金爐		
臺南州			
藥局名稱	**姓　名**	**藥局名稱**	**姓　名**
參神堂	津川福一	榮安堂藥房	吳永授
林藥局	林虎三	愛國堂藥局	河本耍
華南藥局	野口治平	資生堂藥局	張國周
三輪養元堂	坂梨松榮	中央藥局	林啟榮
保生堂	林長拔	金長美	蔡然捷
開設藥局名稱不詳者	鹿沼留吉、蘇友六、莊仲侯、陳犇、林景新、黃高氏碧桃		
高雄州			
藥局名稱	**姓　名**	**藥局名稱**	**姓　名**
安藤高雄藥局	安藤彥市	中央藥局	土屋卯重
岡部藥局	岡部柴郎	大木藥局	大木壽人
山半商店	橫井ごめ	慶雲藥局	趙榮讓
林藥局	林江立	太星藥局	李修
廣瀨藥局	廣瀨信一	屏東藥局	中川忠吾
太田藥局	太田壽雄	阿猴藥局	王滿堂
長澤藥房	李隣國	鳳山藥房	小林健次郎
開設藥局名稱不詳者	周慶豐、林長振、黃扁		

資料來源：臺灣藥學會，《臺灣藥學會誌》，第 48 號，1935 年 9 月，頁 89～95。

　　在自開的藥局中藥劑師需根據處方箋和日本藥局方調劑、販售藥品，有關藥劑師所開設的藥局，若是在東京一個標準的藥局除了應有的調劑用器具乳鉢、壓榨道具、蒸煮器、浸劑筒、漏斗、硝子、驗溫器、乾燥器、顯微鏡、試管、蒸汽密度測定裝置、蒸餾裝置、滅菌裝置、攪拌裝置、焚燒爐、過濾裝置、天秤等外，還需具有調劑室、材料室及藥草室、藥物室、試驗室、搗碎室

的空間設置。〔註15〕而在臺灣的藥局,依據附錄一中的各地方州廳「藥劑師
法施行細則」要點(1925)的規定,藥劑師所開設的藥局,也至少需具備以下
的器具:截丸器、成丸器、坐劑器、篩器、藥研、剉細器、天坪、調劑器、規
定之計量器、滅菌器等。

以附錄二中,1939 年臺北市臺籍和日籍民間開業的藥劑師所從事的業務
來看,藥劑師至少在藥局從事製造成藥和賣藥類似品及移輸入藥材(日式藥
劑師的教育中是西藥和漢藥都學)的工作,且販售藥材、成藥和賣藥類似品,
並沒有出現輸移出的紀錄。而藥劑師從事的業務,至少可以分成以下 11 種類
型進行。一是賣藥(製造、移入、店賣),在藥局製造成藥,和自日本(或日
本殖民地)移入成藥販售。二是賣藥及賣藥類似品(製造、店賣),是指在藥
局販售製造的成藥和賣藥類似品。三是藥種、賣藥及賣藥類似品(店賣),在
藥局販售藥材、成藥和賣藥類似品。四是賣藥及賣藥類似品(製造、移入、店
賣),在藥局製造和自日本(或日本殖民地)移入成藥和賣藥類似品販售。五
是賣藥(製造、移入、店賣)及賣藥類似品(店賣),在藥局製造和自日本(或
日本殖民地)移入成藥,販售成藥和賣藥類似品。六是賣藥(製造、移入、店
賣)及賣藥類似品(製造、店賣),在藥局製造成藥和賣藥類似品,且自日本
(或日本殖民地)移入成藥,在藥局販售成藥和賣藥類似品。

七是賣藥(輸入、移入、店賣)及賣藥類似品(移入、店賣),是指藥劑
師從日本(或日本殖民地)和中國等地輸入和移入成藥,且移入賣藥類似品於
藥局販售。八是賣藥及賣藥類似品(移入、店賣),是指藥劑師移入成藥和賣
藥類似品於藥局販售。九是藥種、賣藥及賣藥類似品(製造、店賣),是指藥
劑師在藥局販售藥材,且製造成藥和賣藥類似品販售。十是藥種商、賣藥及賣
藥類似品(製造、移入、店賣),是指藥劑師在藥局販售藥材,製造成藥和賣
藥類似品,且自日本(或日本殖民地)移入成藥和賣藥類似品販售。十一是藥
種、賣藥(製造、移入、店賣)及賣藥類似品(移入、店賣),是指藥劑師在
藥局販售藥材,製造成藥,且自日本(或日本殖民地)移入成藥和賣藥類似品
販售。而從附錄三的資料中可以發現藥劑師於民間藥局營運時,除了製造和調
劑藥品外,包含販賣成藥(西藥和漢藥)、醫療機械、化妝品、度量衡、酒、
藥種(藥材)、照相機、染料、計量器、化學原料。藥劑師不只販賣藥品,和
化學相關的產品,藥劑師都有在販售。

〔註15〕恩田重信編,《歐米藥制註釋全》(東京:編者,1922 年),頁 2~37。

以日治時期的接受留日藥劑師教育的開業經驗來看，以林莊季春女士〔註16〕為例，她認為當時在日本念藥科的臺籍女學生不多，只因為多數臺灣人認為將來會醫藥分離，故男孩子念醫科可治療病人，女孩子就讀藥科，則多半希望嫁給醫師。而藥專的課程非常的繁重，不僅西藥方面的學識需要具備，對漢藥方面的教學更加嚴格，尤其重視實習課程。有解剖、定性分析、微生物課、衛生化學、藥物化學、生藥（中藥）、礦物學等課程，而且規定每位女同學實驗時要剪短頭髮，以免被實驗室中的火焰燒到。女學生在實驗室中，常常一進入就是一整天。除此之外，還經常要種植藥草，爬山採藥，除了一般課業外，學校也會安排插花、跳舞、打球等課外活動。經過四年藥科的學習訓練，林莊季春女士（以下簡稱莊女士）不僅通過了學校的畢業考試，也通過了國家藥劑師資格考試，而且在東京警察總局領得藥劑師資格證書，〔註17〕不過這些合格的證書，在莊女士返臺後，又由臺灣總督府重新發給在臺灣使用的證書。

藥專畢業（1941年）時，正是二次大戰最激烈的時期，日本政府發佈「調諭令」，不讓這些藥專畢業生自由開辦新藥局，於是這些畢業生，包含莊女士，便隨著藥專的老師木村先生，到順天堂中將湯的藥草園作藥學研究工作；不到幾個月，木村先生被派到南洋採藥，這些學生就轉往東京慶應大學附屬醫院工作。由於莊女士的父親希望她回臺灣接手一家老中藥店，於是莊女士才回到臺灣，但等到莊女士回到臺灣後，因為船期難以估計，故已經超過了開業規定的「店主別世後四個月」的限期，所以根本不能營業。此外，按照規定，朴子地區只能有兩家藥局，也因已經額滿，無法再設，若要新開設，必須繼承已經開業的藥店。因此，莊女士只好暫時放棄開業，到臺灣總督府管轄的嘉義醫院服務，一面在醫院內的藥局部工作，一面等待開業的機會。

不久，因為嘉義東石的中藥房吳旭先生過世，他所開設的藥房一時無人承繼，於是莊女士取得開業的機會，當時莊女士的「仁德藥局」便設在臺南州東石郡東石庄港墘地區的「無醫村」的地方。她所經營的藥局，中、西藥皆賣，

〔註16〕林莊季春（1920～1993）：1920年生，嘉義朴子人。曾就讀朴子女子公學校（1931年肄業）、末廣公學校（1931年畢業）、臺南第二高等女學校（1935年肄業）、日本廣島市立高等女學校（1937年畢業）、日本東京女子藥學專門學校（1941年畢業），曾任嘉義醫院藥劑師且開設仁德藥局。游鑑明訪問，吳美慧、張茂霖等紀錄，《走過兩個時代的臺灣職業婦女訪問記錄》，頁101～120。

〔註17〕莊女士表示當時的藥劑師證書是由警察局頒給，藥劑師可以管理漢、西藥的一切事務，不同於目前臺灣政府漢、西藥分別管理的政策。

並調劑藥給病人吃。根據臺灣總督府的規定，中西藥全部都由政府配給出售。此時，臺灣的藥劑師不多，大半是日本籍的，莊女士說她所參加的臺南藥劑師公會，女性藥劑師只有 18 位，大多是日籍女性。莊女士在港墘開業時除了售賣藥之外，也會有人前來就醫，每天上門的病患都是附近鄉村的人，包括了農民、鹽工和漁民。因為港墘附近沒有醫師，也沒有藥局，尤其當地又常遭受空襲，民眾一受傷不方便到朴子就醫，都到莊女士的藥局問診或拿藥，因此她藥局的生意相當好，必須要請 10 多個「小先生仔」（即助手）來幫忙，當時她一個月可淨賺三、百圓。在戰後，莊女士開設一家小規模的藥廠，製造一種專門治療腹瀉的藥，稱為「調痢寧」，治好不少腹瀉的病人，甚至銷售到花蓮一帶。

（三）藥劑師的業務交流

基於職業、業務上的需要，任職於地方機構或自行開業的藥劑師，每年都會集會討論藥業相關事務，第一種為臺灣實業藥劑師會總會。有關會議討論的過程，以 1923 年和 1925 年的會議為例。1923 年臺灣實業藥劑師會總會於 1923 年 8 月 11 日在臺北鐵道旅館召開，開會順序為會長葛岡陽吉發表致詞→庶務會計報告→會則改正及協議、請願事項。協議事項包含了藥種商、賣藥製造業者、製藥者的試驗，追加業務繼承許可事項（北部提出案）；治療用藥品需由藥劑師封緘認可（中部提出案）；以供給一般公眾低廉的治療藥品為目的，需以該會名義編纂簡單的普通藥處方例（臺中提案）；酒類專賣與藥劑師業界的影響；協定調劑藥價（希望協定藥價之標準）；為求一般民眾知曉藥袋資訊，希望統一標示藥袋內容；從內地和外國直接移入之藥品和本島製造之藥品，需詳細寫明製造者的姓名、地址，若發現藥品品質不良或是容量不足的情況，才能找到負責人，以究明不良藥品之責任歸屬。〔註18〕

1925 年臺灣實業藥劑師會總會於 1925 年 3 月 7 日在臺南公會堂召開，〔註19〕討論議題為請願，當時帝國議會提出藥劑師法、藥品法，已由兩院通

〔註18〕臺灣藥友會，《臺灣藥友會誌》，第 12 號，1923 年 9 月，頁 6～9。當日來賓有屋宜宜榮（臺東）、小山（臺北州）、俁島（臺灣總督府）、田邊（高雄州）、鈴木和三郎（臺中）、小林（花蓮港）、山口（新竹州）、橫山勇（臺南）、丹野保次技師（臺灣總督府）、大關（臺中州）、櫨山（臺灣總督府），共 11 名。出席會員有新原（臺北）、森田正太（臺北）、高瀨文二（臺北）、佐川（臺中）、伊藤一郎（臺北）、吉原（基隆）、大久保（新竹）、萩野虎一（臺北）、淺川純一（臺北）、田賀（臺北）、三尾亮介（臺北）、風早正（基隆）、葛岡陽吉（臺北），共 13 名。
〔註19〕當日來賓與會員有重松英太（臺南州衛生課長）、柳榮太郎（臺南醫院藥局長）、橫山勇（臺南州衛生課）、氏家丙堂（臺中州衛生課）、葛岡陽吉（臺北代表）、

過，希望臺灣總督府直接實行此藥律（臺北提案）；請願藥種商及賣藥製造業者的管理與內地同調（臺南提案）；臺灣藥品管理規則第二條有關開業藥劑師私自試驗封緘，在開業藥劑師試驗設備完善的情況下，請願追求但書給予承認，且提出實行方法（基隆提案）；開業藥劑師的店員，服務於店中五年，請願提出認可其成為藥種商資格，且發給藥種商執照。〔註20〕從以上的討論議題可以發現，藥劑師們討論的範圍，除了和業務相關的藥價、民眾的用藥問題之外，和藥業相關的法令，更是其檢討和討論的主要議題，甚至期望臺灣總督府當局，仍夠取日本內地藥業法令之優點，補足臺灣藥業法令之缺點。

　　第二種為全島醫院藥局長協議會。而以任職於官方機構藥劑師為對象所召開的會議，則是以全島醫院藥局長協議會、臺灣衛生技術員會議、各地醫藥學會為例。有關1930～1935年全島醫藥局長的協議會所討論的內容，主要可以看見藥品品質控管、業務的職掌與分工或合作、醫院用藥安全、試驗設備、採購事項、處方箋問題等。和藥劑師的實業會議比較起來，全島醫院藥局長協議會所討論的主題，是較具有技術合作、決策性與管理性質的議題，有關藥業的法令、民眾的用藥問題反而不是協議會中討論的重心。〔註21〕詳細的會議情形如下。

　　1930年第一回協議會，討論的內容有研究業績的藥品藏庫貯藏、藥品試驗室和製劑室的完備、各醫院局方外一般常用試驗藥類的製造協定、血清類的取得、投藥瓶及其消毒法、有關體溫器、患者牛乳的檢查、バクチ水中游

吉原多三郎（基隆代表）、白井一（嘉義代表）、安藤彥市（高雄代表）、津川福一（臺南代表）、林虎三（臺南代表）。

〔註20〕臺灣藥友會，《臺灣藥友會誌》，第36號，1927年，頁20～21。

〔註21〕其他相關事項的補充：第二回全島醫院藥局長協議會（1931年10月17日於花蓮港公會堂），出席者為越前福三（臺北醫院）、太田鐵郎（臺北赤十字醫院）、大野寅雄（新竹醫院）、土田義介（臺南醫院）、栗山昇（臺南醫院）、唐島金三（高雄醫院）、梅村智（臺東醫院）、熊野熊雄（花蓮港醫院）、松尾正美（宜蘭醫院）、松本龍雄（澎湖醫院）。第五回全島藥局長協議會（1934年10月27日於臺北市臺北醫院講堂），出席者為太田鐵郎（臺北赤十字醫院）、井上秀介（臺北醫院）、神谷二郎（基隆）、木島闓（臺南醫院）、野田易（嘉義醫院）、田中金三（高雄醫院）、栗山昇（屏東醫院）、山內茂弘（臺中醫院）、上野啟次（澎湖醫院）、葛岡成一（更生院）。第六回全島醫院藥局長協議會（1935年10月19日於臺北市臺北信用組合），出席者有土田義介和越前福三（臺北）、西田一郎（基隆）、坂井喜久男（宜蘭）、大野寅雄（新竹）、山內茂弘（臺中）、古賀治（嘉義）、松本弘一（臺南）、高島光貞（屏東）、梅村智（臺東）、太田鐵郎和土永常雄（臺北日本赤十字病院）、中濱伴次郎（樂生院）。

離チアン含有量的調查、醋酸アルミニウム液的研究、熱帶調劑學研究編纂。
藥局事務有消耗品請求傳票統一、消耗品及設備品帳目統一、購入藥品的試
驗及發現不良藥品時的處置方法、藥劑數統計、各醫院對院外處方箋發行的
手續、高價藥注射藥料金徵收單價標準協定、入院患者處方箋。〔註22〕

　　1931年第二回協議會，討論的內容有消耗品請求傳票統一（撤回）；購入
藥品的試驗及發現不良藥品時的處置方法，由該院藥局長通報全島醫院藥局
長，郵資則由藥學會負擔；高價注射藥品徵收單價標準協定，現在全島的注射
藥品，同一藥品同一份量，各地價錢卻不同，這是由於醫院購入的藥品經過競
爭，故會有1～2錢的差異，臺灣總督府對於注射藥劑規定徵收的價錢是一劑
20錢，希望能將此規定改正之後實行於醫院；投藥瓶型的統一與消毒，若要
全島醫院使用同一種形式的投藥瓶，頗困難，消毒藥瓶的方式皆依據日本藥學
會藥劑部長會所決定的消毒方法實行；研究報告則有野田易對バクチ水中遊
離チアン含有量的研究〔註23〕和土田義介對醋酸アルミニウム液調製法研究
〔註24〕；各種浸煎劑的防腐劑研究，由於臺灣和內地的氣候比較下，因為氣溫
較高，導致浸煎劑容易腐敗，故經由杉山英夫的實驗，パラオキシ安息香酸是
為製作浸煎劑時最為優秀的防腐劑，將於1932年7～8月施行於各醫院此防
腐劑實驗；徹底使用藥品的標準用語。〔註25〕

　　1932年第三回協議會，討論的內容有レントゲン各種料金徵收標準，由
醫院的庶務部門決定；各種浸煎劑的防腐劑研究；〔註26〕注射藥的滅菌法協
定；有關總督府醫院事務成績報告中的藥局事務成績報告，追加兩項製劑件
數、牛乳檢查報告。〔註27〕第四回協議會，討論的內容有注射藥的滅菌法協
定，由各醫院藥局長決定行事；有關總督府醫院事務成績報告中的藥局事務成
績報告，追加兩項製劑件數、牛乳檢查報告加入今後的成績報告；看護婦教育
養成由藥局負責學科的教材；官公立醫院所使用的酒精需符合臺灣酒精稅法
的規定（後撤回提案）；各醫院對於購入藥品的試驗結果和處置方法、坐藥基

〔註22〕臺灣藥學會，《臺灣藥學會誌》，第49號，1936年10月，頁49～57、頁64～67。
〔註23〕發表於《臺灣藥學會誌》第46號。
〔註24〕發表於《臺灣藥學會誌》第48號。
〔註25〕臺灣藥學會，《臺灣藥學會誌》，第49號，1936年10月，頁49～57、頁64～67。
〔註26〕研究成果發表於《臺灣藥學會誌》第45號，有花蓮港熊野熊雄，〈論水藥的
　　　　防腐劑〉；臺北越前福三，〈論調劑上應用的新防腐劑〉。另還有發表於第47
　　　　號，的有高雄田中金三，〈論遠志根浸劑〉。
〔註27〕臺灣藥學會，《臺灣藥學會誌》，第49號，1936年10月，頁49～57、頁64～67。

礎劑的研究。〔註28〕

　　1935 年第五回協議會，討論的內容有看護婦教育養成由藥局負責學科的教材（由各醫院取捨決定）；坐藥基礎劑的研究；有關西藥配合禁忌的調查。〔註29〕第六回協議會，討論的內容有坐藥基礎劑的研究；各醫院不使用藥品的交換；藥局內散藥裝置瓶、蒸餾器、注射過濾器供覽；藥局取得藥品的藥品出納簿處理的狀況；入院患者的藥價及手續費標準；獎勵使用國產醫藥品於各醫院實行的狀況；藥劑使用的統計。〔註30〕

　　第三種為臺灣衛生技術員會議。臺灣衛生技術員會議，則以 1931 年、1934 年、1935 年的會議內容為例。1931 年臺灣衛生技術員會議（1931 年 10 月 18 日於花蓮港廳昭和紀念館召開），〔註31〕討論事項為冰質試驗、賣藥試驗協定（依據警務局發佈之公文書決定）、牛奶酸度試驗與酸度界限、清涼飲料水中色素量、麻藥類試驗法協定（實行有困難，故撤回）、飲食物防腐劑、地方廳及研究所技術員之間技術事務的相互聯絡。〔註32〕1934 年臺灣衛生技術員協議會（1934 年 10 月 27 日於臺北醫院召開），〔註33〕討論事項為牛乳酸度試驗法、非煮沸用陶製飲食物用器具試驗法、判定麥酒的渾濁度、漢藥店鋪藥品貯藏容器的改善、油蟲驅除有關各州、市施行的方法。〔註34〕1935 年臺灣衛生技術員協議會（1935 年 10 月 19 日於臺北市臺北信用組合召開），〔註35〕討論

〔註28〕臺灣藥學會，《臺灣藥學會誌》，第 49 號，1936 年 10 月，頁 49～57、頁 64～67。
〔註29〕臺灣藥學會，《臺灣藥學會誌》，第 49 號，1936 年 10 月，頁 49～57、頁 64～67。
〔註30〕臺灣藥學會，《臺灣藥學會誌》，第 49 號，1936 年 10 月，頁 49～57、頁 64～67。
〔註31〕出席者有丹野保次（臺北）、池野隆吉（臺北）、鈴木和三郎（新竹）、山本政雄（臺北市）、松本清六（花蓮港）、山中秀樹（花蓮港警察）、瓦林實（臺灣總督府屬）、正田主計（臺北）、篠原榮（臺中）、山本憲太郎（臺北市）、橫山勇（臺南）。
〔註32〕臺灣藥學會，《臺灣藥學會誌》，第 44 號，1932 年 1 月，頁 100～101。
〔註33〕出席者為（臺北）土田義介、池野隆吉、大場六之助、山本憲太郎、（新竹）鈴木和三郎、神川義一、（臺中）木原竹義、一瀨肇、（臺南）熊井市衛、（高雄）廣瀨勘七、（花蓮港）一村清隆、（臺東）八田元、（澎湖）岩村又男、（中央研究所）荒木忠郎、鈴木充彥、正田主計、宮下好雄、石原五郎、原田七右衛門、宗正隆、（其他來賓）山本政雄、古賀陽祐、大久保政治、祝次郎、吉越隆一、互村實。
〔註34〕臺灣藥學會，《臺灣藥學會誌》，第 48 號，1935 年 9 月，頁 71～75。
〔註35〕出席者有（臺北）大場六之助、一瀨肇、（新竹）鈴木和三郎、神川義一、（臺中）篠原榮、（臺南）能井市衛、（高雄）廣瀨勘七、古賀陽祐、（澎湖）岩村又男、（花蓮港）一村清隆、（臺北市役所）山本政雄、山本憲太郎、（中央研究所）鈴木充彥、石原五郎、山邊德七、宮下好雄、（臺北醫院）土田義介、富永敏夫。

的議題有中央研究所通報不良藥品的處置方法（有退還給製藥者和依照藥品法令通報警務部門處理等意見），賣藥許可心得中一日量的限制、同效劑配合的份量及一日一回和兩回的頓服量規定、白蟻驅蟲劑製造使用的管理方法、藥業技術人員的會議一年應要開一次以上、有關對新藥新製劑的管理、希望臺灣藥業衛生技術員的講習會於臺灣施行、專賣局所賣的酒類、醬油中防腐劑和甘味質的檢查狀況、清涼飲料水類似飲料的管理（如乳酸飲料）、有關水槽便所淨化裝置中撒水式濾過床構造的設施狀況、有關油蟲驅除的調查報告。從以上的討論內容，可以看見，其討論的議題是以技術合作，藥品、食品和飲水品質問題為主。

第四種為醫藥學會。日治時期臺灣藥劑師於研究上的交流，還有於各地舉行的醫藥學會，也是使得醫和藥知識獲得交流的管道。如澎湖醫藥學會於明治40年（1906）11月16日下午一時，於澎湖島馬公水交社舉行召開的第四回澎湖醫藥學會中，當日演講的議題就有澤田惣五郎「對於瘧疾使用奎寧的應用方法與時機」的演講。〔註36〕澎湖醫藥學會明治41年（1907）3月28日，於澎湖島衛戍病院舉行的第八回例會，演講的內容有藥劑官員對「規那煎赤酒的合劑」的演講。〔註37〕澎湖廳春季醫藥學會，於昭和5年（1930）2月25日由澎湖廳主導於澎湖廳警察講習室召開醫藥學會，當天所召開的演講講題就有：有關澎湖島植物的栽培（熊井市衛）、論浸劑和煎劑（宮田信義）。〔註38〕除了澎湖之外，還有由臺南衛戍病院長笠島省吾和臺南醫院長長野純藏等醫藥學者32名共同組織的臺南醫藥學會，〔註39〕於大正3年（1914）的討論會中，該會成員黃登君便提出蛇毒藥草「デモンストラチヨン」的研究，研究了被毒蛇咬傷時可先行處置的方法，以及具有治療效果藥草之應用。〔註40〕而在大正3年的總會中，其中便有井上力之助的「有關婦人科病『ラヂーム』製劑的實

〔註36〕當日出席者有陸軍部會員、澤田醫院長、岡田醫院醫員高橋藥局長、中島公醫長、岡要港部軍醫長、鹽澤大軍醫、秦中軍醫等。〈澎湖醫藥學會〉，《臺灣日日新報》第2873號，明治40年（1906）11月29日，第二版。

〔註37〕〈澎湖島醫藥學會〉，《臺灣日日新報》第2978號，明治41年（1907）4月8日，第二版。

〔註38〕臺灣藥學會，《臺灣藥學會誌》，第41號，1930年6月，頁88～91。

〔註39〕〈臺南醫藥學會的意見書〉，《臺灣日日新報》第276號，明治32年（1898）1月7日，電報類，第二版。

〔註40〕〈臺南醫藥學會記事〉，《臺灣醫學會雜誌》，13卷136期，大正3年（1914），頁177。

驗」的演講。〔註41〕從以上的演講活動中,可以看見藥劑師和醫師藉著醫藥學會的活動,將醫和藥的問題作一交流和互動。

〔註41〕〈第四回臺南醫藥學會總會講演抄錄〉,《臺灣醫學會雜誌》,13卷137期,大正3年(1914),頁257～261。

第四章　網絡中游的製造與販賣
——藥種商

　　日治時期雖因當局政策而使有執照的漢醫逐年遞減，但仍有不少漢醫仍以藥種商的資格行醫，而被當局視為密醫並受到取締。[註1] 漢醫向來是採取醫藥分業制度，其中雖有漢方醫師兼營漢藥舖者，然販售漢藥的部份，仍為獨立作業之單位，與西醫師之附設調劑室為病患配藥不同。整個日治時期的藥種商數量如表 4-1 所示，由於期間遭遇臺灣總督府對於地方制度的改正，故由兩種形式的呈現，大致上來說，此統計的數量是臺灣總督府依據地方州廳不同時期的劃分方式進行統計。表 4-1 中，A 為臺北廳、B 為基隆廳、C 為宜蘭廳、D 為深坑廳、E 為桃園廳、F 為新竹廳、G 為苗栗廳、H 為臺中廳、I 為彰化廳、J 為南投廳、K 為斗六廳、L 為嘉義廳、M 為鹽水港廳、N 為臺南廳、O 為蕃薯寮廳、P 為鳳山廳、Q 為阿猴廳、R 為恆春廳、S 為臺東廳、T 為澎湖廳、U 為花蓮港廳，甲為臺北州、乙為新竹州、丙為臺中州、丁為臺南州、戊為高雄州、己為臺東廳、庚為花蓮港廳、辛為澎湖廳。

表 4-1　藥種商數量人數統計表（1897～1942）

地 年	A	B	C	D	E	F	G	H	I	J	K	L	M	N	O	P	Q	R	S	T	U	總計
1897	35						2							3								40
1898	37		3				3							130								173

年																					總計
1899	324		2					5						435					1		767
1900	453		1					560						653				2	1		1,670
1901	199	70	51	28	138	130	87	147	190	50	133	121	146	215	14	169	109	8	5	1	2,011
1902	211	72	52	30	136	124	87	153	179	50	140	129	190	238	51	180	130	8	6	11	2,177
1903	219	74	64	32	136	131	93	163	204	63	148	154	205	268	52	195	160	10	8	21	2,400
1904	206	69	60	31	147	128	89	132	222	62	139	162	223	251	53	192	171	10	9	28	2,384
1905	216	69	62	32	144	131	94	280	242	63	138	166	223	392	55	200	168	10	9	29	2,723
1906	223	72	70	31	141	135	106	184	244	76	155	161	224	226	57	198	153	10	8	32	2,506
1907	231	76	75	30	139	127	102	186	214	70	146	162	238	233	62	185	146	10	15	35	2,482
1908	235	78	76	27	142	129	103	185	228	75	143	170	255	243	60	200	142	12	16	34	2,553
1909	357		83		138	226		436		110			418	517		239		5	38	10	2,577
1910	333		78		138	230		415		109			420	500		235		6	36	19	2,519
1911	356		80		130	223		443		114			456	555		226		8	39	17	2,647
1912	367		85		154	227		466		101			445	611		258		9	42	17	2,782
1913	378		88		162	222		391		126			493	618		256		5	44	20	2,803
1914	375		92		164	231		583		121			512	684		247		9	45	26	3,089
1915	406		100		165	223		536		128			526	834		284		8	43	27	3,280
1916	423		101		153	231		549		131			534	759		283		13	16	38	3,231
1917	426		103		165	239		600		130			539	742		309		13	44	31	3,341
1918	429		101		167	286		588		121			550	794		315		11	42	33	3,437
1919	398		105		175	290		611		123			530	800		310		11	50	36	3,439

年	甲	乙	丙	丁	戊	己	庚	辛	總計
1920	546	385	721	1220	597	13	29		3,511
1921	571	408	806	931	581	13	45		3,355
1922	579	389	829	940	550	11	42		3,340
1923	575	377	858	913	531	14	41		3,309
1924	595	383	822	944	547	16	46		3,353
1925	571	379	776	900	559	14	75		3,274
1926	584	383	786	859	479	16	55	53	3,215
1927	566	376	771	824	464	17	49	52	3,119
1928	600	418	786	810	455	20	49	49	3,187
1929	554	358	749	770	426	16	49	42	2,964
1930	540	360	729	766	403	14	45	42	2,899
1931	564	341	698	752	378	16	47	40	2,836
1932	425	342	700	719	365	14	47	37	2,649
1933	554	316	665	722	350	17	48	40	2,712
1934	543	306	720	698	346	18	56	36	2,723
1935	508	292	602	675	325	19	57	36	2,514
1936	487	280	569	659	313	17	56	35	2,416
1937	463	277	560	650	295	16	40	34	2,335
1938	439	260	525	632	282	19	51	33	2,241
1939	412	252	499	641	265	19	49	32	2,169
1940	444	206	488	628	258	18	57	31	2,130
1941	439	237	477	559	240	19	37	29	2,037
1942	419	287	458	623	223	19	46	29	2,104

資料來源：臺灣總督府，《臺灣總督府統計書》，1899～1944年。

　　表 4-1 顯示了藥種商的數量由 1897 年的總數為 40 人，到了 1942 年增為 2,104 人，其最盛之時曾經到達約 3,500 人。大致上的發展趨勢是呈現了數量逐年的增加，在市場競爭淘汰的過程中，最後剩下約 2,104 人的藥種商。而就藥種商的地域分佈來看，其數量較多者，大致上是分佈於臺北州、新竹州、臺中州、臺南州、高雄州五大區域。以 1897～1942 年臺灣各個地區藥種商的數量來看，藥種商數量較少的地區，為花蓮和澎湖地區，數量最多時是 57 人。北部地區藥種商發展數量最多時（1928 年）約有 600 人，中部地區數量最多時（1923 年）約有 800 人，南部地區數量最多時（1924 年）約有 900 人，在藥種商的發展上，南部地區藥種商發展的情況比北部地區的藥種商還要繁盛，且都是在大正末期發展的最為旺盛。其實從 1901 年開始南部地區（臺南廳）藥種商發展的數量就已經超越了北部地區的藥種商，一直到 1942 年南部藥種商的數量一直都比北部藥種商的數量多。這和藥劑師所反映的地區分布特質不同，這造成了南部地區的民眾接觸藥種商的頻率恐怕會比北部地區的民眾還要多，但是南部接觸藥劑師的機率恐怕會比北部地區還要少。討論完日治時期藥種商的數量和地區分布問題，以下將對日治時期的藥種商，其開業、營業的項目和它在日治時期臺灣的藥業網絡中扮演的角色進行討論。

第一節　藥種商的性質

　　本章所要討論的對象為藥種商（藥材商），地方官廳需對藥種商施以測驗，合格後才發給營業許可，藥種商又可分為漢藥種商和西藥種商，地方官廳對其測驗的內容不同，而藥種商主要是對於藥品進行批發（生藥商）或零售（熟藥商）。藥種商的出身多是跟著漢醫學習的學徒或是自學者，由於 1923 年取締規則施行細則改正，對藥種商許可採行考試（西藥處理和漢藥販賣），考試通過者才准許其分別經營性質及營業範圍不同之各類藥物，進一步規定了藥種商的營業性質。大正 1 年（1912）8 月府令第 16 號「賣藥及賣藥類似品」和同年 8 月府令第 17 號「賣藥類似品營業取締規則」的規範中，賣藥者（分有店面者或賣藥行商），這些人除了具備藥種商的資格可以販售藥品外，也可從事賣藥類似品（指老鼠藥、防臭劑、除蟲劑、染髮劑）的製造、批發、零售、輸入、移入。〔註 2〕

〔註 2〕臺灣藥學會，《加除自在臺灣藥事法規》（臺北：臺北藥學會，1931 年），頁 117。

　　有關藥種商的測驗，分為洋藥種商和漢藥種商測驗，這是因為大正 12 年
（1923）對藥種商取締規則施行細則進行改正後，對藥種商領取許可的考試，
就有西藥和漢藥的差別。〔註3〕漢藥種商報名考試的情形，似乎比洋藥種商還
要熱烈。〔註4〕主導考試的多為警察部門中衛生機構之官員，如新竹州衛生課，
於大正 15 年（1926）11 月 27 日，在警務部學術講習室，執行州下藥種商 33
名之免許試驗，試驗官為衛生課藤崎衛生係長及鈴木州技手兩名。〔註5〕又如
臺南州於昭和 8 年（1933）8 月 15 和 16 日所舉行藥種商試驗，在嘉義、臺南
兩地施行，受驗者有 150 名，試驗官為野田衛生課長、野里警部、橫山衛生技
手等。〔註6〕由於藥種商和製藥業者都需要接受測驗，臺南州衛生課，在昭和
10 年（1935）4 月 30 日的賣藥製造業者技術測驗，於臺南州警務部講習室舉
行，受驗者有 25 名，由野田衛生課長為試驗官、熊井副手和坂防空係長為副
手，一一以藥品詢問受驗者，並問其效用與性能。〔註7〕此外，若從其考試的
考題看起，分三種形式的考題分別為藥制、西藥、漢藥的問答題，藥制的考題
來源主要是法令，即「臺灣藥劑師、藥種商、製藥者取締規則」及「臺灣藥品
取締規則暨各州廳公布之臺灣藥劑師、藥種商、製藥者取締規則施行細則」。

　　詳細的題目，則如表 4-2，在 1931 年的測驗中，有許多題目都是在辨別
毒藥和劇藥、藥品的效能，〔註8〕因為這對於日治時期臺灣藥品中毒的情況至

〔註3〕范燕秋，〈日治時期臺灣總督府宜蘭醫院初探〉，《宜蘭文獻雜誌》7 期，1994
　　　年，頁 35。
〔註4〕如臺北州於大正 14 年（1925）12 月 16 日於州廳內舉行漢藥藥種商及製藥者試
　　　驗，受驗者中臺人共 50 餘名，而漢藥種商受驗者 30 餘名，內有本島人婦人一
　　　名，尤為傑出。〈漢藥藥種商試驗〉，《臺灣日日新報》第 9201 號，大正 14 年
　　　（1925）12 月 18 日，第四版。臺中州衛生課，對州下志願藥種商業者，於警察
　　　署會議室舉行試驗，試驗者共 50 餘名，中西藥種 5 名，其餘為漢藥種。〈藥種商
　　　試驗〉，《臺灣日日新報》第 9201 號，大正 14 年（1925）12 月 18 日，第四版。
〔註5〕〈藥商試驗〉，《臺灣日日新報》第 9547 號，大正 15 年（1926）11 月 29 日，
　　　第四版。
〔註6〕〈臺南州下藥種商試驗〉，《漢文臺灣日日新報》第 11984 號，昭和 8 年（1933）
　　　8 月 16 日，第四版。
〔註7〕〈製藥試驗〉，《臺灣日日新報》第 12602 號，昭和 10 年（1935）5 月 2 日，
　　　第四版。
〔註8〕如臺中州衛生課於昭和 6 年（1931）11 月初舉行的藥種商試驗中，受驗者共
　　　有 477 名，其中有四名婦人，此次筆試的題目，共分為以下四類，一為製藥者
　　　試驗問題（共兩題）：ロード的製法及其性狀；電炭酸ナトリウム的製法及其
　　　性狀。二為法規問題（共兩題）：請敘述藥種商和製藥業者在營業上需受到知
　　　事許可之事項；藥種商得以在何種場合販賣毒藥和劇藥。三為漢藥種商試驗問

為重要。1899 年一篇報導顯示了對於毒劇藥買賣需謹慎：「上月二十七日，新竹第二課長小澤武憲君派某巡查到各街免許藥商諭令，以後遇有購買毒藥，如砒霜、赤信、三仙丹、馬錢等類，慎不可妄取授與，必多方咨問，買歸將何作用，何醫師教爾食此藥，此藥極猛毒，非他藥可比，食之恐有性命之憂，爾食此藥，設有不測，醫師將任其咎，抑爾自任其咎，毌相連累以為藥商取藥與爾之咎，使爾身受其害乎，似此係詳告誡毒藥取與之時，煩索其保險證書詳誌其里居姓氏，方可賣渡，受與不然，此藥一出，誤人性命，經警察知，即為咎戾所必及也。」〔註9〕

杜聰明更於昭和 18 年（1943）2 月 28 日發表的一篇名為〈臺灣ニ於ケル藥品及ビ毒物ニ依ル中毒ニ關スル統計調查〉〔註10〕的研究，就對昭和 3 年（1928）～昭和 11 年（1936）九年間的中毒數量進行分析。分析的結果有以下幾個重點：第一，9 年間中毒的起因，本島人中自殺 68.26%、食用 22.28%、誤用 7.17%、醫用 2.28%，內地人中自殺 60.05%、食用 30.62%、誤用 5.74%、醫用 3.59%。中毒死亡者中的本島人自殺 79.77%、食用 11.54%、誤用 6.52%、醫用 2.17%，內地人中毒死亡者自殺 86.56%、食用及誤用共

題（共兩題）：請描述下列藥物的型態（續斷、橄欖、車前子等五項）；請舉出以下藥品以及何者為劇藥（行堂、丹華等五項）。四為洋藥種商試驗問題（共兩題）：請舉出下列藥物的形狀（次炭酸、アコニット根、ブローム樟腦、アンチビリン、スルフオイヒチオール酸アツモニウム；請問下列藥品的臭味和效能（ヨードフオルム、トリブエオーム石炭酸蒼鉛、アラビアゴム、炭酸クレオソート、薄荷腦）。〈臺中州藥種商試驗〉，《臺灣日日新報》第 11344 號，昭和 6 年（1931）11 月 10 日，第三版。

〔註 9〕〈毒藥慎賣〉，《臺灣日日新報》第 1003 號，明治 34 年（1899）9 月 4 日，第三版。

〔註10〕就整體數量來看，9 年間藥品或毒物中毒者，內臺人中毒患者男子 1354 人、女子 1448 人，合計 2802 人，各年平均 311.33 人。中毒死亡者男子有 403 人、女子 381 人，合計 784 人，各年平均 87.11 人，中毒患者的死亡率為 27.98%。9 年間本島人中毒者男子有 909 人、女子 1057 人，合計 1966 人，各年平均 218.44 人，本島人中毒者在本島人總人口比率為 47.88 人。中毒死亡者男子有 297 人、女子 301 人，合計 598 人，各年平均 66.44 人，中毒患者的死亡率為 30.42%，對總人口的比率為 14.57 人。內地人中毒患者男子 445 人、女子 391 人，合計 836 人，各年平均 92.89 人，對內地人總人口的比率為 375.42 人。中毒死亡者男子 106 人、女子 80 人，合計 186 人，各年平均 20.67 人，中毒患者的死亡率為 22.25%，對總人口的比率為 83.53 人。杜聰明，〈臺灣ニ於ケル藥品及ビ毒物ニ依ル中毒ニ關スル統計的調查〉，《臺灣醫學會雜誌》第 42 卷 455 號，昭和 18 年（1943），頁 123～144。

5.38%、醫用 2.69%。

第二，9 年間中毒的廳別中臺北州最多，有 1,048 人，其次則依照臺中州、臺南州、高雄州、新竹州、花蓮港廳、澎湖廳的順序而減少，臺東廳則是最少，只有 31 人。中毒死亡者以臺北州 256 人最多，其次依照臺南州、臺中州、高雄州、新竹州、花蓮港廳、澎湖廳的順序減少。從以上的統計數量，可以看見藥品大量流通的地區和中毒數量較多，藥品成為民眾自殺時尋求的管道之一。

第三，9 年間中毒死亡者，依照死亡人數的排列，本島人中第 1 類為燐及其製劑、第 2 類為煠油類、第 3 類為有毒植物、第 4 類為食物中毒、第 5 類為石炭酸類、第 6 類為阿片嗎啡類及砒素劑、第 7 類為催眠藥及酸類、第 8 類為水銀劑、第 9 類為其他藥品及不明物質。內地人中第 1 類為燐及其製劑、第 2 類為催眠藥、第 3 類為水銀劑、第 4 類石炭酸類、第 5 類食物中毒、第 6 類為酸類、第 7 類為砒素劑、第 8 類為阿片及嗎啡類、第 9 類有毒植物及苛性 Alkali 類、第 10 類為其他藥品及不明物質者。〔註11〕

就以上統計的數字來看藥品及食物中毒患者和中毒死亡者以自殺者最多，食用及誤用的情況比較少，醫用則是最少。就本島人和內地人來看，本島人在中毒患者和中毒死亡者的總人口的比率來看，比率偏低，中毒死亡者的本島人中毒患者在死亡率上卻稍高。就藥品的種類來看，前者為煠油、有毒植物中的魚藤、阿片煙膏及毒蛇咬傷等特種動植物較多，後者為食物、催眠藥及燐製劑中毒者最多，這可能顯示了內地人居住在臺灣這個和內地氣候、風俗習慣、文化程度皆有差異的地域，生活環境上的差異造成了心理狀態的

〔註11〕詳細的比率為 9 年間中毒者所使用的藥品和毒物可辨別者有 209 種，合計本島人中毒使用的藥品和毒物，依照中毒的人數排列第 1 類為煠油類（內地人中毒患者佔了 89.13%）、第 2 類為食物中毒（卵類佔了 34.49%）、第 3 類為燐及其製劑（貓イラズ）、第 4 類為有毒植物（魚藤佔了 45.41%）、第 5 類為催眠藥（Carmotin 佔了 77.10%）、第 6 類為石炭酸類（Cresol 佔了 75.37%）、第 7 類為阿片和嗎啡類（阿片煙膏佔了 70%）、第 8 類為酸類（鹽類佔了 64.52%）、第 9 類為水銀劑（昇汞佔了 95.24%）及苛性 Alkali 類（苛性 Natrium 佔了 58.54%）、第 10 類為砒素類（亞硫酸佔了 88.89%）、第 11 類為其他藥品和不明物質。內地人中毒使用的藥品和毒物，依照中毒的人數排列第 1 類為食物中毒、第 2 類為催眠藥、第 3 類為燐及其製劑、第 4 類為石炭酸類、第 5 類為阿片、嗎啡類（其中鹽酸嗎啡所佔了比率為 59.09%）以及水銀劑、第 6 類為酸類、第 7 類為有毒植物及砒素劑、第 8 類為煠油類（只有 1 人）、苛性 Alkali 類中毒者全無，最後則為其他藥品及不明物質者，每年平均 20.56 人中毒。

變化。〔註12〕所以臺灣總督府對藥種商進行測驗時，才會特別注重有關毒藥和劇藥在販賣時的法令規定，希望藥種商抱持謹慎的心理，販賣毒藥和劇藥。

表4-2 藥種商測驗考題（1925～1928）

藥制考題
1. 試問藥品容器包裝紙應記載的事項。（大正14年臺北州藥種商試驗問題）
2. 試問藥劑師、藥種商、製藥者的區別。（大正14年臺北州藥種商試驗問題、昭和3年臺中州藥種商試驗問題）
3. 試問毒劇藥貯藏和外包裝記載的方法。
4. 試問藥品的陳列及販賣的注意事項。（大正15年臺北州試驗問題）
5. 試問毒劇藥得以零售的場合。
6. 試問藥品營業者之外得以取得毒劇藥販賣的目的和手續。（大正15年臺北州試驗問題）
7. 試問醫藥用藥品提供於工業和化學上使用，容器外包裝記載的必要事項為何？

〔註12〕有關於日治晚期日人和臺人精神疾病的討論，巫毓荃的碩士論文提供了不一樣的觀察角度和結論，可參見巫毓荃，〈「病態的民族」：日治晚期臺灣的民族性精神疾病史〉，國立清華大學歷史所碩士論文，2004年。巫毓荃所討論的自殺問題，主要是著眼於日治晚期蕃社的高自殺率，這是日本殖民統治，所帶給原住民的新產物。在殖民者論述原住民的自殺是衝動且抑制薄弱的，甚至被延伸解釋為其種族性格的特徵。而日治時期臺灣內地日人、本島人、原住民，各有困擾著彼此的精神疾病，這些疾病也都顯現了各自的民族形象。對「神經衰弱」的日本人而言，在這裡的日本人並不是精神變質者，他們的心理結構是一個智情意都呈現了均衡的發展，神經衰弱是一種優越的病態，是智能和意志過度發展的結果，他們不但擁有控制情感的心理障壁，其與外界的交通，也有良好的通透性，這使他們在集體與自我之間，可以得到較好的平衡。而「憤怒變質的原住民」，他們的智能發展遠比日人低落，他們的意志也比日人薄弱，這是造成他們衝動自殺的主因，原住民衝動的病態，來自於情感控制障壁的不足，且內外缺乏適當區分的心理結構，更使他們分不清現實與幻想，而執著於各種迷信和禁忌。而「歇斯底里」的本島人，雖然有著可與日人相比的智能，但是意志薄弱卻使得他們的智能與情感，都得不到適當的約束。本島人重重的障壁，不但使他們難以融入群體，也限制他們的自我實現，從而傾向於保守退縮的態度，只能以戲劇化的表現方式，彌補自我的低下感，或在非現實幻想中得到自我的延伸。殖民者熱衷於理解和論述自己或被殖民者的「民族性」其目的也不只是為了維持民族的界限和階層，這些論述其實都是整體權力機制的一環，以各民族所被賦予的民族性為對象與知識基礎，統治者所採用的策略，用意在於打造帝國所需的個人。故日治時期的精神科醫師，只看見需要被教化的民族心性，卻看不見殖民脈絡中的民族痛苦，他們不斷發現一個又一個新精神疾病，卻捨棄了病者話語所能分辨的更多訊息。

8.	藥種商在何種場合得以販賣毒藥和劇藥？
9.	試舉出藥種商、製藥者於藥品貯藏上的注意要點。（昭和 2 年臺中州試驗問題）
10.	試說明藥種商和製藥者得以販賣毒劇藥的規定。（昭和 2 年臺中州藥種商試驗問題）
11.	試問販賣藥品提供工業使用的注意要點。
12.	藥種商和製藥者若要自行營業管理的申請手續為何？（昭和 3 年臺中州藥種商試驗問題、昭和 2 年臺南州藥種商試驗問題）
13.	若藥種商和製藥者死亡，現存的毒劇藥應如何處理？（昭和 3 年臺中州藥種商試驗問題、昭和 2 年臺南州藥種商試驗問題）
14.	按照規定毒劇藥的貯藏方法為何？（昭和 3 年臺中州藥種商試驗問題）
15.	試問藥種商和製藥者在何種情況下需向地方行政首長開立證明？
16.	試問藥種商和製藥者在何種情況下會被取消營業許可？
17.	試問藥種商若得以販賣老鼠藥，其理由為何？
18.	藥種商若要開業，申請的手續為何？（昭和 2 年澎湖廳藥種商試驗問題）
19.	試問藥種商取得藥品的相關注意事項。
20.	試問藥種商和製藥者申請營業執照的表單上記載的事項和需附帶的證件為何？（昭和 2 年臺南州試驗問題）
21.	試問現行藥品法規的名稱、發佈的形式及法規的大意。（昭和 2 年新竹州藥種商試驗問題）
22.	試論述藥種商和藥業組合的關係。（昭和 2 年新竹州藥種商試驗問題）
23.	藥種商在營業上注意的要點為何？
24.	試問外國處方藥品的取得方法？
25.	試說明信石、附子、牛漆貯藏於同一場所的違反事項。
26.	試問若職業上需要，如何販賣福馬林？
27.	試問藥劑師和藥種商取得甘汞（劇藥）的方法。
28.	寫真業者如何販賣硝酸銀給未曾蒙面之人。
29.	依照賣藥製造營業許可證所示，如何取得下列藥品：サントニン、鹽酸モルヒネ、阿片、ヨードカリウム。
30.	依據臺灣藥品管理規則，違反哪些規則得以處 2 圓以上 20 圓以下的罰金。（昭和 3 年臺中州藥種商試驗問題）
31.	藥品營業者在藥品販賣的場所需注意的事項為何？（昭和 3 年臺中州藥種商試驗問題）
32.	藥種商使用營業許可執照的場合為何？
33.	藥種商因應持醫師處方箋求取藥品的方法。
34.	試問藥種商得以零賣的商品。

35.	藥種商和製藥者得以製造藥品的理由為何？
36.	試問藥種商執照遺失和藥種商遷居時執照的處理方式。
37.	試問藥種商在職能上有何區別。
38.	藥種商是否得以調和醫師處方箋藥品。
39.	試問有執照的藥種商如何自由購入「モルヒネ」、「コカイン」。
40.	藥種商若要販賣毒劇藥，應要進行何種手續？
41.	本島的藥法如何界定毒藥和劇藥？
42.	試列舉藥種商營業者心得和法規。（昭和 3 年花蓮港廳藥種商試驗問題）
43.	試定義日本藥局方。（大正 15 年臺北州藥種商試驗問題）
44.	藥種商、製藥者、藥劑師在販賣毒劇藥上得以省略哪些手續？（大正 15 年臺北州藥種商試驗問題）
45.	試定義藥種商。
46.	依照賣藥製造營業許可證上所示，藥種商如何取得下列藥品：雲實、魚藤、山藥、夜明沙。
47.	試舉出日本藥局方和外國藥局方藥品在臺灣藥品管理上特殊的條件。
48.	試問製藥業者和藥種商得以零售毒藥和劇藥的注意事項。
49.	試問藥種商如何處理內務省所管衛生試驗所和臺灣總督府中央研究所封緘的藥品。
50.	試問藥品外包裝上有外國語時，應如何處置。
51.	試問藥種商如何處理工業用毒藥。（大正 15 年臺中州藥種商試驗問題）
52.	試問毒劇藥藥品包裝上應如何記載藥名。（大正 15 年臺中州藥種商試驗問題）
53.	試問藥劑師和藥種商的差異為何。
54.	藥種商和製藥者向內地同業者購買「モルヒネ」和「コカイン」需辦理的手續為何？
55.	臺灣藥品管理規則中有歸藥品性狀、品質的規定為何？
56.	若營業者（甲）向藥種商（乙）購買亞砒酸後，讓與一部份給友人（丙），甲和乙需受到何種處分，且分別論述處分理由。（昭和 2 年高雄州藥種商試驗問題）
57.	試問藥種商是否得以對患者診斷投藥。（大正 15 年澎湖廳藥種商試驗問題）
58.	臺灣所販賣的西藥應如何進行封緘？
59.	試問工業用藥品取得和貯藏的方式。（臺東廳試驗問題）
60.	依據毒藥和劇藥法令，毒劇藥貯藏、購入、販賣的注意事項為何？（大正 14 年花蓮港廳藥種商試驗問題）
61.	藥種商營業者之間毒劇藥買賣的手續為何？
62.	毒劇藥出納簿和買受證書應如何取得？

63.	如何貯藏不知是否適於局方的藥品？
64.	藥種商若需要辰砂，醫師需作何處理？
65.	試問藥種商如何煎製以下所列的藥材：馬勃二匁、牛漆一匁、山藥二匁、海馬一匁、夜明沙二匁、防風一匁、天南星五分。
66.	藥劑師得以零售毒劇藥，若違反哪些規則需要受到處罰？
67.	藥種商若已知該醫藥用藥品不符合藥局方仍進行販賣，需負何種責任？
68.	試說明在治療的目的下得以販賣「アンチビリン」的情況。
69.	試問藥種商若得以對藥品進行分裝，應如何處理藥品分裝？
70.	試問買受人、藥劑師、藥種商、製藥者在買賣毒劇藥的證書上有何差別？
71.	試問藥種商若要販賣除蟲劑（蚤取粉、蠅取粉）、老鼠藥、防臭劑、染髮料，需辦理哪些手續？
72.	若買受人為了製造自家用殺鼠劑需要磷，應如何處理？
73.	試問藥用阿片的販賣者為何？何謂藥用阿片？
74.	藥用阿片在何種場合下得以使用？
75.	試問藥用阿片使用於學術上的手續為何？
76.	試問藥用阿片販賣者中的藥種商如何取得阿片？政府專賣的藥用阿片又有幾種形式的容器？
77.	試舉出內地藥種商和臺灣藥種商的差異點。
78.	持有漢藥種商執照的藥種商若要開設支店販賣西藥，應如何處理？
79.	試問藥種商拆封緘零售毒劇藥的手續為何？（大正 15 年臺南州藥種商試驗問題）
80.	試定義毒藥和劇藥和說明毒劇藥的管理方法。（昭和 2 年臺南州藥種商試驗問題）
西藥和漢藥考題類型	
1.	藥品的貯藏、處理方法。
2.	藥品的性狀、性質、效能、種類、學名和別名。
3.	區別藥品中的毒藥和劇藥。

資料來源：臺灣藥事研究會，《藥業者必攜臺灣藥事輯附受驗者參考編》，1929 年，
頁 1～182。

　　而考試的結果，如新竹州衛生課於大正 15 年（1926）4 月 27 日在新竹公會堂舉行州下洋漢藥業志願者免許試驗，受驗人員 31 名，試驗官為新竹州衛生課技手山口櫻，此次考試除了中壢周錦鳳、竹南古水興合格外，其他皆不合

格，及格率只有 6%，並不容易通過。〔註13〕新竹州衛生課於昭和 2 年（1927）
1 月在警務部學術講習室舉行藥種商免許試驗，受驗者為 33 名，答案和成績
比前次更好，苗栗郡下三名、竹東郡下一名，共四名合格，此次合格人數比前
回多兩名。〔註14〕高雄州警務部藥種商試驗於昭和 2 年（1927）4 月 24 日舉
行，受試者漢藥 58 名，洋藥 12 名，共計 70 名，其中有一名女性參加測驗，
合格者共 10 名，漢藥部合格的有尤錦江（東港）、莊溫萌（高雄）、郭龍飛（屏
東）、高順（旗山）、鍾兆庚（旗山）、陳東波（岡山）、顏氏金釵（鳳山）、盧
虎（鳳山），洋藥部合格的有櫻井寅吉（岡山）、蔡登（高雄）。〔註15〕

臺中州藥種商於昭和 4 年（1929）11 月 21 日舉行製藥者及藥種商筆記
試驗，報名者多達 230 餘名，當日下午公布成績，合格者 35 名，隔日則執行
口試其藥品試驗。〔註16〕新竹州衛生課在昭和 5 年（1930）2 月初舉行藥種
商試驗，受驗者洋藥 10 名，漢藥者 130 名，洋藥合格者全無，漢藥合格者
15 名，即市內林弓喜、溫金池、杜建輝，新竹郡則有蘇見、桃園郡簡祖立、
中壢郡徐珍海、竹東郡邱木生，竹南郡黃鼎傳、黃水生、林福鳳，苗栗郡劉
建輩、曾桂雲、劉清貴、賴運昌、湯甘和。〔註17〕新營郡下，於昭和 8 年
（1933）8 月 15 日和 23 日舉行的漢藥種商試驗，33 名中，筆試合格的有新
營沈見祥、鹽水曾萍、白河林耀東、番社蘇來枝、前大埔李鎮江、新化郡善
化庄蘇承梁、吳江淮，共 7 名，於 23 日在臺南州衛生課參加口試，口試也通
過者有新營沈見祥、鹽水曾萍、番社蘇來枝、前大埔李鎮江，共 4 名。〔註18〕

〔註13〕〈洋漢藥免許試驗〉，《臺灣日日新報》第 9330 號，大正 15 年（1926）4 月 26
　　　　日，第三版；〈藥商試驗〉，《臺灣日日新報》第 9368 號，大正 15 年（1926）
　　　　6 月 3 日，第四版。

〔註14〕〈藥種商考試不日揭曉〉，《臺灣日日新報》第 9609 號，昭和 2 年（1927）1
　　　　月 30 日，第四版。

〔註15〕〈高雄藥種商試驗〉，《臺灣日日新報夕刊》第 9694 號，昭和 2 年（1927）4
　　　　月 25 日，第一版；〈高雄州下の藥種商合格者〉，《臺灣日日新報夕刊》第 9699
　　　　號，昭和 2 年（1927）4 月 30 日，第一版。

〔註16〕〈臺中州衛生課試驗藥種商〉，《臺灣日日新報》第 10628 號，昭和 4 年（1929）
　　　　11 月 18 日，第四版；〈考藥種商〉，《臺灣日日新報》第 10634 號，昭和 4 年
　　　　（1929）11 月 24 日，第四版。

〔註17〕〈合格漢藥商竹州下十五名〉，《臺灣日日新報》第 10729 號，昭和 5 年（1930）
　　　　2 月 28 日，第四版。

〔註18〕〈藥商口試〉，《漢文臺灣日日新報》第 11992 號，昭和 8 年（1933）8 月 24
　　　　日，第四版；〈新營郡藥商及第〉，《漢文臺灣日日新報》第 12001 號，昭和 8
　　　　年（1933）9 月 2 日，第四版。

臺南州於昭和 8 年（1933）9 月施行之藥種商考試，漢藥種商合格者有 25 名，洋藥種商有 10 名，如漢藥種商合格者有林靜淵、葉文旭、詹老色等，洋藥種商合格者有劉義昌、賴西合等。〔註 19〕從以上的考試結果可以發現，藥種商通過考試的比例並不會太高，測驗所帶有的篩選效果發揮作用。且漢藥種商通過考試的比例，未必會比洋藥種商還低。

第二節　藥種商的職能

一、販賣的商品種類與特點

首先先從藥種商所販賣的商品討論起，有關藥種商所販賣的商品種類，可參照表 4-3，總共可以分為十類，分別是藥品、醫療器具、化妝品、武器類、食品類、衣飾類、生活雜貨類、文具類、專賣商品與其他。

表 4-3　藥種商販賣商品種類表

類　別	細　目
第一類　藥品	西藥、藥粉、漢藥、消毒劑（藥）、藥材（草根木皮）、人蔘、理化學原料、酒精，番頭標萬金油、調經丸，吉元頭痛粉、中將湯、強力營養劑、增血強壯劑、強腦強精劑、軍效丸、癩病妙藥大病丸、水蟲大妙藥、蛇油，仁丹、千金丹、清心丹、寶丹〔註 20〕等清涼劑，全治水、中將湯、胃藥、大學目藥〔註 21〕、快淋丸，各種養身劑、特製奎寧劑、總督府研究所製品（血清、其他細菌學的預防治療品）。
第二類　醫療器具	理化學工業諸器械、注射器、漂白木棉、繃帶、其他消毒材料、齒科機械
第三類　化妝品	美神丸（治療婦女疾病之藥品）、化妝水、面部白粉、護手霜

〔註 19〕〈藥商合格〉，《漢文臺灣日日新報》第 12005 號，昭和 8 年（1933）9 月 6 日，第四版。

〔註 20〕寶丹的創始者為守田治兵衛，於 1860 年創立了家庭式製藥廠，開始生產各類藥品，如治療感冒與便秘的「守妙」和治療咳嗽、喘息的「立效丸」等。寶丹有三大特長，為「幫助消化、殺菌與救急」，透過調理脾胃來達到預防疫病的功能。詳參見皮國立，《臺灣日日新：當中藥碰上西藥》（臺北：臺灣書房，2008年），頁 118～123。

〔註 21〕大學目藥是採用東京眼科醫院的博士醫師井上豐太郎所創發的處方，其主要成分為硫酸辛，具有消炎功能和一般修復眼部外傷的作用。詳參見皮國立，《臺灣日日新：當中藥碰上西藥》，頁 139。

第四類	武器類	銃炮、火藥、武器、爆竹
第五類	食品類	獸肉、水果、清涼飲料水、冰、罐頭、茶、魚乾、食鹽、菜、米、牛乳、蕃薯簽、砂糖、漬物、糖果
第六類	衣飾類	吳服、布、履物、袋物、金物、靴、絲
第七類	生活雜貨類	煙草、古物、肥皂、小間物、石油、機械油、蚊香、木炭、玩具、佛具、郵票、釣具、照相及機械材料、肥料、石灰、印章、苧麻、古著、陶器、棺材
第八類	文具類	紙、文具
第九類	專賣商品	度量衡、阿片、酒（藥用純葡萄酒）〔註22〕
第十類	其他	保險代理

資料來源：筆者整理附錄三資料所得。

　　就其販售的商品來看，有幾項特點。第一是從表4-3之中可以發現，日治時期的藥種商開設藥店所販賣的商品相當的多元且廣泛，舉凡日常生活作息會使用到的產品，已經是以開設雜貨店的形式，除了販賣藥品或是和醫療藥品、化學原料相關之產品，如齒科機械、火藥、爆竹等之外，生活用品皆都是藥局所能提供的，都可以在藥種商經營的店中買到。就連保險事務，都可以由藥種商進行辦理。而這種現象從地域上來看，越往臺灣的中部、南部觀察出現這種雜貨店形式的藥局較明顯，在物資較為缺乏或商品無法獲得大量流通的區域，這種雜貨店式的藥局，對於人民的影響，應該會比位於城市的藥局還要重要。

　　而就藥種商販賣藥品的季節來看，夏季是最好賣藥的季節，在清涼劑的販賣，第一為為森下的仁丹〔註23〕、清心丹、清快丹、寶丹等，而仁丹是資生堂

〔註22〕東京富古製藥所株式會社（由藥劑師富谷宗吉、富古誠次郎所創）所售之葡萄酒一瓶660cc，1圓40錢，詳參見臺灣藥友會，《臺灣藥友會誌》，第9號，1923年6月，廣告類。在酒類專賣制度的實施之下，酒精及葡萄酒屬於官營且按照日本藥局方的規定製造，作為供給醫藥用物品，故需要接受臺灣總督府中央研究所的檢定且施以封緘及商標，同時指定藥種商及酒類零售商人販售。臺灣藥學會，《加除自在臺灣藥事法規》，頁74。

〔註23〕仁丹創始者為森下博（1869年出生），他親眼目睹臺灣人喜歡用主成分來自月桃種子的「砂仁」劑丸，號稱清涼解毒，回日本後，求教於藥劑師及漢學家，釐訂成分並敲定藥名。仁丹的成分為甘草、桂皮、茴香、生薑、益智、縮砂（砂仁）、木香、薄荷腦、龍腦、甘茶和香料等等。其中甘草、桂皮、生薑、砂仁、薄荷等中藥，具有健胃整腸、輕微的解熱鎮痛等功效，但是在廣告上，此藥卻幾乎無所不能，從食慾不振、過飲過食、暈車暈船，到疲勞倦怠、頭痛氣憊、心神不寧，甚至水土不服、上吐下瀉、惡疫感染等，都無不驗效。詳參見皮國立，《臺灣日日新：當中藥碰上西藥》，頁107～109。

從春季至秋季，在市內與地方販賣的批發、零售同業者，販賣價額可達八千圓以上。而千金丹則是僅次於仁丹的熱銷產品。而在腸胃藥方面，則有太田胃散、胃活健胃散、カスカラ錠。而仁丹和胃散是用來止下痢之藥，是每日必賣的藥品。眼睛的藥品則有大學目藥、五福目藥，相當受到歡迎。面對夏季的皮膚病問題，則有田蟲的藥以及全治水。而為了因應臺灣的瘧疾，奎寧錠劑、寒熱丸則在地方熱賣。由於受到臺灣暑氣的影響，使得內地人和在內地的身體狀況比較起來較為衰弱，故對強壯滋養劑的需求和內地相比就較大，如肉越斯此藥品。最後則是夏季，許多人會買入的商品，則為諸種飲料劑。〔註24〕另外，家庭性的藥品，也成為廣告宣傳的重點，希望將用藥的觀念，推廣入一般的家庭之中，如圖4-1所示。

圖4-1　藥品廣告一

圖片來源：《臺灣日日新報》第14808號，昭和16年（1941）6月1日，第四版。

第二點就是藥品的性質在整個日治時期，呈現了從救急、萬能、萬用走向穩定、持續性的保養性質。販售的藥品，包含西藥和漢藥、藥粉和藥丸、內服和外用（藥膏、藥布等）的形式。除了針對疾病治療的藥品，強壯保健之產品，也成為藥品的一部份在藥局或藥店販售，如圖4-2所示。

〔註24〕〈夏季の賣藥〉，《臺灣日日新報》第3716號，明治43年（1909）9月13日，第五版。

圖 4-2　藥品廣告二

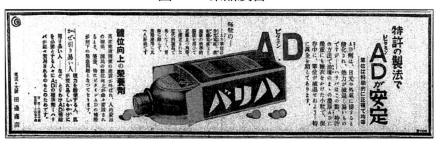

圖片來源：《臺灣日日新報》第 14691 號，昭和 16 年（1941 年）2 月 3 日，
廣告類（第二版）。

　　若是就時間上進行觀察，可從製藥業者或藥局經營者在報紙上所刊登的
宣傳廣告中看出此特性，那就是日治初期所販售的藥品，除了灌注其西式醫學
的理念，強調此藥品受到某大學醫學博士之認證與實驗，以證明其有效性。大
致上主要是針對急性的疫病所引發的症狀進行研發、製造與販售，如解熱鎮靜
藥品，就是日治時期報紙廣告的大宗，但是到了日治末期，這種救急性、萬能
且萬病皆可治療的藥品，就較少出現於報紙的廣告宣傳中，反而是強調持續保
持身體健康，補充營養且補血和補腦之保健產品，藉以提升免疫力之想法，在
報紙廣告中宣傳。在保健的藥品中，葡萄酒便成為藥局所販售殺菌力強大的營
養產品、強壯劑之一，如圖 4-3 所示。另外，就是藥品的說明與廣告開始告知
消費者副作用，且強調藥品的無副作用和有效性，如圖 4-4 所示，這顯示了消
費者在使用西藥時，對於副作用的認知已經開始抬頭。

圖 4-3　藥品廣告三

圖4-4　藥品廣告四

圖片來源（圖4-3和3-4）：《臺灣日日新報》第6555號，大正7年（1918）
9月20日，第八版；第13863號，昭和13年（1938）10月22日，第五版。

　　第三，便是化妝品作為醫藥品與醫藥外用品，在藥局進行販售。化妝品
在日本內地的觀念中，是作為身體清潔的一種基礎，石鹼（肥皂）和齒磨（潔
牙粉）的出現，就是一個源頭，而後續發展出的裝飾性化妝品其受到歐美風
潮和對西風的追求，這種影響也不少。故在皮膚得到清潔、降低皮膚疾病的
產生之後，就是對於美麗的消費與追求。日本內地將化妝品視為醫藥品之一
種，對於有關化妝品的製造與販售，不論是日治時期還是戰後，皆納入藥事
法的管理之中。「藥事法」中對化妝品有此定義，「化妝品對於人身體的作用
在於清潔、美化、增加魅力、改變容貌，且保護皮膚與毛髮，且對於人體具有
緩和的作用」。〔註25〕

　　若從日治時期臺灣的報紙廣告進行觀察，可以發現報紙廣告初期所出現
清潔目的的肥皂和齒磨粉的廣告，到了大正年間，才較多強調保養、預防和
修飾性質的化妝品廣告出現，以及強調如藥品一樣有著特定效果的保養品出
現，使得化妝和保養產品呈現出「醫療化」的特質，如圖4-5和3-6所示。「醫
療化」的重點並不在於醫學知識的進步對人類有多少貢獻，而是陳明我們生
活中原先不認為與醫療相關的部份，逐漸受到醫學特定思考、語言詞彙，乃
至醫學知識的詮釋，並因而成為醫療制度的安排或擺佈的一個流程。〔註26〕

〔註25〕麻生國男著，《化妝品業界》（東京：株式會社教育社，1982年），頁14。
〔註26〕李貞德，〈從醫療史到身體文化的研究——從「健與美的歷史」研討會談起〉，
　　　　《新史學》10卷4期，1999年，頁117～128。

圖 4-5　藥品廣告五

圖片來源：《臺灣日日新報》第 13863 號，昭和 13 年（1938）10 月 22 日，第五版。

圖 4-6　藥品廣告六

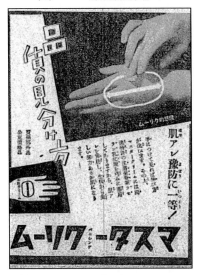

圖片來源：《臺灣日日新報》第 14690 號，昭和 16 年
（1941）2 月 2 日，第二版。

　　大約在 1870 年以後，西方的化妝品開始影響日本的消費市場。無論是香水、髮油、牙粉、肥皂、化妝水、白粉等，甚至是代表西方人美感的服飾、配件與日常雜貨等，都從神戶和橫濱這些港口進入日本，風行各大都市的上流社會與各種聲色場合。當時由於「西洋風」盛行，日本傳統的化妝品完全不敵這些舶來品新貨，於是開始有日本商人代理販售來自歐洲的化妝品，其中以法國化妝品最受歡迎。到了 1900 年前後 10 年間，由於甲午戰爭與日俄戰爭的勝利，日本的經濟大幅成長，景氣大受激勵，女性就業人數也節節上升，於是更多的商人寧可選擇自行研發生產化妝品，開創屬於日本的「國產優良品牌」。臺灣在日治時期，透過日商的宣傳引進，也開始消費這種帶有日本味的西式化

妝品，著名的品牌中，以資生堂最為著名。〔註27〕

圖4-7 1930年代的資生堂商標
看板

圖4-8 1930年代資生堂石鹼鐵
盒包裝

圖片來源（圖4-7和圖4-8）：王思迅、吳志鴻、胡宏明著，《臺灣古董雜貨珍藏圖鑑》
（臺北：果實，2004年），頁8～9。

　　日治時期著名的化妝品販賣，除了星製藥之外，還有資生堂，其在臺灣報
紙的廣告上所呈現出的商品，有高級香皂、牙粉、化妝水、水白粉和潤膚霜等，
其商標和商品包裝，可見圖4-7和圖4-8。資生堂雖然是化妝品的品牌之一，
但它早期的業務，主要是藥物進口，在1872年，資生堂就創業於東京銀座，
從事處方藥品生意外，也代理許多西方的化妝品、雜貨，至於全力投入化妝品
的生意，約於1910年左右。〔註28〕創辦人福原有信與其子福原信三先赴美國
學習醫藥專業，再赴巴黎遊歷一年，經過了無數的學習與準備，資生堂才逐漸
轉便成一個代表西洋美感的專業化妝品企業。〔註29〕而資生堂在臺灣利用支
店作為銷售通路，流通其製造的商品，包含了寒熱錠（瘧疾特效新劑）、寒熱
散（四季感冒發汗新劑）、寒熱丸（治療瘧疾）、滋養補血劑（依病因使患者飲

〔註27〕王思迅、吳志鴻、胡宏明著，《臺灣古董雜貨珍藏圖鑑》（臺北：果實，2004
　　　　年），頁8。
〔註28〕王思迅、吳志鴻、胡宏明著，《臺灣古董雜貨珍藏圖鑑》，頁8。
〔註29〕王思迅、吳志鴻、胡宏明著，《臺灣古董雜貨珍藏圖鑑》，頁8。

用，如貧血衰弱者，飲用後也可以恢復健康）、皮膚特效美白新劑チフリ化妝水（於1906年發明，配用藥劑，經過試驗，能促使肌膚柔軟白豔）等，既有藥品，也有化妝品。〔註30〕

二、藥種商經營的形式和規模

就藥種商經營的形式，依照附錄三（包含日治時期各種類型的賣藥者，此處所用的統計已去除藥劑師和製藥業者的部份）的資料，可以分為如圖4-9所示之七種。若是通過測驗得到總督府的許可，藥種商本身和製藥業者一樣可以從事製藥的工作，就附錄三中，各藥種商批發、零售和製藥的數量來看，日治時期臺灣的藥種商經營規模主要還是以零售的方式作為主流，其次批發與零售兼營之。

圖4-9　藥種商經營形式分佈圖

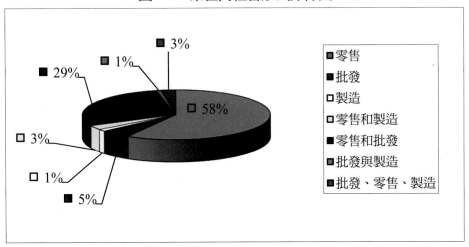

綜合來看，若以藥種商地域分佈（由北而南）、營業主原籍、店面有電話與否、販賣的商品等作為分析的標準，如表4-4。從附錄三（1924～1940）的資料中可以發現藥種商所販賣的商品不只藥品（漢藥和西藥），包括了日常生活中會使用到的物品，藥店都有販賣，變成一種另類的雜貨店，特別是和化學有關的產品，在藥店都可以找得到，如爆竹、火藥等，以臺北市的例子來看最為明顯，販賣商品的種類相當多。就各個地區的營業主原籍來看，藥種商是以臺籍居多，不同於藥劑師於民間自行開業的藥局以日籍居多。由此可知，臺籍

〔註30〕《臺灣日日新報》第3473號，明治42年（1908）11月25日；第2217號，1904年9月20日；第3473號，明治42年（1908）11月25日，第四版。

的藥業從業人員其實是以藥種商和販售成藥者，於藥業網絡中運作，發揮其影響力。但若從表 4-4 中店鋪是否擁有電話這個項目來看，日人店鋪比臺人店鋪有電話者還是比較多，顯示日人店鋪於藥種營業的資金，會比臺人充裕，臺人主要還是以零售的姿態於藥業網絡中營運。

表 4-4　附錄三藥種營業資料分析表（1924～1940）　　　（單位：人）

營業地點	販賣的商品	臺籍營業主	日籍營業主	日人店鋪有電話者	臺人店鋪有電話者
基隆地區	藥種、賣藥、化妝品、和洋雜貨、古物、醫療機器、酒、阿片	33	18	8	0
淡水地區	藥種、酒、雜貨、賣藥	3	5	3	1
宜蘭地區	賣藥、藥種、雜貨	14	5	4	0
汐止地區	賣藥、藥種、雜貨	4	1	0	0
新莊地區	賣藥、藥種、吳服、石油、布	5	0	0	0
臺北市	賣藥、藥種、雜貨、金物、文具、機械油、煙草、石鹼、果子、酒、蚊取線香、賣藥行商、玩具、絲、計量器、紙、小間物、清涼飲料水、醫療機器、鞋、郵票、化妝品、木炭、銃炮、火藥、冰、佛具、罐頭	218	140	62	25
桃園地區	藥種、賣藥、雜貨、煙草、酒、冰、阿片、爆竹、果子、煙草、菜田產品、米	87	3	1	0
新竹地區	印章、文具、賣藥、雜貨、藥種、飲料水、冰、醬油、度量衡、吳服、石鹼、米穀、菜	133	18	2	3
苗栗地區	賣藥、藥種、雜貨、果子、食鹽、爆竹、魚乾、獸肉、布、酒、肥料、吳服、文具、米	48	3	0	0
臺中地區	藥種、賣藥、雜貨、酒、金物、布、古著、保險代理	47	26	19	9
南投地區	藥種	2	2	0	0
彰化地區	藥種、賣藥、雜貨、煙草、度量衡、米	116	3	2	13
嘉義地區	藥種、賣藥、度量衡、米、石油、阿片、雜貨	115	19	11	10
臺南地區	藥種、賣藥、度量衡、化妝品、牛乳、醫療機械、文具、酒、煙草、清涼飲料水、工業原料品	145	31	20	14
高雄地區	藥種、賣藥、化妝品、食料雜貨、染料、酒、煙草、文具	86	42	17	8

屏東地區	藥種、賣藥、酒、吳服、棺木、砂糖、爆竹、阿片、石油、鹽、木炭	57	14	3	1
臺東地區	藥種	0	3	3	0
花蓮地區	賣藥、藥種、阿片	1	3	3	0

資料來源：附錄三。

　　配合表 4-4 和附錄三的資料，細部討論日治時期臺灣各地區藥品販售和藥品從業人員的特色。第一，以基隆地區（1927～1933）來看，所販售的商品為藥種、賣藥（販賣成藥，以下皆同）、化妝品、和洋雜貨、古物、醫療機器、酒、阿片。臺籍營業主比日籍多，稅額在 2,160～34,020 圓之間，稅額最高者為日人福田仁三郎所開設的福德堂，營業的規模為批發與零售兼營，販賣的商品為藥種、醫療機器。基隆地區的營業規模中，以零售為主。零售者有 23 人，日籍 7 人，臺籍 16 人；批發與零售兼營者有 12 人，日籍 6 人，臺籍 6 人；專營批發者有臺籍 1 人。有商號者，日籍 8 人，臺籍 17 人。

　　第二，以淡水地區（1927）來看，所販售的商品為藥種、酒、雜貨、賣藥。日籍營業主比臺籍多，稅額在 2,480～10,000 圓之間，稅額最高者為臺人楊萬春所經營的萬勝，營業的規模為零售，營業的項目為賣藥。淡水地區的營業規模中，以零售為主。零售者有 5 人，日籍 3 人，臺籍 2 人；批發與零售兼營者有 2 人，日籍和臺籍各 1 人；專營批發者有日籍 1 人。有商號者，日籍 4 人，臺籍 3 人。

　　第三，以宜蘭地區來看（1927），所販售的商品為賣藥、藥種、雜貨。臺籍營業主比日籍多，稅額在 2,288～11,400 圓之間，稅額最高者為臺人林氏妹所經營的廣生號，營業的項目為藥種，營業的規模為零售和批發兼營。宜蘭地區的營業規模中，以零售或批發和零售兼營為主。零售者有 9 人，日籍 2 人，臺籍 7 人；批發與零售者有 9 人，日籍 3 人，臺籍 6 人；專營批發者有臺籍 1 人。有商號者，日籍 5 人，臺籍 12 人。

　　第四，以汐止地區來看（1927），所販售的商品為賣藥、藥種、雜貨，全由臺籍營業主所經營，營業規模全為零售，有商號者有 3 人，稅額在 2,400～4,800 圓之間，稅額最高者為陳清爽所經營的成美，營業的項目為雜貨，其中包含賣藥。

　　第五，以新莊地區來看（1927），所販售的商品為賣藥、藥種、吳服（即和服，以下皆同）、石油、布，全由臺籍營業者所經營，營業的規模只有 1 人為批發與零售兼營，其他皆為零售。有商號者有 4 人，稅額在 2,400～5,440 圓

之間，稅額最高者為陳同仔所經營的祥和，營業的項目為雜貨，包含石油、吳服、賣藥，營業的規模為零售。

第六，以臺北市來看（1924～1937），所販售的商品為賣藥、藥種、雜貨、金物、文具、機械油、煙草、石鹼、果子、酒、蚊香、玩具、絲、計量器、紙、小間物、清涼飲料水、醫療機器、鞋、郵票、化妝品、木炭、銃炮、火藥、冰、佛具、罐頭，販售的商品中，除了藥品之外，和化學、醫學相關的產品或機械於店中販售，此外和日常生活相關的產品，也置於營業的項目中，呈現出生活設備一應俱全的營業特色。臺北市經營規模以零售為主，專營零售的有 244 人，臺籍 138 人，日籍 106 人，零售者中由臺籍女性經營者至少有 9 人。批發和零售兼營者有 71 人，臺籍 26 人，日籍 45 人。專營批發者有 22 人，臺籍 14 人，日籍 8 人。除了批發或零售，還從事製藥的業者，則有 30 人，臺籍 21 人，其中 1 位為女性，日籍 9 人。

臺籍營業主比日籍多，稅額在 2,000～87,060 圓之間，稅額最高者為臺籍合資會社德昌商行，營業的項目為雜貨，包含賣藥、金物、機械油、文具，經營的規模為批發和零售兼營。稅額上萬者，共有 36 人，臺籍 22 人，日籍 14 人。前四名，除了第一名的合資會社德昌商行外，第二名為星製藥株式會社臺灣出張所，由桂文俊負責，除了販售星製藥株式會社的藥品外，還販售醫療機械、阿片和度量衡器，批發和零售兼營。第三名為葉喜尋所經營的葉雙發秦記，專營藥種，批發和零售兼營。第四名為陳茂通所經營的乾元藥房，專營藥種，經營的規模除了批發和零售兼營外，還從事製藥的工作。

此外，在臺北市可以看見藥業從業人員，以各種形式經營藥業，除了開設店舖之外，還有一些業者從事藥品移入、輸入，藥品代理販售，如三浦幸一負責的合資會社臺灣ナンオ、李金燦所經營的李金燦蔘莊，經營人蔘的移入和販售、株式會社武田長兵衛商店臺北支店。藥種商還有另外一種經營的方式，也就是賣藥的行商，以流動的方式販售藥品，而非僅在一個定點進行銷售的行為。也有藥業從業人員，除了經營藥種販售外，也販售和藥業相關的刊物，如臺灣藥事報（月刊）。

還有陳有福於 1927 年建立和經營的陳有福藥材製造所，販售和製造專屬的藥品，即番頭標萬金油、番頭標調經丸、吉元頭痛粉，以及陳錦竹經營的南華藥行（批發和零售兼營）販售的軍效丸，以上這些都是在戰後都還販售的藥品。另外，還有隅田德次郎所經營之健康社（批發和零售兼營）所販售

的美神丸，應是內服的美容保健產品，顯示了日治時期除了外用的美容保養產品之外，還製造出內服的美容產品，如同藥品一般，進入民眾的用藥習慣中。

第七，以桃園地區來看（1927～1930），所販售的商品為藥種、賣藥、雜貨、煙草、酒、冰、阿片、爆竹、果子、煙草、菜田產品、米，特殊的是在以上所提及的區域中都沒有出現的菜田產品於此處出現，從此處開始，販售藥品的專業性質變得沒有那麼強烈，而是比較偏向雜貨店的性質。臺籍營業主比日籍多，稅額在 500～29,936 圓之間，稅額最高者為臺人陳水性於大溪街所經營的勝和，營業的規模為批發和零售兼營，營業的項目為賣藥。營業的規模中，零售者、批發與零售兼營者，皆以臺籍營業主較多。

第八，以新竹地區來看（1927～1941），所販售的商品為印章、文具、賣藥、雜貨、藥種、飲料水、冰、醬油、度量衡、吳服、石鹼、米穀、菜。臺籍營業主比日籍多，稅額在 500～45,129 圓之間，稅額最高者為臺人吳信達於新竹市所經營的吳合益，營業的規模為批發和零售兼營，營業的項目為賣藥。營業的規模中，專營零售者、批發和零售兼營者，都以臺籍營業者居多數。

第九，以苗栗地區來看（1927～1930），所販售的商品為賣藥、藥種、雜貨、果子、食鹽、爆竹、魚乾、獸肉、布、酒、肥料、吳服、文具、米。臺籍營業主佔多數，日籍營業主主要是批發和零售兼營，販售藥種、雜貨、和服、煙草等產品。諸營業主的稅額在 516～31,883 圓，稅額最高者為臺人徐立春於苗栗街所經營之蘭香，營業的規模為批發和零售兼營，營業的項目為藥種和賣藥。

第十，以臺中地區來看（1927～1938），所販售的商品為藥種、賣藥、雜貨、酒、金物、布、古著、保險代理，保險代理開始在營業的項目中出現，形成和以上所提及的區域不同的特色。保險代理是由日人藤井一康和藤井康三於 1896 年在臺中市所設立的丸三藥房（批發和零售兼營）含蓋的業務項目，它的特殊之處在於它的身影曾經出現在豐原地區張麗俊的日記中。如 1906 年 7 月 3 日，張麗俊「炎天，往墩，午前九時乘南下汽車往臺中，到山移事務所取回前月拜託訴訟之書類，並到丸三藥局代泰和辦西藥，遂乘十二時汽車回墩，在永昌行坐談。」〔註31〕和 1908 年 8 月 6 日，「近十一時散會，遂到停車站乘列車往臺中，向津田氏討前年所繳臺北法院旅費，仍再限一星期，遂往丸

〔註31〕《水竹居主人日記》（一），光緒 32 年（1906）7 月 3 日，頁 251～252。

三，代泰和堂買西藥，乃乘五時餘列車回墩，遂回家焉。」〔註32〕從以上兩段紀錄，可以得知丸三藥房是豐原地區的藥業者欲批發藥品販售的一個管道。

而臺中地區藥業營業者，以臺籍居多，諸營業主的稅額在 2064～92,380 圓，稅額最高者為臺人黃欽於清水街營業之泉利，營業的規模為零售，營業的項目為藥種。營業的規模中，零售者有 16 人，日籍 3 人，臺籍 13 人；批發與零售兼營者有 55 人，日籍 20 人，臺籍 35 人；專營批發者有 4 人，日籍 1 人，臺籍 3 人，其中有 1 名為女性經營。有商號者，日籍人，臺籍人。營業主中以林天定（漢醫）較為特殊，經營的規模為製藥和批發，於臺中市經營臺中漢藥種商組合西漢醫院，是臺中地區漢醫和漢藥事業中經營突出者。此外，以資料中營業店舖設立的時間來看，日治時期於臺中地區營業的藥舖約是在 1896～1934 年設立，較早設立的藥舖是日人開設的丸三藥房和臺人盧安開設的全安堂藥房（批發和零售兼營，電話 305 和 484，稅額 10,994），除了販售藥種之外，還有販售古著（古書），算是在臺中地區經營規模不小的店舖，而其他的店舖大多是在昭和年間設立。此外，自臺中地區以南，店舖擁有電話數量和北部地區相比（臺北市除外）還要多，加上稅額的紀錄，都顯示了中南部地區，特別是規模較大的都市，如臺中市、臺南市、高雄市，開設藥舖的資金，應比北部地區較為充裕。

第十一，以南投地區（1927～1930）來看，所販售的商品為藥種。以臺籍營業主為主，營業的規模有零售和批發，稅額在 3,254～5,274 圓。第十二，以彰化地區（1927～1935）來看，所販售的商品為藥種、賣藥、雜貨、煙草、度量衡、米。臺籍營業主佔絕對多數，稅額在 2,537～24,690 圓之間，稅額最高者為臺人謝媽壽於員林街開設的協源，營業的規模為批發，批發的商品為藥種。彰化地區的營業規模中，以零售為主。零售者有 66 人，日籍 3 人，臺籍 63 人，其中有 3 名為女性；批發與零售兼營者有 25 人，日籍 1 人，臺籍 24 人，其中 1 名為女性；專營批發者有 9 人，皆為臺籍營業主。除了批發或零售，還進行製藥的營業者在彰化地區有 15 人，是中部地區三者兼營人數中最多的，其中也有 1 名女性臺籍營業者，為 1913 年位於彰化市由潘慈美所經營的宇記大藥房。

此外，以資料中店舖設立的時間來看，約是在 1877～1935 年之間。明治年間設立的有 9 間，清領時期設立的有 1 間，大正年間設立的有 17 間，昭和

〔註32〕《水竹居主人日記》（二），光緒 34 年（1908）8 月 6 日，頁 87～88。

年間設立的有 32 間，以昭和年間設立的較多。設立時間最早的三間，分別是
1877 年姚城、楊三於彰化市設立的壽春，經營零售藥種；1896 年針原幸次郎
於彰化市設立的博愛堂，批發和零售藥種和成藥；1897 年黃玉崑於彰化市設
立的益壽，零售藥種。於彰化市營業的店舖中，較特殊的是李際會所經營的李
金燦蔘業出張所，零售人蔘，該店應是臺北市李金燦所經營的李金燦蔘莊於彰
化的支店，以臺北市的貨源來彰化販售，顯示了北部藥品流通至中部地區的痕
跡。

　　第十三，以嘉義地區（1927～1936）來看，所販售的商品為藥種、賣藥、
度量衡、米、石油、阿片、雜貨。臺籍營業主佔多數，稅額在 2,000～38,941 圓
之間，稅額最高者為臺人顏頂生於嘉義市經營新嘉興，從事批發和零售雜貨和
藥種。零售者有 40 人，臺籍營業主較多；批發與零售兼營者有 33 人，日籍 6
人，臺籍 27 人；專營批發者有 4 人，皆為臺籍營業主。嘉義地區的藥種商中，
較特殊的有星製藥的配給所位於嘉義市，由廣涉暮所經營，從事零售與批發的
業務。還有臺中丸三藥房，在嘉義市也有開設支店，由龜田岩太郎經營，從事
零售和批發。此外，就資料上各店舖的設立時間約在 1903～1935 年之間，最
早設立的店舖有臺人李文彬設立的豐盛，同時也是嘉義市漢藥種商組合，從事
漢藥的販售等。

　　第十四，以臺南地區（1927～1940）來看，所販售的商品為藥種、賣藥、
度量衡、化妝品、牛乳、醫療機械、文具、酒、煙草、清涼飲料水、工業原料
品。整體而言，以臺籍營業主佔多數，稅額在 2,000～64,366 圓之間，稅額最
高者為日人越智寅一於台南市所設立的越智商店，該店從事藥品的批發。稅額
在一萬以上的店舖，共有 14 間，以臺籍營業主居多。臺南地區的營業規模中，
以零售為主。零售者有 91 人，臺籍居多，其中有 2 名為女性；批發與零售兼
營者有 33 人，臺籍居多；專營批發者有 3 人，2 名臺籍，1 名日籍。臺南市藥
種商從事製藥的有 15 名，其中較為特殊的是吳林氏幫（女性）於臺南市經營
之天恩堂，自行製造眼藥，還有徐蕙彬於臺南市經營之建昌和海上堂，也以製
造、批發和零售漢藥品為主。在日治時期強調西醫、西藥為上的社會，是一種
很突兀的現象，顯示了即使臺灣總督府刻意打壓漢醫的發展，但是漢醫卻能夠
繼續以藥種商的身分，製造漢藥，穩健經營，以使其不至於消失於日治時期臺
灣的社會之中。

　　第十五，以高雄地區來看（1927～1939），所販售的商品為藥種、賣藥、

化妝品、食料雜貨、染料、酒、煙草、文具。以臺籍營業主佔多數，稅額在 2,150
～20,170 圓，稅額最高者為臺人吳東祿於高雄市營業的利功，從事雜貨和藥品
的批發和零售。高雄地區的營業規模中，以零售為主。零售者有 73 人，臺籍
居多，其中女性營業者有 5 人，以販售成藥為主；批發與零售兼營者有 19 人，
臺籍營業者居多；零售、批發與製藥兼營者有 23 人，主要是以零售和製藥兼
營居多，以臺籍營業者居多。就資料上營業店舖設立的時間來看，多是在 1904
～1938 年之間設立，多是在昭和年間設立的店舖，和北部和中部地區店舖設
立的時間比較起來較晚。較早設立的店舖是 1904 年許清番於高雄市營業的古
益堂，以零售和製藥作為其營業的項目，應也是從事漢藥的製造，然後自行販
售。此外，高雄市營業的店舖中，較特殊的有日人小牧利助於高雄市營業的大
慈堂，零售癩病妙藥大病丸和工藤のぶ零售的水蟲大妙丸，從藥品的名稱，可
以看出店舖喜歡以特效、妙用等字眼來形容所販售的藥品，頗有誇大的意味，
這和北部地區所營業的名稱比較起來是不一樣的特色。

　　第十六，以屏東地區來看（1927～1940），所販售的商品為藥種、賣藥、
酒、吳服、棺木、砂糖、爆竹、蕃產物（內埔庄販售）、獸肉、阿片、石油、
鹽、木炭，販售的物品除了藥品之外，和地區比較起來算是較為單純，較特別
的是因應所屬的地區而有蕃產物的販售。整體而言，以臺籍營業主較多，稅額
在 2,150～22078,圓，稅額最高者為臺人吳清春於恆春庄營業的春成，販售日
用雜貨、酒、和服、砂糖、棺木、賣藥，所販售的商品較為複雜，也顯示了偏
僻地區，商店販售的物品越複雜，才能彌補生活機能的問題。最後，以臺東和
花蓮地區來看（1927），所販售的商品以藥種、粉末、阿片為主，且以日人營
業者為主，多從事零售，稅額在 2,874～23,110 圓之間。

三、藥種商與商品流通

　　藥種商本人或是其所經營的藥店本身，因為發售的產品具有特色，有時會
成為藥店本身的代名詞，就地域上來劃分，臺北著名的藥店為資生堂、回春堂、
潛龍堂、三益堂、三養堂、三豐堂。在臺南則為愛生堂、養元堂。以上兩地著
名的藥店，都具有批發的經營性質，故臺北和臺南的藥店，皆將臺中作為銷路，
臺北的藥局，會將藥品運送到南部販賣，臺南的藥店，就較少販運至臺中以北
販賣。〔註33〕而臺中著名的藥種商為丸三商會、奧田回春堂支店、三松堂、岡

─────────────
〔註33〕《臺灣時報》第 3 號，明治 42 年（1907）5 月，漢文時報。

村商店、藤野藥鋪、田代商店六人，其中規模最大的為丸三商會與回春堂，此兩店主要販賣的為生藥（批發），而同地的衛戍分院、臺中醫院、臺中監獄、城北醫院等其他市的開業醫師，皆向其購買生藥，此處的藥店，也是由此兩間開端。丸三商會於葫蘆墩、彰化、南投、北斗、斗六等地皆有設置分店，一年的收益約五萬圓以上，在本島的販路更為擴張，且往臺北、臺南兩地設置支店，也有往對岸，由廈門開始，在汕頭設立支店的計畫。其他的三松堂等各藥鋪，卻無法像丸三和回春堂的經營，只在臺中以小賣的方式經營，多是向市內提供藥品，一個月的收益約百圓。〔註34〕

藥種商之中，還有一種角色，稱為賣藥行商（無店面者），行商販售藥品的方法，除了攜帶風琴等樂器外，會以車或是自行背藥箱四處販賣，本島人賣藥行商主要是活動於大稻埕、艋舺、新庄、枋橋、士林、錫口等地。本島人行商所販賣的藥品，多是以漢藥法所製的藥品和日本內地所製作的藥品，以有賣藥營業執照的本島商人來說，對於以漢法製作的千金丹，不管是居家或出外，評價和效能是較好的。〔註35〕由於「日本賣藥業者漸漸在臺人之間取得信任，在賣藥中，唯獨寶丹的販路增加，在臺北由內地人的藥種店，如守田支店、資生堂、三省堂、積善堂、中田、奧田、潛龍堂、齊藤、松田等，其賣藥的目的是以藥種的性質，賣給醫院和醫師。」〔註36〕

此外，有關島內藥材的批發、零售，可從臺灣北、中、南部藥種商共同組織之藥郊會觀察起。日治時期之前，臺灣島內其他各都市向來皆有藥郊（藥材進出口的商人團體），乃漢藥商所組織，僅於舊正月初三孫真人及四月二十八日神農聖帝聖誕時祭祀演劇，招待會員宴飲而已。至日治時期的臺灣本島北、中、南部的漢藥藥郊會，是網羅漢藥種批發商為會員，臺北和臺南皆於大正初期創設藥郊會，臺北的會員約30名，臺南的會員20名，臺中主要是在大正末年創設藥郊會，會員10餘名。設立的目的是因為藥材經由中國或日本產地之輸入，且島內藥種商之交易毫無統一，營業上不利處頗大，為矯正此弊，設立藥郊聯合會，以求營業之發展統一。

〔註34〕〈臺中の賣藥業者〉，《臺灣日日新報》第2226號，明治38年（1903）9月30日，第四版。

〔註35〕〈賣藥行商〉，《臺灣日日新報》第3252號，明治42年（1909）3月5日，第五版。

〔註36〕〈賣藥の賣行〉，《臺灣日日新報》第389號，明治32年（1899）8月10日，第二版。

　　藥郊聯合會於昭和 5 年（1930）2 月 27 日，在臺北江山樓舉行創立總會。
〔註37〕總會中，臺北藥郊（漢藥種批發商）34 名中，出席 30 名，臺南 17 名
中出席 14 名，臺中 6 名中 1 名出席。先由陳茂通述開會詞，李金燦報告經過
後審議會則，選舉幹部，會長為陳茂通，副會長為臺南駱保芝、臺中謝金元，
次由正副會長指名理事如下：臺北為洪團飛、蘇穀保、李金燦、林萬乞、周
錡、連水茂；臺南為康再成、黃惠迪、胡鏡釧、盧必達、陳粒、黃清泰；臺中
為周臥屏、洪烏靖。更由會長推選黃欣為顧問，更定在 28 日午後再會於江山
樓，商議交易具體方法，以及本年以後定期總會的召開地點，計畫是由南而
北。〔註 38〕由此可知，日治時期漢藥種商在處理藥材的流通問題時，有藥材
此一組織於其中運作，展現了藥種商對於藥材流通的一種面向。〔註 39〕

〔註37〕〈藥郊聯合會發會式〉，《漢文臺灣日日新報》第 10728 號，昭和 5 年（1930）
　　　　2 月 27 日，第四版。
〔註38〕〈藥郊聯合會發會盛況〉，《漢文臺灣日日新報》第 10731 號，昭和 5 年（1930）
　　　　3 月 2 日，第四版。
〔註39〕有關日治時期臺灣的中藥材貿易情況，可參見朱德蘭，〈日治時期臺灣的中藥
　　　　材貿易〉，收入黃富三、翁佳音主編，《臺灣商業傳統論文集》（臺北：中央研
　　　　究院臺灣史研究所籌備處，1999 年），頁 233～268。該文所討論的中藥材貿
　　　　易，是指有的臺灣商人為了避免支出較高的輸入稅，採用先向中國大陸、香港
　　　　訂購藥材，運往日本通關之後再轉運至臺灣的貿易方式。但臺灣的中藥材貿
　　　　易在發展過程中並非一直都很順利，它曾經遭遇到一些阻礙，和最終步向衰
　　　　弱的局面。其中一個因素就是同業競爭市場的壓力，約在昭和初期，有日商積
　　　　極的介入臺灣的醫藥消費市場。

第五章　網絡中的藥業從業人員之互動
──以藥業團體活動為主

　　本章所欲討論的是藥業從業人員如何透過以下的藥業團體進行互動，不論是就業務還是知識上的交流，都是了解日治時期臺灣藥業網絡中藥業從業人員面貌另外一個切入點。以下將就藥業組合和醫藥研究與活動進行討論。

第一節　藥業組合

　　此處所要討論的藥種商和藥業組合的關係，主要是以臺北市兩大藥業組合於日治時期臺灣的發展為例，因為臺北市的藥業組合於日治時期所呈現的史料中，較為完整。在討論了臺北市的藥業組合之後，將同時輔以其他各地藥業組合發展的特性進行說明，以呈顯藥業組合與藥種商的關係，以及該藥業組合除了對其藥業本身，是否對於社會也發揮了特定的貢獻。1936 年，臺灣總督府將西藥種商組織的「臺北藥業組合」，漢藥種商組織的「臺北漢藥組合」合併為「臺北市藥業組合」，漢藥和西藥藥局共 178 家，漢藥商 80 餘家。[註1] 日治初期，臺北市有兩大藥業組合，若以參加者的族別來劃分，第一種為臺北本島人藥業組合，該藥種商組合之本島人成員多是以經營漢藥品為主；第二種為臺北藥業組合，其組合成員以日人為主，所販賣之藥品，西藥和漢藥皆有，但西藥佔大多數。

〔註1〕范佐勳，《臺灣藥學史》，頁 326。

一、臺北本島人藥業組合——臺北漢藥組合（昭和 2 年之後改稱）

（一）組合成立與編制

該組合之所以會成立，是因為住在艋舺大稻埕的臺人藥種商數目頗多，故日人藥種商希望能夠組織臺人藥種商，藉此互相研究與討論藥業或藥學，故經由臺北廳主務課召集藥商舉辦講習會，解說設置組合的主旨，使其皆能明白其旨意。〔註2〕故於明治 34 年（1901）12 月 25 日，於艋舺城內的大稻埕本島藥種商 80～90 餘名，於艋舺龍山寺，由臺北廳諭示依其要項而召開創設組合之協議會。〔註3〕加入組合者立誓聽從當局者之言，需互洗過去以來的怨恨，相互提攜，以期待藥業的發達，並設立 20 餘條規約，選定幹部，實際參與該會務的是由臺北廳出赴該會的金子警部及主務員等。〔註4〕故臺北本島人藥業組合，是由日人藥種商首先提議，而後由臺北廳警部主導成立的組織。而在組合設立的宴會中，可以發現參與的人員中有臺北廳長、臺北醫院院長等官員參與，會中臺北廳長起而演說，強調藥業組合成立的益處，且要求通譯翻譯給臺人知悉。有關臺北本島人藥種商組合費費收支項目，其收入主要為會費、贊助費用等，支出的部份就包含組合事務員薪資、設備費用及消耗交際等費用，而此藥業組合主要幹部設有組合長、副組合長、會計、理事等。〔註5〕

（二）組合實際運作內容

有關該組合實際運作的情況和活動內容，可分為以下兩類。

1. 藥種商講習——漢藥研究會的成立

該藥業組合為了追求漢藥品的精純與進步，故成立漢藥研究會，集合各藥種商商討設立講習會，同時按期考究藥材。〔註6〕故於大正 13 年（1924）

〔註2〕〈土人藥種商組合組織方の訓諭〉，《臺灣日日新報》第 1093 號，明治 34 年（1901）12 月 21 日，第三版。

〔註3〕〈藥商協議〉，《臺灣日日新報》第 1097 號，明治 34 年（1901）12 月 26 日，第三版。

〔註4〕〈藥商組合〉，《臺灣日日新報》第 1102 號，明治 35 年（1902）1 月 1 日，第十版。

〔註5〕〈臺北本島人藥種商組合費收銷結算報告表〉，《臺灣日日新報》第 1456 號，明治 36 年（1902）3 月 12 日，第四版。

〔註6〕〈召集藥商〉，《臺灣日日新報》第 1092 號，明治 34 年（1900）12 月 20 日，第三版。

11 月 29 日下午三時半，於東薈芳旗亭召開總會，此日組合員出席者有 78 名，來賓則為州衛生課長代理光田警部、警察醫赤木、衛生課技手三宅、北署長代理野田警部、萬華分署長代理佐藤。時間一到，先由組合長陳茂通述開會詞，接下來陳組合長提出設立漢藥研究會議案，並詳加說明設立宗旨，且得到全場的贊成。最後則由光田、赤木、三宅之演說，前兩者為贊成研究會之設立主旨，後為關於漢藥處理上之種種注意事項報告。〔註7〕而組織臺灣漢藥研究會，其事務所暫時設在乾元藥行內，研究會將要聘請講師一名，其學力需富有漢藥之知識及經驗，能分辨劇藥、毒藥、普通藥之性質，且又善於調劑製炒配合諸法，先做成論文一份，附履歷書，一齊寄交於臺北市永樂町乾元藥行，以便人選決定。〔註8〕講師確定後，漢藥研究會要募集講習生 50 名，講師為蘇生煌，已經來到臺北，由大正 13 年（1924）起開課，若組合員中希望受講習者，就可向乾元藥行提出申請書。參與講習的會員需符合以下的條件。第一，會員限定五十名。第二，說明該回的募集期限。第三，修業期間兩個月。第四，年齡十五歲以上。第五，會場在臺北乾元藥行三樓。第六，學力相當。〔註9〕

　　而有關講習會所授與的內容，從漢藥研究會的講師蘇生煌所出版的《漢藥研究錄》中，看出大致上應不出此書所涵蓋的範圍和面向，此書分上、下編，上編分作 34 章，敘述藥物起源、意義、沿革、作用、分類、性質、處方學、調劑學大意、毒劇藥意義及分類、正異名之處置法、普通藥性質運用、中毒量及致死量、藥物標示整理方法、衛生上種種注意、藥種商法規及藥品取締、藥劑師與製藥者規則、賣藥方法、賣藥製造營業規則、附臺灣賣藥許可心得、調劑泡製方法、漢藥配合禁忌、產婦禁忌、急性傳染病智識、外傷用藥與消毒法、藥性賦歌訣，藥種商與醫家、患家關係，丹膏丸散用意、救急醫藥智識、藥種商道德觀念。下編分作六章，詳述東亞醫藥史錄、西漢藥生理的分類，漢藥為各醫大、醫院所信驗、仿現代式各劑分類、實用提要藥品與年齡關係、附計算圖解、漢藥商業感想等。此書出版的用意是作為藥種商、漢醫的參考書，也成

〔註7〕〈本島人藥業總會〉，《臺灣日日新報》第 8819 號，大正 13 年（1924）12 月 1 日，第五版。

〔註8〕〈藥種商要聘講師〉，《臺灣日日新報》第 8831 號，大正 13 年（1924）12 月 23 日，第四版。

〔註9〕〈漢藥研究再募生〉，《臺灣日日新報》第 9083 號，大正 14 年（1925）8 月 22 日，第四版。

為家居可用之書籍。〔註10〕

　　臺灣漢藥研究會講習期滿，便會訂立日期舉行修業式授與修業證書，以
大正14年（1925）6月7日的講習證書授與式為例，當日的監督官廳有警察
醫赤木、州衛生技手三宅臨席。首先由研究會會長陳茂通，述漢藥研究及講
習主旨，並言學問一途，毫無窮盡，而漢藥又關係人命甚眾，雖然講習終了，
但希望畢生仍持慎重的心態。其次，由講師蘇生煌，報告入會當時計有50名，
市內45名，市外及地方6名，講習期間從大正14年3月11日開始，約三個
月間，每一個月作一學期測驗，講習員出席率為68%。陳會長對於修了者陳
順成外33名授與證書。接下來則是赤木、三宅兩來賓相繼演說祝詞，其大意
主要是修習者，修習畢業之後，應當繼續研究。最後，則是陳順成（屏東人，
畢業於臺南師範學校，為了研究漢藥用途製法，乃辭去公學校訓導之職）以
流利之日語代表修了者致詞。〔註11〕從講習會的修業式中，便可以看見官廳
在組合中的監督力量，該組合當初的成立，也是在當地官廳監督下所設立的。
只要是和組合相關的業務，如設立講習研究會等，都是當地官廳所需管理的
項目，並不是只讓該組合中的組合員自由操作，官方的力量在組合中還是比
較具有主導性的作用。從以下的內容中，同樣也可以看見官方監督的角色在
其中發揮作用。

2. 藥業組合的總會

　　藥業組合依據會則有需要定期召開總會，總會於春秋兩季召開，召開地
點為臺北市，共兩次，商討有關組合的各類事務，或是宣導官方對於藥品和

〔註10〕〈漢藥研究錄上梓〉，《臺灣日日新報》第9213號，大正14年（1925）12月
　　　　30日，第四版；鳳山郡漢藥種商組合於大正14年（1925）創立，且於鳳山街
　　　　創立合名會社臺灣漢醫藥新報社，顏養為社長，黃金水為次席兼編輯，張坤水
　　　　為專務，王兆熊為記者，發行之《大臺灣漢醫藥新報》，其內容為漢醫藥家之
　　　　參考研究，又可為藥種商受驗之準備書，詳參見〈藥組總會〉，《臺灣日日新
　　　　報》第9161號，大正14年（1925）11月8日，第四版；〈漢醫藥報出版〉，
　　　　《臺灣日日新報》第9205號，大正14年（1925）12月22日，第四版。
〔註11〕〈漢藥證書授與式〉，《臺灣日日新報》第9009號，大正14年（1925）6月9
　　　　日，第四版；豐原郡漢藥業組合也曾主導漢醫藥種講習會，自昭和6年（1931）
　　　　4月開始，由該組合長翁炳坤著手募集講習生30名，而講師法規講義，囑託
　　　　豐原郡警察課長山口、松本警部、鈴木警部補；藥物講義，則囑託臺中州衛
　　　　生課技手郭戊己外兩人。從昭和6年（1931）5月16日開始，開會期間，預
　　　　定4個月。詳參見〈豐原漢藥講習〉，《漢文臺灣日日新報》第11166號，昭和
　　　　6年（1931）5月15日，第四版。

藥業和藥品法令之訓示等。從部份總會的召開中，可以看見官方的力量運作於其中及與藥業組合和官方力量的互動，除了參與的來賓之外，總會中有一部份的時間是留給官方進行訓示的時間，這樣的作為除了可以瞭解漢藥藥種商的作為，同時也可對其進行掌控。除此之外，若臺北州要派出屬員，查察臺北各藥鋪時，都會先向藥商組合知會，然後至各鋪，詢其所賣藥品，並所關毒藥，計若干件，照實報明。〔註12〕有關本島人藥業組合定期總會討論的內容和重點如下。

　　1912 年 10 月 19 日的總會，〔註13〕討論的重點為宣導臺灣總督府新發佈「藥種商取締規則」，表示臺灣人營此業者稱為藥種商，新規則出，製造、販賣、輸入、移入各種營業，皆需受官廳之許可。〔註14〕1919 年 11 月 29 日的總會，〔註15〕討論的重點為由於此時銀價高漲，藥品零售價格需要統一，以杜絕競爭並嚴禁販賣其他低劣藥品，因應的方法就是組合將藥價之變動，影印成單，分配給各組合員，以求大家都能知道此消息，以便遵守；臺北廳衛生部技手小山，注意洋八角與以八角不可混用，洋八角來自日本，學名為莽草實，大正 8 年（1919）1 月，有士林人服此死者，而內地也有一家服此，三人斃命，二人重傷，故千萬不可混用；其他盛藥器具要時常打掃，以重視衛生；臺北醫院藥局師成田氏，論漢藥宜抽取成分製成藥品，且舉實例；其次為宇都宮衛生係長代理訓示藥業取締規則。小林警察醫表示希望歐戰後各事業，進行企業聯合。〔註16〕

　　1921 年 12 月 3 日的總會，〔註17〕會中討論的議題為所用藥品名稱之文字使用，因為有藥業者反應，同一藥品有多種名稱，故需要對其名稱進行統一，使處方箋便於遵守，此決議獲得全場贊成；有關官方的訓示則有關於劇

〔註12〕〈調查藥品〉，《臺灣日日新報》第 1540 號，明治 36 年（1902）6 月 20 日，第三版。

〔註13〕80 名組合員出席，與會的官方代表有臺北廳長警務課長及各關係係長警官臨席，列席者為宮本、村上、山下、伊藤四警官。

〔註14〕〈藥種商組合總會〉，《臺灣日日新報》第 4450 號，大正 1 年（1912）10 月 21 日，第四版。

〔註15〕87 名組合員出席，與會的官方代表有臺北廳衛生部技手小山、臺北醫院藥局師成田氏、宇都宮衛生係長、小林警察醫。

〔註16〕〈臺北藥種商總會〉，《臺灣日日新報》第 6992 號，大正 8 年（1919）12 月 1 日，第四版。

〔註17〕89 名組合員出席，與會的官方代表有臺灣總督府丹山技師、臺北州南、北警察署長岡野與近藤、臺北州衛生課技手小山、衛生係長中間。

藥、毒藥、普通藥三者之使用方法，宜各附標紙，普通藥紅底白字，毒藥白底紅字，劇藥白底青字。〔註18〕1922 年 12 月 11 日的總會，〔註19〕會中討論的議題為臺北州技手小山演說藥丸製造方法；臺北州衛生課長羽鳥演說關於藥品重要注意，以為訓示。〔註20〕1927 年 12 月 6 日的總會，〔註21〕討論的議題為陳茂通組合長提議將臺北本島人藥業組合改為臺北漢藥組合，這是為了避免內地人、本島人之名義區別起見，也得滿場一致可決；臺北州北區警察署長山田訓示國民的保健，認為藥種商營業為經濟行為，與國民保健兩者具有密切關係，故宜注重衛生、改良藥品，並尚論漢藥有即利便奏效之處，不可輕視。〔註22〕

二、臺北藥業組合

　　臺北市另外一個藥業組合，為臺北藥業組合，此組合主要是由日人藥種商所共同組成之藥業組合。有關此日人所組成的藥業組合相關的資料並不完整，有關此日人藥業組織出現於藥業網絡中的狀態將如以下以分類和特點式的方式進行討論。此日人所組織的藥業組合成立的時間比臺北漢藥組合晚，是於大正初年成立。有關此藥種商組合的性質，可從以下此則報紙上的描述可以窺知一二：「臺北藥種商組合及賣藥公會為日人所組織，大正 3 年（1914）7 月 16 日，於梅屋敷旗亭開總會，由該組合長及公會長依次報告收支決算，經二三會員質問，照原案決可。時臺北廳警務課衛生係警官亦臨席，賣藥主務櫨山警部補，起為演說關於賣藥注意事項。次為山本警部紹介，畢乃開宴，少松衛生係長亦惠然來，與會者共四十餘名。本島人之加入該會者，現惟大稻埕中街保和藥局及同城隍廟日街東西藥房而已，此後凡本島人之發賣西藥及賣藥者，欲勸誘加入云。」〔註23〕由此可知，此藥業組合主要是由日人組

〔註18〕〈臺北藥業總會〉，《臺灣日日新報》第 7728 號，大正 10 年（1921）12 月 6 日，第六版。

〔註19〕與會的官方代表有臺北州衛生課課長羽鳥、技手小山、臺北州北警察署長近藤。

〔註20〕〈藥業總會續報〉，《臺灣日日新報》第 8098 號，大正 11 年（1922）12 月 11 日，第四版。

〔註21〕與會的官方代表有臺北州北區警察署長山田、州衛生技手三宅。

〔註22〕〈臺北本島人藥業組合總會〉，《臺灣日日新報》第 9921 號，昭和 2 年（1927）12 月 8 日，第四版。

〔註23〕〈藥種賣藥總會〉，《臺灣日日新報》第 5063 號，大正 3 年（1914）7 月 18 日，第六版。

成，且成員是以西藥的藥種商為主，漢藥藥種商為輔，和以上所提及的漢藥藥種商所組成的臺北漢藥組合的性質不同，雖然組合規約和例行的事務並不會有很大的差距，也同樣有官方力量的介入管理，但是也有兩者的相異之處，如以下的分類所示。

首先是指店員表彰式及慰勞會，由於內地人與本島人組織之藥業組合，每年有一次店員慰勞會，特別是在紀元節時，經費都由各店主支付補助，不足則以組合公款補之。〔註24〕但有關慰勞會的相關消息，主要還是以內地人所組織的藥業組合出現較多，臺北漢藥組合出現慰勞會的情況相當少。試舉臺北藥業組合慰勞會舉辦的狀況，除了舉辦受獎儀式之外，還會舉辦角力競賽等餘興節目來慰勞店員的辛勞，受獎者應是當時有名且聲譽較為良好之藥局店員，如資生堂、屈臣氏、奧田回春堂、三共株式會社的藥局等，也成為藥業組合和藥局，甚至是製藥業者一種交際的方式。〔註25〕

第二為網羅藥業行商，主要是明治41年（1907），臺北藥業組合和臺北廳交涉有關臺北三市街的賣藥行商，希望其能夠加入組合，接受組合的管理，而賣藥行商也答應加入組合，使組合員數增加了27名（西藥類22名，漢藥類5名）。〔註26〕藉由官方和臺北藥業組合的協調，吸收藥業網絡中沒有組織且較

〔註24〕〈藥商店員慰勞會〉，《臺灣日日新報》第6335號，大正7年（1918）2月12日，第二版。

〔註25〕臺北藥業組合慰勞會中獲得獎賞的情形為：1903年7月18日，受獎的是資生堂的店員笠島西吉氏；1908年2月13日於圓山公園和淡水俱樂部，受賞者有資生堂的山本富三郎、田中達三郎，此兩名店員中尤其是山本在勤續的獎賞中連續五年獲得銀牌的獎賞；1909年2月11日於北投俱樂部，參與人員有60名會員。松田組合長發予資生堂店員廣瀨榮一、杉山繁樹兩名會員獎品；1924年2月11日於竹乃家料亭，參與人員主人及店員約百名。受賞者為七年勤續者（銀盃）為廣生堂水野健一郎、永照堂岡本英一、資生堂大野鈴宗、山陽堂陳金連。五年勤續者（賞狀）為屈臣氏大藥房巫世傳、陳佛，東西藥房陳春林、泰生堂邱阿坤。1926年2月11日於北投新浴場，表彰的五年勤續店員有：奧田回春堂的傅金泉、三共株式會社藥劑師荻野虎一、山陽堂深野三郎，授與獎狀。參照〈藥業組合の店員獎勵と總會〉，《臺灣日日新報》第2163號，明治38年（1904）7月19日，第五版；〈藥商店員表彰式〉，《臺灣日日新報》第3234號，明治42年（1908）2月16日，第四版；〈藥業組合店員園遊會〉，《臺灣日日新報》第3536號，明治43年（1909）2月11日，第七版；〈藥業組合表彰式〉，《臺灣日日新報》第8527號，大正13年（1924）2月13日，第四版；〈臺北藥業組合勤續者表彰式〉，《臺灣日日新報》第9257號，大正15年（1924）2月12日，第二版。

〔註26〕〈臺北藥業組合近況〉，《臺灣日日新報》第3818號，明治41年（1907）8月15日，第三版。

為游離的藥業從業人員，進入組合之中，接受管束，便成為官方交付給藥業組合的任務之一。第三為組合中組合員之間的紛爭，有關臺北藥業組合分派糾紛，是指臺北市內藥業者 120 名，由於大正 13 年（1924）1 月，組合長歸內地。組合員數名，對於現在組合組織頗懷不滿，於是私下勸誘同志再圖組織藥種、賣藥兩種新組合，經以其所決議出為運動，然舊組合員中，如三豐堂、廣生堂、愛生堂諸老舖，皆不肯應，以藥業組合之樹立為主，排斥新組合，因此一舉，臺北之藥種賣藥業者，遂分兩派，互為糾紛。〔註27〕這種分派的糾紛，並沒有在漢藥藥種商組合中看見，而此糾紛，也因為沒有後續的報導，也沒有新的藥種和賣藥組合出現，所以應該是紛擾多時就落幕。第四為藥品交換會，臺北藥業組合的交品交換會是昭和 8 年（1933）由臺灣藥事報開藥品交換會，參加者有 16 名，昭和 8 年（1933）4 月 9 日上午十一時在該組合舉發會式，首先由高井四郎致開會詞，並決定每月第二土曜日下午一時開會，參加者各店藥品以批發價參加，但所賣額要抽 3%為會費。〔註28〕以此交換會，作為藥品流通的一種形式。

　　第五為藥業組合與藥價的問題。有關各地西藥販售，由於競爭的關係，皆有減折販賣的情況，臺北藥業組合屢次倡議照定價販賣，都無法徹底實行，故於昭和 4 年（1929）7 月 25 日於臺北市本町事務所開臨時總會，決議一切，贊成者約 120 名，也就是從昭和 4 年（1929）8 月 15 日開始，一切照定價販賣，若違背者，初次警告，且要其提出始末書，第二回違反者罰 50 圓以下，第三回違反者罰百圓以下過怠金，再犯則更嚴罰，如不加入組合，則不與之交易，且舉森田藤吾、李俊啟其他四名為實行委員。〔註29〕但由於效力和實行的結果不彰，故臺北藥業組合欲糾合全島設聯合會，臺北藥業組合於昭和 6 年（1931）1 月 22 日召開總會，組合員內臺人 60 餘名出席，臺北州衛生課技手池野及州署衛生當局也出席參與，會中鑑於昭和 4 年（1929）漢藥業者 59 名，聯名脫退後，此 59 名漢藥業者藥價一律販賣八折，對於組合員採取不減折的方式。這造成藥價不統一的情況又再度出現，故臺北藥業組合擬糾合

〔註27〕　〈藥業組合之分派〉，《臺灣日日新報》第 8607 號，大正 13 年（1924）5 月 3
　　　　　日，第六版。
〔註28〕　〈臺北藥業組合設交換會每月議定一回〉，《漢文臺灣日日新報》第 11859 號，
　　　　　昭和 8 年（1933）4 月 13 日，第四版。
〔註29〕　〈臺北藥業組合勵行定價〉，《漢文臺灣日日新報》第 10537 號，昭和 4 年
　　　　　（1929）8 月 18 日，第四版。

全島賣藥業者，設立聯合會，而與日本內地諸藥郊之間，亦設協會，以期全島藥價一致。〔註30〕臺北藥業組合實行定價販賣，但實際上組合員也多違規販賣，甚至連組合幹部也違反規則，但卻未受罰，而引起組合員的抗議。臺北藥業組合於昭和6年（1931）4月對其組合員進行試買，果發現信生堂、星製藥會社出張所、新原泰生堂、天貫堂諸幹部，不遵法規濫賣，於是屢開調查委員會決議相當處分。〔註31〕此藥價問題，一直終日治時期層出不窮，即使官方執行價格統制，仍有關於藥品價格的爭議傳出。

　　藥價的問題也出現於臺南藥業組合之中，臺南藥業組合因為統制乏力，導致組合員中之幹部，公然打破協定價格競行廉賣，彼此效尤，藥價各隨之而跌，臺人組員及顧客多者，僅犧牲利益尚能維持，若生意較少者，便大受打擊。因為藥品便於攜帶，以臺南市之廉售，多至購買，因此回組員之各持成見，自亂規約，雖屢有磋商重行協定，但皆有利害之處，難以解決。面對此問題，臺南藥業組合於昭和11年（1936）6月6日，在臺南警察署樓上，開臨時總會，協定價格之統一，因為藥品為生活上之必需品，自從該組合某幹部公然廣告廉賣後，藥業之暴利畢現人前，若急欲恢復定價，實屬不易。組合員中，也有人持反對意見者。據某組合員表示，市內之營藥業者，尚有漢藥種商組合，且兼賣藥，如本組合再協約定價販賣及訪問販賣廢止時，必為其他同業組合坐收漁翁之利。後決定交由理事會決議，協議制定，設戒告，如徵收罰金、除名。除名者公表於業，拒與之交易。協議後，在場的警察署署長，起而表示若藥價低廉，市民實受其惠，如果抬高價格，似乎不適宜，怎麼可以以11萬名市民的犧牲來換取70名組合員的利益。而對於廉賣藥品者，也沒有罰則可以進行管束，不像偽造萬金油、開雲膏等假藥者，可從嚴處罰。若由人民保健及消費者立場，還是希望藥品廉賣，以因應時勢的需求。總會雖結束，但是賣價還是沒有決定，賣藥者削價競爭許久，顧客已知藥品的利潤，如果一定要定價販售，必會招致消費者的反感，或是轉往市外購買。〔註32〕

　　同樣關於藥價的紛爭，也發生於員林郡的漢藥業組合，該組合於昭和10

〔註30〕〈藥業組合總會糾合全島欲設聯合會〉，《漢文臺灣日日新報》第11046號，昭和6年（1931）1月24日，第四版。

〔註31〕〈臺北藥業組合糾紛續報憤幹部背約〉，《漢文臺灣日日新報》第11158號，昭和6年（1931）5月7日，第四版。

〔註32〕〈藥種商神農祭〉，《臺灣日日新報》第5892號，大正5年（1916）11月26日，第六版。

年（1935）4月8日總會時決定，自4月10起實行藥品公定價格，違背者處以罰金，情狀嚴重者或違反三次者，以除名處分。該組合又於昭和11年（1936）3月30日在員林公會堂召開總會，組合員96名中，有82名出席。其中討論的事項就有藥種零售價格的問題，由於意見眾多，如待州下各組合聯合會成立後，方可實施；或謂交由幹部會決議實施；或謂緊急實施等，意見不一。然多數希望附幹部會，來決定零售價格，結果再製成藥價公定表後發給組合員，一起實施。〔註33〕而竹山漢洋藥業組合也於昭和10年（1935）4月27日的定期總會中，組合員29名，全部出席，會議討論事項中就有關於為藥價實行之件，原定普通藥品，大人1日份20錢，小兒1日份10錢，此時組合員表示希望設置巡視員，用以監視一般藥價。但這種監視的作為會導致雙方各說各話，爭論不休，故最後決定若發現不遵守公定藥價者，需報告組合，讓組合調查處置。〔註34〕從以上的例子可以發現，組合一直希望藉由團體的力量來裁定藥品價格的問題，但是一直因為有利益的問題，而無法獲得妥善的處理。

三、藥業從業人員聯合組織

有關藥業從業人員的交流組織，從日治時期臺北市藥業組合的成立與全島藥業聯合大會中可以看見，藥業從業人員之間的協調和溝通。第一類的組織為臺北市的藥業組織，除了結合臺北市原有的藥種商組合，也將藥業從業的相關人員一併拉入，統一藥業相關業務，在既有的基礎上加以擴張組織的範圍。第二類的全島藥業聯合大會，便是和藥業相關的人員，每年固定自發性舉行的一次討論大會，不只討論和藥業相關的業務，就連藥業法規或是藥學教育都成為其討論的項目。

（一）臺北市藥業組合

有關臺北市的藥業組合，除了臺北藥業組合以外，還有臺北漢藥組合，前者170餘名組合員，後者則有80餘名組合員，兩組合之間彼此互相聯絡。

〔註33〕 〈員林郡漢藥業組合〉，《臺灣日日新報》第11044號，昭和6年（1931）1月12日，第四版；〈組合員會〉，《漢文臺灣日日新報》第11198號，昭和6年（1931）6月16日，第四版；〈員林漢藥組總會議起藥價表彰勤續店員〉，《臺灣日日新報》第12581號，昭和10年（1935）4月11日，第八版；〈員林藥商總會〉，《臺灣日日新報》第12937號，昭和11年（1936）4月3日，第四版。
〔註34〕 〈竹山漢洋藥業組合開定期總會〉，《臺灣日日新報》第12601號，昭和10年（1935）5月1日，第四版。

該組合主要針對戰爭統制時期的體制，臺灣總督府對於組合的業務內容加以要求和限定，如物價統制價格販賣的實施與特別防諜團組織的業務。由於戰爭統制業務的需要，且為了民眾的保健衛生與藥業之強化，故臺北市兩大藥業組合和其他藥業者結合成一大藥業組合，期望以後能組合臺北州藥業組合聯合會，指導其他的藥業組合，進而成為全島藥業組合聯合會，聯絡統制全島的藥業者，而總督府當局也給予了贊成與相關的指導援助，故於昭和 12 年（1937）9 月 7 日成立臺北市藥業組合，事務所則位於臺北市本町。該組合之業務的地理範圍分為南區和北區，南區為南警察署所管轄之地域，北區則為北警察署管轄之地域，為了業務需要而設立了洋藥部、漢藥部、賣藥及賣藥類似品、其他部。〔註35〕

該組合設置以下幹部，組合長一名、副組合長及區長各一名、部長各部一名、副部長各部二名、監事六名、委員（代議員）若干名，以上幹部為名譽職，副組合長或區長可兼任之。還設置顧問及相談役，顧問是由組合長委託組合員以外之人擔任，相談役則是由組合長推舉組合員擔任，相談役的任期和組合長的任期相同。〔註36〕幹部的職務，則組合長是總理所代表之組合事務；副組合長需分掌會計、庶務且輔佐組合長，且組合長若遇事故則由年長的副組合長代行業務；部長及副部長分掌各部門之業務，且需輔佐組合長與區長，若區長遇有事故則由年長之部長或副部長代行業務；委員（代議員）則是擔任輔佐各部門部長之掌理業務，在部長及副部長遭遇事故時，便以委員中之年長者代行部長或副部長之職務；監督則是監督監察組合事務。〔註37〕

該組合會議為了推行業務，需執行定期總會、臨時總會、區會、幹部會、例會五種會議。定期總會於每年一、二月召開，開會會議組合員提出之議案、

〔註35〕臺北市藥業組合，《臺北市藥業組合概況》（臺北市：臺北市藥業組合，1939年），頁 1～59。

〔註36〕該組合幹部的選舉方法，除了下列的方法外，若為時宜，可由監督的官廳指名。任期為兩年，得以連選連任。組合長是由委員互選產生；副組合長（區長）由各區委員互選產生；監事由委員互選產生；部長和副部長由組合長推選；各部擔任委員由部長和副部長合議推選；委員的數目則由幹部會議以無記名投票的方式選出各區組合員擔任，並從中選出代議員。幹部若有缺，則由組合長指名，除非有特別因素，否則不得拒絕。此外，本組合得以配置主事、技術員、書記有薪資之職務。主事由幹部會決議，由組合長決定任免。技術員及書記則由組合長任免。主事需接受組合長的命令執行指揮監督技術員及書記之組合事務。

〔註37〕臺北市藥業組合，《臺北市藥業組合概況》（臺北市：臺北市藥業組合，1939年），頁 1～59。

前年度收支決算報告、預算、規約規程的承認。臨時總會是組合長認為有必要且請求召開之組合員有達總數 10 分之 1 以上，才可臨時召開。組合可以幹部會議的審議且達組合員總數 10 分之 1 以上的同意設置代議員，因應時宜，可由組合長召集召開代議員會，不以幹部的任期為準。區會的召開需經過組合長之同意，審議有關區長之業務事項。幹部會議會是由組合長認定有必要且有五名以上之幹部請求，才得以隨時召開審議組合費收支決算、預算協定、組合費查定、規約的立案規程及其他組合相關事務。〔註 38〕

區幹部會是區長認定有必要，且有三名以上的幹部請求召開，才得以隨時召開協議有關區域業務。例會為各業務部門則是由各部長召開，審議有關藥物的研究業務及業務的改善創新。總會需達組合員三分之一以上，代議員會代議員需達半數以上，幹部會需達幹部半數以上，否則不得開會。而議決的結果，出席者的表態要超過半數，若是數目相同，則由議長決斷。幹部會議和組合的關係，在於可經由幹部會之決議設置下列規則，且由總會接受且承認。包含了有關組合事業及事務事項；有關藥事研究及機關事項；有關組合行事及社會事業事項；有關會計事務事項；有關組合員及家屬、藥業從業人員之慶弔慰問事項；有關表彰組合員及藥業從業人員事項；有關組合員遵守及懲戒事項；其他必要的事項。〔註 39〕

加入該組合成員的性質是由住在臺北市的藥劑師、藥種商（洋藥和漢藥）、製藥者，經營賣藥、賣藥類似品、製造、輸入、移入等販賣營業者所組成，不像之前的藥業組合成員，是以藥種商為主。入會的規則，為加入本組合需附上申請書及加入金。退出該組合時，除了除名之外，也會退還加入金。洋漢藥業者、製造業者需付 5 圓；賣藥業者需付 3 圓；賣藥類似品業者需付 1 圓。而組合員需要遵守以下事項：遵守組合規約，不可違背組合和親協力之綱領目的；組合員需遵守業務相關法令；需謹守商業道德，不危害彼此之間之和平；相互幫助、告誡，且推舉勤事者；總會、代議員會、區會、幹部會、例會不可無故缺席；若有事無法參與會議，需於開會前，繳交缺席事由說明且附上表決委任狀給組合事務所；若是對於會議有意見者，可先附上意見書；需於每月二十五日前繳交組合費；需遵守其他組合的各種協定，不可

〔註 38〕 臺北市藥業組合，《臺北市藥業組合概況》（臺北市：臺北市藥業組合，1939年），頁 1～59。
〔註 39〕 臺北市藥業組合，《臺北市藥業組合概況》（臺北市：臺北市藥業組合，1939年），頁 1～59。

違背；若違犯規約及內規，則施以部長訓誡、幹部會訓誡、過怠處分，且經由幹部會之決議，可徵收三圓以上五十圓以內之罰金；經由幹部會決議，且告知監督官廳後，自組合中除名且通告。

有關臺北市藥業組合組合員和幹部的名單，可參見附錄二。名單中可以看見組合員總人數，南區 449 名，北區 279 名，共計 728 名。不只藥種商加入該組合，連製藥業者、自中國或日本移入藥材者、藥劑師，即和賣藥事業相關的人員，除了官立機構的藥劑師外，皆納入該組合管理。〔註40〕其中臺籍組合員有 361 名，日籍組合員有 367 名，兩者約佔五成的人數，營業的形式上有店賣（有店鋪）和行商（無店鋪者）之分，皆被網羅入該組合中進行管理。

該組合的業務內容，〔註41〕包含了賣藥及賣藥類似品移入營業的許可、賣藥販賣目錄的發行、組合的賣藥移入證貼用統制、物價統制價格販賣的實施、臺灣藥業時報的發行、營業用備付簿冊及用紙的印刷、舉行藥業從業人員的表彰會及慰勞會、舉行藥神祭、社會奉仕事業，共九項內容。

首先就賣藥及賣藥類似品移入營業的許可來看，昭和 12 年（1937）12 月 24 日在臺北市新起町，以組合的名義接受辦理賣藥及賣藥的類似品的營業許可和業務，若要辦理新的賣藥及賣藥類似品移入手續，則需徵收一定的手續費。這是因為人數眾多的內地製藥本舖及組合員和千百劑的藥品，依賴移入手續者日漸增加，故現在直接將移入手續納入該組合的業務範圍，以方便一般藥業營業者。

第二為賣藥販賣目錄的發行，是指移入手續完成之後，所移入千百劑的賣藥及賣藥類似品和 99 名組合員，製造了賣藥及賣藥類似品 720 方劑，故需印刷移入、製造、賣藥及賣藥類似品之目錄，以及一般營業者所販賣藥品之目錄，此目錄中記載了全島各地藥業營業者所販賣的各種藥品。

第三為組合的賣藥移入證貼用統制，是指賣藥者辦理在移入手續的過程中，需個別按照規定詳細登記移入者的住所、姓名。在該組合幫藥業營業者辦理完移入的手續之後，會給予貼上簡便法令的印刷移入證，以方便一般營業者，移入證之印刷費用則是由組合攤派給組合員負擔。

第四為物價統制價格販賣的實施，是指商品的販賣價格由於競爭的緣故，

〔註40〕臺北市藥業組合，《臺北市藥業組合概況》（臺北市：臺北市藥業組合，1939年），頁 1～59。

〔註41〕有關該組合的業務內容，參照臺北市藥業組合，《臺北市藥業組合概況》（臺北市：臺北市藥業組合，1939 年），頁 1～7。

而發生了濫賣的現象,為了預防不當的業者貪圖不正當的利益,除了加緊取締之外,組合於昭和 13 年(1938)7 月 24 日改正了暴利取締法令,該組合也設置了物價調查委員會,對物價進行慎重的調查,印刷當局所承認之藥品統制價格,免費供給給藥業營業者使用,此後物價若有變動,則會慎重調查之後,才進行變動。以誠實之價格販賣藥品,使得一般的營業者能夠感到便利。此物價表包含了,藥品及衛生材料批發價格表、藥品及衛生材料零售價格表、新藥與新製劑零售價格表、賣藥及賣藥類似品零售價格表、和藥(由日本內地進口至臺灣的藥品)及漢藥批發價格表、和藥及漢藥零售。

第五為臺灣藥業時報的發行,是為了使統制之價格為人所知、組合員於藥業界交流之相關研究、業務的統制、藥業從業人員的指導等其他必要的因素,故發行臺灣藥業時報給予組合員。每月一回且 10 日發行,若有緊急的狀況,則發行臨時號,同時希望販賣給其他州的藥業組合員與島內外對於藥業關心者。

第六為營業用備付簿冊及用紙的印刷,是指營業所需之簿冊及用紙,如麻藥出納簿、毒劇藥出納簿,皆由組合印刷,且以實惠的費用販賣給藥業從業人員。另外還有各種營業許可願(事後申請)用紙、各種事先申請用紙等則由組合員認領、攤派費用進行印刷。

第七為舉行藥業從業人員的表彰會及慰勞會,為了獎勵藥業從業人員之向上發展,故該組合每年會對優良的藥業從業人員進行調查且表彰,期望他成為向上發展之模範。從業員(店員)表彰式,可分為優良賞(給予賞狀)、精勤賞(給予賞狀和紀念品,紀念品價格為 10 圓到 20 圓之間)、功勞賞(給予賞狀和紀念品,紀念品價格為 20 圓到 50 圓之間)。選擇表彰之從業員(店員),其服務年限需滿三年以上,品行端正、勤勉且熟悉業務,而由幹部會審議決定可為從業員(店員)之模範者,且需向當局即監督官廳告知此事。組合員若對組合有特別功勞者,經由幹部會認定之後,授與感謝狀與價格適宜之紀念品。昭和 13 年(1938)2 月 15 日舉行第一回表彰式,有 103 名藥業從業人員受到表彰,同日有 400 名藥業從業人員舉行精神動員表彰從業人員的精勵修養。而對於藥業從業人員慰勞之方法,則是舉行每年一回的慰勞會,昭和 14 年(1939)3 月 7 日,便於草山溫泉聚樂園舉行慰勞會,參加者有 300 多名,除了慰勞之外,也對其精神講話。

第八為舉行藥神祭(祭祀對象為神農大帝),是該組合事務所集合會場於

每年 11 月 23 日舉行藥神祭，除此之外，也常會對藥神祭行奉祀，以發揚敬神思想。

第九為該組合也屬特別防諜團組織，昭和 13 年（1938）5 月 14 日依照臺灣總督府的指示，為了因應非常時局，故組織一特殊防諜團，以期協助當局對於國民防諜之徹底。

第十為對於組合家族成員之慶弔，是指組合員或其家族中有成員被應召入營出征者，則贈送祝旗祝福，且給予家屬慰問品，若不幸身亡，則會給予奠儀，以表弔意。組合員及其家族成員之慶弔，需通知其他組合員。對於慶弔慰問之支出標準如下：出征和入伍，贈與旗一個（價格在三圓以內）；遭逢意外者，組合長則依其程度給予慰藉；死亡者，則依以下的標準，由組合長考慮決定；店主則為組合費三個月以上，十個月以內；家族成員為組合費二個月以上，七個月以內；從業員（店員）為組合費六個月以內。若遇到特殊情況，需有上述規定以外之支出，且由幹部會審議認定有必要者，可適宜決定之。

第十一為社會奉仕事業，是指進行各種社會事業之援助，如昭和 12 年（1937）10 月 1 日臺北南女子救護隊成立，該組合捐贈金額，且於同年 12 月 1 日接受臺北南警察署長水野啟之感謝狀；昭和 14 年（1939）6 月 17 日始政紀念日，更捐贈了五百圓給海軍恤兵部。

該組合的收支預算與結算，收入主要是組合費、加入金（61 名加入金）、事業部（統制價格表、賣藥目錄、移入證、移入手續費、租賃費等）、基金與利息。支出主要是事務費（電話、電燈與文具其他）、總會費（定期總會一回，臨時總會二回）、創立紀念會費用、從業員表彰費、組合事務所房屋費用、保險費（三井建物保險 8,000 圓）、藥神祭費用、人事費用、雜物、幹部會費（幹部會費、同月例會、補助金）、事業部費（統制價格表、賣藥目錄等其他）、慶弔慰問費、通信費（臺南新報、其他通信費）、印刷費（事務用紙、印刷）、雜費（南署藥函寄送、銃後家族慰問其他）、租稅（地租稅）、預金（實業信用組合貯金）。該組合的經費是由組合費及其他收入為主，若年度有剩餘金，則移做次年度使用。組合員之組合費需於每月 25 日前繳納，每年 1 月將進行組合費之審定。該組合會計年度為每年 1 月 1 日到 12 月末日止。〔註 42〕

〔註 42〕臺北市藥業組合，《臺北市藥業組合概況》（臺北市：臺北市藥業組合，1939年），頁 7～12。

（二）全島藥業聯合大會

另外一個藥業從業人員就營業上進行溝通和交流的場域便是全島藥業聯合大會。根據史料所記載的大會，記載內容較為完整的有三回，就這三回的參與人員來看，除了藥業相關人員之外，官方也派出了和衛生醫藥相關人員出席參與，而就其討論的議題來看，主要是針對藥業相關法令提出建議、設立藥學專門教育、漢醫藥存廢問題進行討論。會議的詳細情形如下。

第一回的全島藥業聯合大會〔註43〕於 1921 年 3 月 19 日在臺北陸軍偕行社舉行，會議中討論的事項，會中北部團和南部團聯合提出了，一是大正 9 年（1920）12 月 15 日，府令第 184 號臺灣嗎啡、咖啡因及其鹽類取締規則第一條，希望其移入許可指令之迅速下附，且就以下各項請願之；即移入許可書提出及指令書下附時，可將警察署經由省略之和移入許可指令權可委由知事或廳長。二為大正 9 年（1920）12 月 15 日，府令第 184 號臺灣嗎啡、咖啡因及其鹽類取締規則第二條，其移出之時，附添移入地方官憲許可書後，止出移出證，應請願於當道。三為大正 9 年（1920）12 月 6 日，內務省令第 41 號嗎啡、咖啡因取締規則第二條，其移出之時，附添移入地方官憲移入許可書以後，止出移出證，希望請願於內務省。〔註44〕

會中北部團提出，一為府令第 184 號所受取締，其藥品移入後，研究所檢查之成績或不適於局方，需送還於移出者，必將手續簡易，請願於當道。二為大正 2 年（1913）4 月府令第 40 號，硝石取締規則中應加改正。即買受人由官廳持取買受證明書，以為販賣，可從省略。三為藥品巡視之時，請止多數警官同行。四為其延期至大正 13 年（1924），所有藥劑師合格登錄者，請於臺灣總督府實行藥劑師試驗。五為請於臺灣設立專門藥學學校。六為藥業大會必每年一回，於北、中、南輪番開之，並組織全島藥業組合。會中中部團提出請將阿片煙膏經銷販賣，於各州藥業組與以特許權。〔註45〕

第二回的全島藥業聯合大會〔註46〕於 1930 年 4 月 13 日在臺南公會堂舉

〔註43〕參與人數約 50 餘名，參與來賓有中部、南部各組合長；高木友枝博士、堀內次雄博士、武藤市長、木村、岡野等人。

〔註44〕〈全島藥業大會〉，《臺灣日日新報》第 7468 號，大正 10 年（1921）3 月 21 日，第二版。

〔註45〕〈全島藥業大會〉，《臺灣日日新報》第 7468 號，大正 10 年（1921）3 月 21 日，第二版。

〔註46〕參與人數 150 名，參與來賓有臺南州內務、警務兩部長、衛生課長、市長、辜顧問（辜顯榮）及其他關係者。

行，會中附議事項及各地提案，整理其主旨，分為 12 項，由臺北、新竹、臺中、高雄、臺南順次由提案者說明，臺北有兩提案、臺中有兩提案，各原案可決，新竹一提案付託委員，續附議高雄、臺南提案。主要內容，一為漢方醫藥希望繼續存置，將請願繼續試驗。臺大教授工藤祐舜、中央研究院技師佐佐木舜一、赤誠會理事長渡邊干城，南部理事長黃欣，洪團飛、葉煉金，就漢醫所關進行演講，後由支部長陳茂通致詞，推南理事長為議長，審議議事，詢問漢方醫術存續有必要否，漢方醫術繼續試驗，法制定請願書進行可否，前者問有必要，後者則照原案可決。二為支部長說明各地招募會員，臺中林松江說明各州置分部，一致贊成。〔註47〕

　　第三回的全島藥業聯合大會〔註48〕於 1931 年 4 月 19 日在臺北警察會館舉行。會中討論的內容，一為臺中藥業組合提案的有關購買組合之藥種商行為管束，討論結果為保留該提案。二為臺南藥業組合提案，藥請賣業者資格限制請願之件（改為賣藥製造營業並賣藥請賣業者資格限制請願），討論結果決定實行，以及臺南高等工業學校藥學科設置請願，討論結果為撤回提案。臺北藥業組合提案，結果皆獲許可，提案為臺灣麻藥類管束規則第一項第六號之一請願刪除；臺灣與內地同樣施行新藥和製劑管束規則請願；依產業組合法之全島各地購買組合所賣物品中有定價之藥品及賣藥類似品，對當局請願照定價販賣；對於照產業組合法之購買組合，限定其買賣折聲；出願販賣酒精及葡萄酒類之藥劑師及藥種商；設立藥事關係法規研究部，作為臺灣藥業聯合會事業全島聯絡。〔註49〕

第二節　醫藥研究

　　藥業從業人員除了有商業上的同業組合、醫藥會議可以溝通訊息外，醫藥研究發表於報章雜誌上也是一個可以交換訊息的管道。

　　藥劑師除了在工作的場域，運用其專業的知識外，在研究的場域，藥劑師

〔註47〕〈臺南所開藥業大會出席百餘名〉，《漢文臺灣日日新報》第 10774 號，昭和 5
　　　　年（1930）4 月 15 日，第四版；〈全島醫藥大會續報〉，《漢文臺灣日日新報》
　　　　第 10795 號，昭和 5 年（1930）5 月 6 日，第四版。
〔註48〕參與人數約 200 名。
〔註49〕〈藥業大會決議事項──製藥賣藥資格限定請願、全島設藥事法規研究部〉，
　　　　《漢文臺灣日日新報》第 11143 號，昭和 6 年（1931）4 月 22 日，第四版。

則會加入藥業相關團體,將其對於藥品試驗的心得和結果,於雜誌上發表,以求和同業之間資訊和技術上的交流,甚至以該團體的名義舉行展覽會,以求對民眾用藥知識和習慣產生影響。以下就以臺灣藥友會(臺灣藥學會的前身)和臺灣藥學會作為分析的例子,討論藥劑師在兩個團體中,如何運用其職能和專業的知識。

一、臺灣藥友會

有關臺灣藥友會此組織,除了例行會的討論外,會員也在此會出刊的《臺灣藥友會會報》和《臺灣藥友會誌》〔註50〕上,進行藥品、藥理學相關的討論,除了會員異動的消息、定期更新新出品的藥品消息外,其中有不少篇幅更成為藥劑師或製藥業者的收費廣告宣傳版面,以及教導藥鋪店員的理學和化學知識。臺灣藥友會是於大正 8 年(1919)2 月創立,是由居住於臺灣、中國南部和東南亞地區的藥劑師和藥學有關者約 200 餘名所組成之組織,每月會發行一回機關雜誌藥友會誌,且不時召開學術演講會,以圖藥學之普及。首先,則先對臺灣藥友會的基本架構、會則和成員進行討論。

(一)臺灣藥友會會則與會員名單

1. 臺灣藥友會會則(大正 13 年 5 月 25 日第五回總會改正)〔註51〕

臺灣藥友會的會則,從會則中可以看見,臺灣藥友會成立的目的在於知識的交流,該會也希望於臺灣各地多召開演講會等活動,以求藥學知識的普及,且首先以臺灣全島的藥業專業從業人員作為入會的對象,本會在以下州廳設置分部:新竹、臺中、臺南、高雄、花蓮港、臺東廳,最後甚至普及到中國南部、東南亞地區。該會為了達成藥學和藥業相關知識的交換及會員相互之間的親睦的目的,將會全部執行以下的項目:召開學術演講會(一年於臺北和其他地方召開數回)和談話會;成為使會員之間相互消息知悉的機關;作為母國其他相關諸團體之間的聯絡機關;作為關於會員業務的學術機關;作為關於臺灣及中國南部、東南亞地區的藥學研究機關;作為公眾醫學及其應用為眾人知曉的機關;以及其他多數會員所認定必要的項目。有關該會的

〔註50〕自 1923 年 1 月 1 日開始,《臺灣藥友會會報》改名為《臺灣藥友會誌》,每月一日出刊。

〔註51〕臺灣藥友會,《臺灣藥友會誌》,第 21 號,1924 年 6 月,頁 20〜21。

經費方面，會員每年需繳納會費 3 圓。（改正之前為 2 圓，可分上、下年兩期繳納）本會經費由會費及會員的贈金組成，本會運作後剩餘的金額成為本會的基本金，交由會長保管。退會會員需於一個月內提出申請，本會會歸還已繳納的會費。

2. 臺灣藥友會會員及幹部名單

臺灣藥友會的幹部，如表 5-1 所示。由於該會幹部的選舉，採用記名的方式選舉，故幹部大多都是由在藥業頗有地位的人員，輪流擔任不同的職務。該會設置以下幹部（該會事務所置於會長家中），以運作會則：總理會務的會長一名、輔佐會長且在會長遭遇事故時代理其職務的副會長一名，分擔庶務、會計、編輯的幹事八名，討論重要事件的評議員若干名、執行地方會員與本會之間通達會務的職責的地方幹事若干名、執行置於南支南洋的各會與本會之間的會務聯絡職責的通信員若干名。〔註 52〕該會與業務內容相關的集會有幹部會議（會長通知臨時召開）和總會（一年召開一回，日期由管理人員會議決定後，通告會員，會務需在每次總會時提出報告，且得到會員的承認，出席會員中之議員，需議決以下的事項：會務適否、會則的變更、基本金的用途、其他會員提出的議案）。

而臺灣藥友會的會員，是由居住於臺灣、中國南部和東南亞地區和藥學、藥業有關者申請，或是藉由其他學會推薦入會。會員名單如表 5-1 所示，從表 5-1 中可以看見，參加的會員有任職於臺灣、日本內地、中國、朝鮮官立機構、地方機構的藥劑師，以及自行開業的藥劑師，其中也有西醫和漢醫的加入，在日治時期漢醫師由於臺灣總督府壓抑的政策使然，漢醫師仍於所開的漢藥房中繼續執業，發揮其所長。由此可知，臺灣藥友會成為醫和藥在研究上一個交流的管道。

〔註 52〕幹部的選舉和任期依據以下執行：會長和副會長經由會員之間選舉的記名方式產生，任期一年可連任、幹事是由會長從住在臺北的會員中指名擔任，任期一年可連任、評議員由會長從會員中指名擔任，任期一年可連任、地方幹事由會長指名擔任，任期一年可重任、通信員由會長指名擔任，任期一年可重任。

表 5-1　臺灣藥友會幹部和會員名單（1922～1927）〔註53〕

職　稱	姓　名
會長	半澤清助、丹野保次
副會長	葛岡陽吉
評議員	春原三壽吉、奧田市三郎、耍千枝太郎、丹野保次、山本富次郎、松村政直、惠澤貞次郎、木村米太郎、中山直敏、葛岡陽吉、荒木忠郎、木島闓、成田清晉、荻野虎一、中山富次郎
幹事	前川寬、小山謙吉、成田清晉、田崎佐市、荻野虎一、前田一郎、高瀬文二、田中利弘、木島闓、伊藤量平、三宅隆吉、小林寅雄、松浦棟夫、田邊博、深堀為助
地方幹事	基隆——大橋巖、河合音次 宜蘭——鈴木和三郎 新竹——山口櫻 臺中——小田部鎮、佐川外喜郎、氏家丙堂、田中利弘、杉山英夫 嘉義——白井一 臺南——柳榮太郎、津川福一、橫山勇 高雄——安藤彥市、長谷田久吉 屏東——林精一、岳力太郎 花蓮港——小林秀隆、野田易 臺東——宮崎猛雄、梅村智
在外通信員	福州——柴田廣之助、佐藤芳政 廈門——大木壽人 廣東——森清太郎、市村萬吉

會員名單	
臺北州	
所屬單位	姓　名
稅關	江口三郎
赤十字病院	石橋秀雄、大川豐、小林寅雄
臺北州衛生課	原田七右衛門、小山謙吉、三宅隆吉

〔註53〕依《臺灣藥友會誌》第 12 號所示，1923 年 9 月為止，臺灣藥友會會員總共有
192 名，新入會者內地 3 名、本島 10 名；退會者內地 2 名、本島 5 名；死亡者
本島 1 名。以會員所處的地域來看，臺北州 105 名（臺北市 89 名、郡部 16 名、
基隆 7 名、宜蘭 6 名、桃園 3 名）、新竹州 6 名、臺中州 11 名、臺南州 16 名
（臺南市 12 名，嘉義市 4 名）、高雄州 19 名（高雄街 10 名、屏東街 7 名、澎
湖廳 1、其他地方 1 名）、花蓮港廳 5 名、臺東廳 2 名、內地 22 名、中國 6 名。

衛戍病院	中山直敏、平田喜久雄、庄野道德
博愛醫院	陳朝吟、松山壽雄
稻江醫院	中濱伴次郎
婦人病院	武藤良造、高梨末吉
仁濟院	大場六之助
臺北監獄醫務室	矢野靜雄
醫學專門學校	春原三壽吉
工業學校	增田壽雄
臺灣製腦會社	小原勝藏
三共製藥會社出張所	荻野虎一、葛岡陽吉、祝次郎
星製藥會社出張所	星一、前田一郎、杉浦鉱次
高砂ビール會社社宅	山田宗吉
資生堂	伊藤量平
東京堂藥局	御政仙次
恒生堂藥房	葉鍊金
添籌藥行	李友寬
捷茂藥行	楊接枝
和昌藥房	張千祿
太和堂藥房	李英
北投庄溫泉場	鳥居嘉藏
錫口養生院	高梨末吉
臺灣總督府松山療養院藥局	武藤良造、菅野正君
基隆港東醫院	佐藤正志
金瓜石礦山醫務室	高崎松次郎
圓滿堂藥房	李水泉
中央研究所	今町臣三、大田彥八、太田傳作、(農業部)奧村音三郎、粕谷隆次、川上策太、田崎佐市、村井八藏、山本政雄、松本周祐、佐佐木覺、三宅隆吉、篠原榮、正田主計、屋宜宜榮、鈴木充彥、(工業部)竹田祥三郎、(衛生部)曾茂己、小川臣三、田中利弘、荒木忠郎、坂脇寅雄、惠澤真次郎
臺北醫院	華岡龜之助、丹野保次、田邊博、田栗直志、江本一男、佐藤芳政、水梨彌一、白木直、駒井三千一、奧村外一、筒井臺輔、田中文雄

醫院官舍	成田清晉、木島闇、田邊博、田栗直志、江本一男
基隆醫院	河合音次、柴田廣之助、大橋巖、高橋茂二郎、石島啟次
宜蘭醫院	石原五郎、矢島正次、鈴木和三郎
專賣局	石垣用知、川上策太、德永稻雄、松浦棟夫、小牧勝二、小幡富三郎、松島政次郎、川畑豐滿、高橋茂二郎、荒木性次
所屬單位不明	春日井信雄、田澤震五、蒲田丈夫、中川忠吾、高瀨文二、神谷二郎、陳有福、柏村千代槌、西尾靜夫、永井德照、中田堅、山本富次郎、淺川純一、志田茂雄、下野權太郎、森田耍造、陳茂通、陳作霖、李俊啟、奧由市三郎、耍勝馬、新原謙相、石黑純一郎、緒方英市、井上助、津島怡子、半澤清助、德永稻雄、高井四郎、田代六右衛門、半澤清助、中山富次郎、前川寬、中川斧太郎、松村政直、三尾亮介、華岡龜之助、耍千枝太郎、土永常造、土永常雄、木村米太郎、多賀萬壽、思田義敬、吉越清三郎、西尾靜夫、今田涉、風早正、吉原多三郎、福田仁三郎、井戶チズ、村井瀧太郎、張添旺、吉岡信亮

新竹州	
所屬單位	姓　名
新竹州衛生課	富樫文男、山口櫻、神川義一
新竹醫院	小田部鎮、佐佐木昇一、村本重光
新竹藥局	青木三郎
所屬單位不詳	大久保政治、新原龍太郎

臺中州	
所屬單位	姓　名
臺中州廳	藤井一康
中央研究所分室	宮野待之
臺中高等女學校	宮野待之
丸三藥房	水島茂一
回生堂	栗原儀一郎
大效堂藥房	陳犇
臺中州衛生課	氏家丙堂、大關泰造、小島三二、鈴木和三郎、富樫文男、小田部鎮、木原竹義
臺中醫院	大橋巖、小田部鎮、村本重光、山內茂弘、杉山英夫、松崎寅三郎
所屬單位不詳	前田八十松、佐川外喜男、佐藤重利、李榮發

臺南州	
所屬單位	姓　　名
臺南州衛生課	橫山勇、熊井市衛
中央研究所分室	粟津直康
濟生醫院	松本清六
臺南第一中學校	上野善信、須並金太郎
阿部農場	吉安屋末一
嘉義醫院	中村源治、小泉福松、西田一郎
臺南醫院	渡邊宜敬、熊野熊雄、唐島金三、野田易、柳榮太郎、栗山昇
臺灣生藥株式會社	奈古屋末一（舊姓吉安）、齋藤八藏
所屬單位不詳	津川福一、角谷力男、高島鈴三郎、林虎三、豐田伊作、鹿沼留吉、三輪雄吉、白井一
高雄州	
所屬單位	姓　　名
高雄州衛生課	太田壽雄、田邊信太郎
高雄醫院	高橋易顯、長谷田久吉
高雄南部製酒會社	塚本胖
鹽水港製糖工場	赤田島市
臺南專賣局支局屏東出張所	前島知德
旗尾鹽水港製糖工場	黑田喜一郎
屏東醫院	林精一、野口治平
安藤藥局	梅村智、安藤彥市
臺灣製糖工場	本間榮吉
所屬單位不詳	高橋博吉、森定市、翁柳川、大石友次郎、施宜、辻市次郎
臺東廳	
所屬單位	姓　　名
臺東廳衛生課	屋宜宜榮
臺東醫院	松崎寅三郎、宮崎武雄、中川泰生
所屬單位不詳	小野百壽郎

澎湖廳	
所屬單位	**姓　名**
澎湖醫院	寺尾藤渡、岳力太郎

花蓮港廳	
所屬單位	**姓　名**
花蓮港廳衛生課	土屋卯重
花蓮港醫院	小林秀隆、神谷二郎
所屬單位不詳	塚原市六、中村豐太郎、白石太一郎

中　國		
地　址	**所屬單位**	**姓　名**
廣東	博愛會病院	市村萬吉
廣東提二馬頭		森清太郎
廈門	博愛會病院	大木壽人
福州	博愛會病院	三谷薰、東館昇道、佐藤芳政、柴田廣之助
福州南臺觀音井		廣貫堂

日本內地		
地　區	**所屬單位**	**姓　名**
神戶市	神戶市役所水道課	粕谷隆次
	臺灣專賣局神戶支局	田代六右衛門
千葉市	所屬單位不詳	野口嘉太郎
名古屋市	所屬單位不詳	土岐英夫
奈良市	奈良衛戍病院	平田喜久雄
橫濱市	所屬單位不詳	岩松秋一
橫須賀	橫須賀衛戍病院	奧田健兒
金澤市	所屬單位不詳	森敬三
大垣市	所屬單位不詳	奧田健次郎
京都府	所屬單位不詳	大橋勇
栃木縣	所屬單位不詳	蓼沼清一
鹿兒島市	所屬單位不詳	海津四郎

東京市	三共製藥向島工場	久田德
	友田合資會社	金子豐
	第一製藥會社	永富正雄
	セメント會社	湯ノ目甫
	星製藥工場	桂豐介
	所屬單位不詳	高瀬文二、柴平彌太郎、下竹要祐、富股誠次郎、永山源四郎、東館昇道、杉山松夫
大阪市	日東商行	田畑保次郎
	OP 製藥會社	井上儀一
	黑田藥品商會三國工場	野口嘉太郎
	所屬單位不詳	谷博、佐藤庄平

朝鮮		
地　　址	所屬單位	姓　　名
京城府	藤澤友吉京城支店	高岡友衞
龍山	軍醫部	月見里辰五郎

居所不明		
地　　址	所屬單位	姓　　名
不詳	不詳	謝師雄、李錫揚、日野和雄、石島集作、矢島正次

資料來源：臺灣藥友會，《臺灣藥友會會報》，第 3 號，1922 年 12 月，頁 23～26；臺灣藥友會，《臺灣藥友會誌》，第 5 號，1923 年 2 月，頁 11；第 6 號，1923 年 3 月，頁 11；第 7 號，1923 年 4 月，頁 12；第 8 號，1923 年 5 月，頁 12；第 9 號，1923 年 6 月，頁 11；第 14 號，1923 年 11 月，頁 22～23；第 15 號，1923 年 12 月，頁 11～19；第 17 號，1924 年 2 月，頁 17；第 18 號，1924 年，頁 18；第 18 號，1924 年 3 月，頁 16；第 19 號，1924 年，頁 17；第 20 號，1924 年，頁 21；第 21 號，1924 年，頁 21～22；第 23 號，1924 年，頁 22；第 27 號，1924 年，頁 20～21；第 29 號，1925 年，頁 22；第 30 號，1925 年，頁 25；第 33 號，1925 年，頁 15；第 34 號，1926 年，頁 27～29；第 35 號，1926 年，頁 40～43；第 36 號，1927 年，頁 21。

（二）臺灣藥友會例行會議

　　臺灣藥友會會定期舉行例行會議，較為特別的是，1926 年臺灣藥業組合、臺灣開局藥劑師組合、臺灣藥友會三個藥業相關團體，於 4 月 5 日在臺中州廳會議室召開聯合總會，與會者約四十名，除了先由幹部報告會務外，當日則有

藥友會會員，對於藥學上之研究進行發表。而各州提出的議案如下：藥律第二
條割除請願之經過；組織計量器統一的組合之件；防止賣藥濫賣（以上由臺南
州提出）；賣藥印紙稅撤廢後之處置如何。（臺中州提出）〔註54〕三個藥業相關
團體集會討論，有關民間的賣藥事項，且針對賣藥法令進行協商。例行會議，
除了針對業務內容進行討論外，會議中還有另外一項知識交流的重要活動，便
是演講會，有關各次例行會議所演講的內容，如表 5-2 所示。表 5-2 所顯示的
研究論文，有部份會發表於臺灣藥友會的機關雜誌《臺灣藥友會會報》（第 1
～3 號）和《臺灣藥友會誌》（第 3 號後改成此名稱）上。整體而言，從其研
究的題目看來，除了對於民眾用藥知識的說明外，還有對於藥物藥理學的研
究，且不論是漢藥還是西藥抑或民眾飲食生活相關的物品，都是研究的對象。

　　將表 5-2 的內容詳細討論，可以發現臺灣藥友會的演講和研究論文，可分
成以下幾類，一是其他國家藥業訪查或醫藥相關會議見聞錄，如「內地藥業視
察談」、「內地之衛生技術官會議所見」、「東大模範藥局的近況」。二是新式藥
品和藥學發展的介紹，如「藥學新傾向」、「防疫上一種新藥的發表」、「論合成
治療藥」和「臟器和臟器製劑」。

　　以「臟器和臟器製劑」的研究為例，該研究指出臟器可提煉作為藥物的
有 23 種，分別為：腦下垂體前葉（可治療月經停止、月經過多、身心發育不
全、泌尿生殖器異常、癡呆症）、腦下垂體後葉（可治療陣痛催進、帕金斯症）、
松果腺（可製成松果腺錠，治療老年期精神力衰退）、甲狀腺（可治療糖尿病、
甲狀腺腫、末稍肥大症、肥胖症）、副甲狀腺（可治療痙攣症狀）、胸腺（可治
療佝僂病、眼球突出性甲狀腺腫、痛風、畸形性關節炎）、胰島腺（可製造成
治療糖尿病的皮下注射藥品）、副腎（可製造成止血劑及心臟衰弱興奮劑）、
睪丸（治療生殖機能不全、神經衰弱、肥胖病）、卵巢（治療卵巢機能不全、
月經困難、月經過多、孕吐）、胎盤（可製作成乳汁分泌劑）、乳腺（治療月經
困難、月經過多）、腦體製劑（用於神經衰弱、癲癇、破傷風）、肺臟製劑（肺
疾咳嗽、其他鎮咳作用）、肝臟製劑（肝臟硬化症及機能不全）、脾臟製劑（促
進腸蠕動、應用於婦科的止血劑）、腎臟製劑（慢性腎臟炎及浮腫）、消化腺
製劑（消化機能亢進劑、蛋白澱粉消化劑、小兒腸胃病製劑）、膽汁成分製劑
（肺結核、肋膜炎、膽汁分泌促進、膽石症）、各臟器成分混合製劑（男性與

〔註54〕〈藥業三團體總會〉，《臺灣日日新報》第 9309 號，大正 15 年（1926）4 月 5
　　　　日，第四版。

女性生殖機能不全）、甲狀腺摘出的乳汁及血清製劑（小兒及老人癡呆症）、血管壁膜製劑（動脈硬化症使用）、骨髓製劑（月經困難、不順，貧血、結核、癲癇）。〔註55〕

　　三是化學和日常生活的關係，如「生活現象與化學作用」、「論臺灣飲食器具中含鉛實驗」。四是藥用植物的討論，如「論吐根」、「臺灣產的藥用植物──以規那和古柯等最有希望」、「依病名之藥用植物集」。五是臺灣礦物或植物在化學上有關的介紹，如「論臺灣所產楓樹葉油及樹脂的成分研究」、「論臺灣的石灰石」。六是幼兒藥品的討論，如「論日本小兒藥物用量及極量」。七是食品和飲用水的討論，如「論飲料水消毒」、「食物的營養價值」、「論臺灣飲食物」、「穀類藥效調」、「論植物性色素」。八是討論臺灣藥業法令，如「論臺灣藥律」、「對於新藥檢查標準的希望」。九是各地藥局的工作業務討論，如「三都藥劑部的對應策」（日本、臺灣和朝鮮醫院的藥劑部門）。十是漢藥品功效的討論，如「論漢藥自然銅」、「漢藥三仙丹」。十一是討論化妝品和保養品，如「話化妝品（一）」、「論市販頭髮用椿油」。

表 5-2　臺灣藥友會演講講題和研究論文表（1921～1927）

時間與地點	演講講題與演講者
1921 年 7 月 9 日 書院街偕行社例行會	內地藥業視察談──小山謙吉；論配合禁忌合劑及飽和劑之投藥法，與自家考案投藥瓶──小田部鎮；放射能物質──黑川義信；內地之衛生技術官會議所見──惠澤貞次郎；原子之構造，所謂萬物之銀化說──半澤清助。
1922 年 3 月 4 日 第三回總會	論臺灣藥律──山口櫻；「ケハール」無味無臭狀自家製劑供覽──小田部鎮；論日本小兒藥物用量及極量──小田部鎮〔註56〕；論吐根──佐藤芳政；論風味──田崎佐市；論飲料水消毒──柏谷隆次；未定──丹野保次；藥學新傾向──半澤清助。
1922 年 11 月 25 日 臺北陸軍偕行社例行會	東大模範藥局的近況──華岡龜之助；食物的營養價值──葛岡陽吉；論タングステン（金屬礦石用於工業）〔註57〕──村井八藏。

〔註55〕臺灣藥友會，《臺灣藥友會誌》，第 16 號，1924 年 1 月，頁 3～8。
〔註56〕發表於臺灣藥友會，《臺灣藥友會誌》，第 5 號，1923 年 2 月，頁 1～5。
〔註57〕發表於臺灣藥友會，《臺灣藥友會誌》，第 6 號，1923 年 3 月，頁 1～2；臺灣藥友會，《臺灣藥友會誌》，第 7 號，1923 年 4 月，頁 1～2。

1922 年 12 月 25 日 《臺灣藥友會會報》第 3 號	三都藥劑部的對應策；臺灣產的藥用植物──以規那和古柯等最有希望。
1923 年 2 月 24 日 臺北市專門局俱樂部例行會	有關於御料局木曾出張所テレピン油的製造狀況──太田傳作；關於生理學上膠質溶液的意義──庄野道德；論臺灣所產楓樹葉油及樹脂的成分研究──田崎佐市。
1923 年 4 月 1 日 《臺灣藥友會誌》第 7 號	ベンゾール中毒（化學工業中由於瓦斯體吸入後為皮膚和肌肉所吸收而引發的中毒現象）──Charles F. Horan. Chem. And Mer. Eng（1922 年 9 月 20 日），野口生抄譯。
1923 年 6 月 16 日 《臺灣藥友會誌》第 9 號	對於新藥檢查標準的希望──長谷田久吉。
1923 年 8 月 3 日 《臺灣藥友會誌》第 11 號	新藥的檢查法（二）──小田部生。
1923 年 8 月 12 日 臺北市陸軍偕行社第四回總會並江山樓演講會	關於生理學上膠質溶液的意義──庄野道德；論カフェイシ製造試驗──篠原榮；論臺灣所產楓樹葉油及樹脂的成分研究──田崎佐市〔註58〕；論製冰操作上的製冰原水──山口櫻；飲料水中「アムモニア」存在的意義──田中利弘〔註59〕；關於木曾對於「テレビン」油的製造──太田傳作；防疫上一種新藥的發表──春原三壽；論臺灣的石灰石──惠澤貞次郎〔註60〕；論合成治療藥──丹野保次；生活現象與化學作用──半澤清助。
1923 年 9 月 25 日 《臺灣藥友會誌》第 12 號	論冰的クロール量的問題──田中生。
1923 年 11 月 17 日 《臺灣藥友會誌》第 14 號	再論冰クロール量的問題──田中生；原報──生蕃粟酒──半澤清助；雜報──具有藥效的野菜和草木；雜報──具有藥效的野菜和草木──解熱劑與消化劑。
1923 年 11 月 24 日 臺北陸軍偕行社例會	論阿片的定量──中山富次郎；臟器和臟器製劑〔註61〕──葛岡陽吉。
1924 年 1 月 1 日 《臺灣藥友會誌》第 16 號	雜報──糖尿新藥インスリン。

〔註58〕發表於臺灣藥友會，《臺灣藥友會誌》，第 14 號，1923 年 11 月，頁 1～4；臺灣藥友會，《臺灣藥友會誌》，第 15 號，1923 年 12 月，頁 1～4；臺灣藥友會，《臺灣藥友會誌》，第 17 號，1924 年 2 月，頁 1～5。

〔註59〕發表於臺灣藥友會，《臺灣藥友會誌》，第 12 號，1923 年 9 月，頁 1～3。

〔註60〕發表於臺灣藥友會，《臺灣藥友會誌》，第 18 號，1924 年 3 月，頁 1～3；臺灣藥友會，《臺灣藥友會誌》，第 19 號，1924 年 4 月，頁 1～3；臺灣藥友會，《臺灣藥友會誌》，第 20 號，1924 年 5 月，頁 1～2；臺灣藥友會，《臺灣藥友會誌》，第 21 號，1924 年 6 月，頁 7～12。

〔註61〕發表於臺灣藥友會，《臺灣藥友會誌》，第 16 號，1924 年 1 月，頁 3～8。

1924 年 3 月 10 日 《臺灣藥友會誌》第 18 號	論エステル──臺灣臺東醫院藥局松崎寅三郎。
1924 年 5 月 5 日 《臺灣藥友會誌》第 20 號	就電氣化學而論──臺東醫院藥局松崎寅三郎；三度冰中「クロール」的問題──田中生。
1924 年 5 月 25 日 臺北陸軍偕行社第 5 回總會	論鹽酸「コカイン」製造法──神川義一；論毒殺未遂的鑑定──山口櫻；論水中含有的「クロール」──富樫文雄；桐油成分研究第一報──氏家丙堂、大關泰造；論「ガレスス」製劑的試驗基準──山內茂弘；「ダレコ、カーボン」的力價──村本重光；有關害蟲驅除之所見──氏家丙堂；論市販「アムプレー」──小田部鎮〔註62〕；論「ウワウルシ」葉中主要成分的定量──杉山英夫〔註63〕；「パパイン」的消化藥價值──小田部鎮；論「アルコール」的分子狀態與「デイソチエーション」的影響──小田部鎮〔註64〕；論植物性「エンチーム」──柳榮太郎；論植物性「インヂカトール」──野田易；硝子的「アルカリ」度──唐澤金三〔註65〕；論「コカイン」的構造──渡邊敬；論麵包的「アシヂテート──柳榮太郎」；論防腐消毒藥──熊野熊雄；各種消化劑消化力的比較試驗成績──田邊博；論經由藥局取得的藥品──成田清晉；論「カフエイン」的製造──篠原榮；論市販頭髮用椿油──田崎佐市；動力源──小川臣三；論樟腦的生理作用──前川寬〔註66〕；論苦汁工業──小幡富三郎；論「モルヒネ」的呈色反應──中山富次郎；「プルヌスマクロフイルラ」的研究──春原三壽吉；食物中毒──葛岡陽吉；論ラジオ元素的化學性質──丹野保次〔註67〕；論膠朧體水酸化第二鐵──春原三壽吉；論阿片煙中的成分──半澤清助〔註68〕。
1924 年 9 月 7 日 《臺灣藥友會誌》第 24 號	木瓜作為消化藥的價值（一）──小田部鎮。
1925 年 9 月 20 日 《臺灣藥友會誌》第 33 號	論北投溫泉湯的花成分。

〔註62〕發表於臺灣藥友會，《臺灣藥友會誌》，第 23 號，1924 年 8 月，頁 5～12。
〔註63〕發表於臺灣藥友會，《臺灣藥友會誌》，第 22 號，1924 年 7 月，頁 16～19。
〔註64〕發表於臺灣藥友會，《臺灣藥友會誌》，第 22 號，1924 年 7 月，頁 13～15。
〔註65〕發表於臺灣藥友會，《臺灣藥友會誌》，第 24 號，1924 年 9 月，頁 7～10。
〔註66〕發表於臺灣藥友會，《臺灣藥友會誌》，第 21 號，1924 年 6 月，頁 12～13。
〔註67〕發表於臺灣藥友會，《臺灣藥友會誌》，第 22 號，1924 年 7 月，頁 1～7。
〔註68〕發表於臺灣藥友會，《臺灣藥友會誌》，第 21 號，1924 年 6 月，頁 2～7。

1925 年 11 月 22 日 臺北市第二高等女學校第 5 回總會	醬油中防腐劑檢出法——富樫文男；論市販諸種祛痰劑溶血作用的比較試驗——杉山英夫〔註 69〕；論時計草的消化力——松崎寅三郎〔註 70〕；「フアンク」氏的維他命 B 抽出法和糖化促進的關係——柳榮太郎；論各種油類對硫酸的反應和對酸性白土吸著呈色反應——野田易〔註 71〕；ソーダフアウンテン的經營——葛岡陽吉；有關化學實驗上酸性白土的應用知識——田崎佐市；論上水會議的概況——正田主計；話化妝品（一）；化ウイタミン（一）；選擇飲食物的方法；使用藥品的方法；其他有益家庭的演講。
1926 年 4 月 3 日 臺中州廳會議室第 7 回總會〔註 72〕	論臺灣飲食器具中含鉛實驗——平野文雄〔註 73〕；論醬油中防腐劑、人工甘味質的實驗——平野文雄；論國產煉乳與進口煉乳的比較試驗——神川義一〔註 74〕；論冰中的「クロール」——曾茂己；論炭石化炭與石灰窒素——木原竹義；論植物性色素——水梨彌一；論賀爾蒙——深堀為助〔註 75〕；維他命 B 含有物製造實驗報告（第一報）——唐島金三郎；論各種油類對硫酸的反應和對酸性白土吸著反應（第二報）——野田易；論ゼネガ根浸煎劑——丹野保次、田中文雄〔註 76〕；「ヂアスターゼ」劑品的成績——氏家丙堂；論ガソリン—田崎佐市〔註 77〕；論牛乳及乳製品中「サツカリン」及サリナール酸檢出法——山口櫻〔註 78〕；論輕粉——三宅隆吉〔註 79〕；論水素「イオン」濃度與自製比色測定法——柳榮太郎〔註 80〕；論「ベークライト」——葛岡陽吉。
1927 年 1 月 1 日 《臺灣藥友會誌》第 36 號	論臺灣飲食物——池野隆吉；穀類藥效調——深堀為助；論漢藥自然銅——池野隆吉；論植物性色素——水梨彌市；依病名之藥用植物集——深堀為助；漢藥三仙丹——池野隆吉。

〔註 69〕發表於臺灣藥友會，《臺灣藥友會誌》，第 34 號，1926 年 1 月，頁 12～14。
〔註 70〕發表於臺灣藥友會，《臺灣藥友會誌》，第 34 號，1926 年 1 月，頁 17～19。
〔註 71〕發表於臺灣藥友會，《臺灣藥友會誌》，第 34 號，1926 年 1 月，頁 14～17。
〔註 72〕此次也召開藥業三團體總會，提出的議案有：藥律第二條削除請願的過程、組織計量器統一的組合、就賣藥濫賣防止（以上皆由臺南州提出）、賣藥印紙稅撤廢後之處置如何（臺中州提出）。
〔註 73〕發表於臺灣藥友會，《臺灣藥友會誌》，第 32 號，1925 年 8 月，頁 8～17。
〔註 74〕發表於臺灣藥友會，《臺灣藥友會誌》，第 35 號，1926 年 6 月，頁 1～2。
〔註 75〕發表於臺灣藥友會，《臺灣藥友會誌》，第 35 號，1926 年 6 月，頁 2～5。
〔註 76〕發表於臺灣藥友會，《臺灣藥友會誌》，第 35 號，1926 年 6 月，頁 19～22。
〔註 77〕發表於臺灣藥友會，《臺灣藥友會誌》，第 36 號，1927 年 1 月，頁 1～8。
〔註 78〕發表於臺灣藥友會，《臺灣藥友會誌》，第 35 號，1926 年 6 月，頁 22～24。
〔註 79〕發表於臺灣藥友會，《臺灣藥友會誌》，第 35 號，1926 年 6 月，頁 24～29。
〔註 80〕發表於臺灣藥友會，《臺灣藥友會誌》，第 35 號，1926 年 6 月，頁 29～38。

資料來源：〈藥友會演講會〉，《臺灣日日新報》第 7578 號，大正 10 年（1921）7 月 9
　　　　日，第六版；〈藥友會總會〉，《臺灣日日新報》第 7815 號，大正 11 年（1922）
　　　　3 月 3 日，第六版；〈臺灣藥友總會〉，《臺灣日日新報》第 7818 號，大正
　　　　11 年（1922）3 月 6 日，第六版；〈藥友會總會〉，《臺灣日日新報》第 9173
　　　　號，大正 14 年（1925）11 月 22 日，第五版。臺灣藥友會，《臺灣藥友會
　　　　會報》，第 3 號，1922 年 12 月，頁 1～20。臺灣藥友會，《臺灣藥友會誌》，
　　　　第 6 號，1923 年 3 月，頁 11；第 7 號，1923 年 4 月，頁 2～4；第 9 號，
　　　　1923 年 6 月，頁 1～3；第 11 號，1923 年 8 月，頁 1～5；第 12 號，1923
　　　　年 9 月，頁 4～5；第 14 號，1923 年 11 月，頁 4～11；第 15 號，1923 年
　　　　12 月，頁 11；第 16 號，1924 年 1 月，頁 9；第 18 號，1924 年 3 月，頁
　　　　3～5；第 20 號，1924 年 5 月，頁 8～13；第 21 號，1924 年 6 月，頁 16
　　　　～17；第 24 號，1924 年 9 月，頁 1～6；第 33 號，1925 年 9 月，頁 1～
　　　　4；第 34 號，1926 年 1 月，頁 28；第 35 號，1926 年 6 月，頁 41～42；第
　　　　36 號，1927 年 1 月，頁 1～44。

（三）贈藥活動

　　此外，臺灣藥友會的對外交際活動，則以 1923 年因應日本皇太子至臺
灣，臺灣藥友會獻上具有臺灣特色，採集於臺灣中南部的じやかうもろこし
さう、八角蓮、金線蓮各一鉢三種藥用植物為例。有關以上三種藥用植物的
性質如下：じやかうもろこしさう採集於高雄州屏東郡六龜蕃社地帶，蕃社
將其視為毒蛇咬傷、刀傷、創傷之良藥，除了煎服之外，還可貼於患部。八角
蓮採集於臺中州能高郡霧社管內蕃社森林中，是毒蛇咬傷、痛風及各種皮膚
疾病之良藥，可以水、酒煎服之。金線蓮採集於臺中州能高郡霧社管內埋石
山，是本島人視為貴重的解熱藥、強壯劑、治療呼吸器及內臟諸器疾病之藥
草，可調劑成散劑服用之，且對於毒蛇咬傷具有療效。以上呈獻之藥草，皆
是沒有毒性，且是藥學上稀有之研究材料。〔註81〕由於皇太子來臺，臺灣藥
友會致贈三樣用植物，此三種藥用植物由於需要至深山摘取，故得到當地
警察官員及樟腦會社社員共兩名提供協助，為了表達謝意，同時還寄贈家庭
藥。〔註82〕

〔註81〕臺灣藥友會，《臺灣藥友會誌》，第 8 號，1923 年 5 月，頁 2～4。
〔註82〕寄贈家庭藥的人和藥品名稱與數量如下：中田堅寄贈寒熱丸 2 個（1 圓）、星
　　　　一寄贈チヤコール錠 2 個（1 圓）、木村米太郎寄贈ホシスタ－2 個（1 圓）、
　　　　耍千枝太郎寄贈腸胃痢妙散 2 個（1 圓）、吉越清三郎寄贈瞬明水 2 個（1 圓）、
　　　　奧田市三郎寄贈胃活 2 個（1 圓）、陳茂通寄贈元丹 20 個（10 圓）、葛岡陽吉
　　　　寄贈絆創膏 2 罐和タカヂア錠 2 個、陳作霖寄贈五淋毒消丸 2 個（1 圓）、永
　　　　井德照寄贈大實丸 2 個（1 圓）。參照臺灣藥友會，《臺灣藥友會誌》，第 9 號，
　　　　1923 年 6 月，頁 11。

（四）展覽活動

藥業網絡中，製藥者、賣藥者與消費者除了藉由買賣商品和接觸醫藥廣告之外，另外一個可以互相接觸的管道便是醫藥展覽活動。藥業從業人員配合官方衛生政策的需要，展覽藥品，除了宣導相關的衛生知識外，替藥品打廣告在展覽活動上也是任務之一。以下由幾個藥業從業人員的團體，便藉由醫藥展覽活動，展現其藥品的圖像與魅力。臺灣藥友會除了知識上的研究外，對於衛生相關的活動，也有所著力，如對於衛生展覽會的舉辦與贈藥的活動。除了以下會討論的 1921 年之藥事衛生展覽會外，1922 年 3 月臺灣藥友會又利用北投溫泉地域的環境，召開戶外遊行的活動，以對公眾衛生提出貢獻。〔註83〕

在 1921 年 3 月，由臺灣藥友會作為主導，催生了位於臺北市新公園的「藥事衛生展覽會」。在 1921 年召開第二回總會時，便利用此次機會討論，能夠以舉辦「藥事衛生展覽會」，用來普及一般公眾的藥事衛生思想，故以該會的會費作為基礎，決議發起此展覽會，預期入場者能夠上萬，希望能夠對於普及本島的公眾衛生的奏效；會場位於臺北新公園的音樂堂附近，圍起約 1,500 坪大的土地，且以記上藥事衛生思想宣傳文句的行燈作為裝飾。〔註84〕

有關此次活動所使用的標語，主要都是希望推廣的藥學常識，特別注重關於毒藥和劇藥需謹慎使用的標語，如「採集規那樹的樹皮是治療瘧疾的靈藥奎寧」、「農家的好副業是藥草的栽培」、「藥學中有一科目為裁判化學，是一針對毒殺事件進行毒藥鑑定的學問」、「過去是從藥學生化學，現今是從化學孕育藥學」、「巴豆為毒藥」、「アメパ赤痢可採集エメチン之吐根，即生藥治療」、「バクチ樹可名為イヤナ，此樹葉同杏仁水服用可治咳嗽」、「診斷後早點服藥」、「飲用煮熟的水」。〔註85〕

藥品在展覽會中被宣傳成為國民一日不可或缺且簡易的治療方法，在理想的狀態下，生病了需要接受醫師的診療，但是實際執行起來，並不是那麼簡單，特別是山間交通不便之處，賣藥的場所便實屬必要，故展覽的目的是希望對賣藥做改良進步，使其能夠有效地普即使用，強調國民衛生中最重要者莫過於藥品。而內地的藥業者，是該展覽會的贊助者，故希望特別展出其

〔註83〕臺灣藥友會，《臺灣藥友會誌》，第 8 號，1923 年 5 月，頁 2。
〔註84〕衛生課報，〈藥事衛生展覽會〉，《臺灣時報》，時報類，大正 10 年（1921）6月，頁 111。
〔註85〕衛生課報，〈藥事衛生展覽會〉，《臺灣時報》，時報類，大正 10 年（1921）6月，頁 152。

藥品。〔註86〕而有關此次展覽會的內容和空間的配置如下。

展覽會的空間配置上，除了設置四室外，還設置了藥物植物室以及軍事衛生室。藥用植物室則展示了32種的藥用植物。軍事衛生室，這次是陸軍衛戍病院特別展出軍隊用的衛生器具機械及藥品。而第一室是一般醫藥品的陳列與有關主要醫藥品的製造順序的展出。一般醫藥品約展出四百餘點，且以醫治的效用分類陳列的藥品，漢藥和西藥皆有，使得觀眾對於陳列藥品的種類和應用能夠一目了然，所展覽藥品的種類，分為一般藥品、漢藥與家庭用藥，如表5-3所示。

有關主要藥品的製造順序，是展出且說明如何以石炭乾餾和木材乾餾的副產物製造成藥品，還有如何用動物的臟器製造出藥品、和與食鹽樟腦與阿片有關的醫藥品或顯示「キ二ー子」及「カッフエーン」的原料及製造的行程以及藥品的原料和製造方法的概念。〔註87〕第二室為漢藥及有關家庭衛生的陳列室。漢藥的展示品約有400百種，強調此種藥品為當時普遍使用，且有在之後大加調查與研究的必要，加上本島當時大多數的醫師仍實際使用這些藥品，故特別陳列之，且使其在此次展覽中大放異彩。有關家庭衛生的展出品總數約有100餘種，隨著社會文化程度的進步，各個家庭的衛生設備也愈加發達，故對於一般家庭屬於必要的藥品、醫療器械還有衛生用具的展示，希望藉此極力喚起衛生的思想。〔註88〕

表5-3 「藥事衛生展覽會展出品——藥品類」（1921）

一般藥品		一般藥品		漢　藥		家庭用藥	
藥品種類	數目（品）	藥品種類	數目（品）	藥品種類	數目（種）	藥品種類	數目（種）
神經藥	24	驅蟲藥	11	根部	122	諸藥品	131
迷矇藥	11	皮膚病藥	14	子部	89		
發汗藥	5	腐蝕藥	13	花部	18		

〔註86〕衛生課報，〈藥事衛生展覽會〉，《臺灣時報》，時報類，大正10年（1921）6月，頁112～113。

〔註87〕衛生課報，〈藥事衛生展覽會〉，《臺灣時報》，時報類，大正10年（1921）6月，頁111～112。

〔註88〕衛生課報，〈藥事衛生展覽會〉，《臺灣時報》，時報類，大正10年（1921）6月，頁112。

利尿、心臟強壯藥	15	アルカリ劑	11	礦物部	47	
祛痰藥	17	鐵劑	26	草部	35	
緩下藥	14	解熱藥	19	皮部	25	
健胃藥	25	消毒藥	28	動物部	41	
收斂藥	24	臟器藥	9	總數	377	
酸類	7	製煉用及試驗藥	28			
石灰劑	8	特種目的用藥	15			
變質藥	19	緩和劑	16			
催眠藥	8	整腸藥	5			
散瞳藥	3	催乳藥	2			
興奮藥	14	矯味矯臭藥	13			
催吐藥	4	總數	413			
瀉下藥	7					

資料來源：〈雜報類〉，《臺灣時報》，大正 10 年（1921）6 月，頁 151。

　　第三室是保健衛生與有關防疫的陳列室。保健衛生與防疫設施對於當時而論，更屬必要，因為可藉此設施判斷文明的程度。有關保健衛生的飲食物、化妝品、玩具、食器及日用品等，可以良品和劣品的對照陳列的方式呈現。主要是陳列飲食物、嗜好品的分析標本，且說明其營養價值，且分析水中的成分和細菌，以分別良水和不良水，且展示出其他飲用水的消毒藥、清澄藥等。而有關防疫的展示品，是展示完全與不完全的便所模型、蒼蠅的生長狀況模型，以及說明驅除的方法。另外還有陳列其他防疫所需要的一般消毒藥和消毒器具。〔註89〕第四室為有關風土病、寄生蟲、花柳病等藥品、參考品以及賣藥和特別出品的陳列。有關風土病，主要是以瘧疾為主，陳列原蟲圖和同媒介蚊族的標本，同時也展覽瘧疾的預防和治療的藥品。花柳病，主要是以梅毒和痲病等症狀的模型陳列為主，顯示其恐怖的狀態，同時陳列治療及預防的藥品。還有寄生蟲病，則是展示寄生蟲標本及驅除藥以及賣藥。

　　由於此次展覽會，沒有相關的圖片可以參考，所以無法得知其藥品展覽的樣貌，故筆者此處以大正 15 年（1926）12 月 15 日舉行的「臺北州警察衛生展覽會」中的展覽圖片為例（可見圖 5-1 和 5-2），以彰顯衛生展覽中，藥品應

〔註89〕衛生課報，〈藥事衛生展覽會〉，《臺灣時報》，時報類，大正 10 年（1921）6月，頁 112。

該會呈現的形式。圖 5-1 和 5-2 呈現了藥品擺放的形式，有分家庭藥品和衛生課試驗分析之食品、藥品。

圖 5-1 「臺北州警察衛生展覽會」（1926）藥品展覽圖片一

圖 5-2 「臺北州警察衛生展覽會」（1926）藥品展覽圖片二

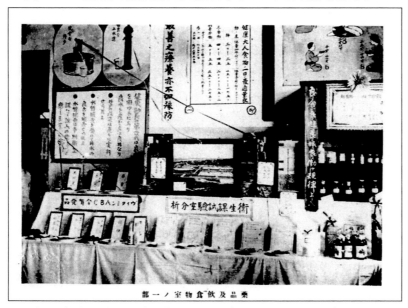

圖片來源（圖 5-1 和 5-2）：中央研究院臺灣史研究所圖像資料庫，標題為「藥品、滋養料及衛生品室ノ一部」，出版品名為《臺北州警察衛生展覽會寫真帖》，典藏編號 T0156P0011-0167-000 和 T0156P0011-0168-000。

二、臺灣藥學會（前身為臺灣藥友會）

臺灣藥學會的前身為臺灣藥友會，由後者轉換成前者的時間不詳，推測應於 1930 年代初期，該會事務所位於臺北市臺北醫院藥局長室，除了繼續臺灣藥友會原有的業務內容外，此時期也發行了藥業相關法令，給予需要的從業人員。〔註90〕有關臺灣藥學會詳細的運作情形如下所討論。

（一）臺灣藥學會會則〔註91〕與會員名錄

有關臺灣藥學會（本會事務所設於臺北市表町一丁目三十二番地三共出張所內）的會則，和「臺灣藥友會」重複之處頗多，故以下將擇要就兩者相異之處提出討論。該會成立目的和「臺灣藥友會」相同，就是以藥學和藥業相關人員就知識上的交換及會員之間的親睦為目的，設置支部於以下州廳所在地，新竹、臺中、臺南、高雄、花蓮港、臺東、澎湖。執行的業務為召開學術演講會及懇話會、發行會誌、會使會員之間的消息知悉的機關、有關會員的慶弔之事、有關會員的業務之學術機關之事、有關臺灣、中國南部與東南亞地區藥學研究機關之事、公眾藥學及相關應用知識之機關、母國其他關係諸團體之間的連結機關、認定其他多數會員必要之文件。

而會員和幹部名單共約 196 名，則如表 5-4 所示，會員人數和臺灣藥友會時期相較顯得更多，會員性質中和臺灣藥友會相同，除了藥劑師外，（西醫和漢醫）醫師也同樣是會員之一。該會設置以下幹部，以資運作：總理會務的會頭一名、輔佐會頭的副會頭一名，會頭有事之時，代替會頭行使職務、分擔會計、事務、編輯的幹事 12 名、商議重要事件評議員若干名、處於地方會員與本會之間，做一通信之角色，且執行會務的地方幹事若干名。〔註92〕該會會員由以下的人員組成：為臺灣、南支、南洋、其他各地的藥學及藥業關係者以及本會推薦者，和臺灣藥友會會員性質比較起來，將會員細分成正會員（會費年金額需負擔三圓）、有功會員（本會較年長之會頭推薦）及名譽會員（由會頭推薦，後經由總會的決議）。

〔註90〕 昭和 6 年（1931）10 月 17 日，臺灣藥學會於花蓮港街昭和紀念館召開第十一回總會時，發表幹部會議決議發行《加除自在臺灣藥事法》，詳參見臺灣藥學會，《臺灣藥學會誌》，第 44 號，1932 年 1 月，頁 2。

〔註91〕 臺灣藥學會，《臺灣藥學會誌》，第 48 號，1935 年 9 月，頁 98～99。

〔註92〕 幹部選舉及任期根據以下內容辦理：會頭、副會頭為正會員之間以記名的方式，就正會員之間進行投票。幹事為在臺北之正會員會頭指名。評議員、地方幹事、通信員、由會頭指名，且任期一年。

表 5-4　臺灣藥學會會員與幹部名單（1931～1937）

職　稱	姓　名
會頭	丹野保次、土田義介
副會頭	葛岡陽吉〔註 93〕
評議員	馬場宏景、太田鐵郎、田崎佐市、成田清普、安井五郎、松浦棟夫、荒木忠郎、淺川純一、木島闇、池野隆吉、豬口邦雄、李義人、松村靖、正田主計、杉田萬吉、越前福三
幹事	（臺北）池野隆吉、祝次郎、井上秀介、長谷田久吉、李義人、土永常雄、中田忠次、柳榮太郎、越前福三、鈴木充彥、富永敏夫、大場六之助、大西明男、荻野虎一、吉越隆一、山本憲太郎、宮下好雄；（基隆）神谷二郎、吉原多三郎；（宜蘭）高橋茂二郎、吉岡信亮；（花蓮港）熊野熊雄、松本清六、西田一郎、一村清隆、中村豐太郎；（臺東）梅村智、八田元；（新竹）大野寅雄、鈴木和三郎、新原龍太郎；（臺中）杉山英夫、田中利弘、篠原榮、藤井一康、山內茂弘、原田七左衛門；（嘉義）白井一、野田易；（臺南）土田義介、津川福一、橫山勇、木島闇、林虎三、熊井市衛；（高雄）安藤彥市、唐島金三、田中金三、廣瀨勘七、岡部紫朗；（屏東）栗山昇、中川忠吾、太田壽雄；（澎湖）上野啟次、熊井市衛、岩村又男
有功會員	荻原虎一（仙臺市勾當臺通）、井上助（兵庫縣阪神國道甲南女學校前）、池野隆吉（濱柘市龜山町）、丹野保次（滿州國新京民政部衛生司）

<table>
<tr><td colspan="2" align="center">會員（臺北州）</td></tr>
</table>

所屬單位	姓　名
臺北市役所衛生課	山本正雄、山本憲太郎
殖產局商工課	馬場宏景
臺北衛戍病院	高松一男
博愛醫院	松山壽雄
更生院	大西明男、宇田川重良
仁濟院	柏村良知
吉田內科醫院	吉田不二郎、中川周次
市內西門市民病院	青木三郎
臺北帝國大學理農學部山本教室	長瀨誠

〔註 93〕葛岡陽吉：仙臺醫學專門學校藥學科畢業，後進入東京帝國大學藥學科衛生化學科修業，曾擔任三共株式會社臺灣出張所所長、臺北市衛生委員、臺灣藥學會副會長、臺北藥劑師會會長、臺北藥業組合幹事等職務。臺灣藥學會，《臺灣藥學會誌》，第 48 號，1935 年 9 月，頁 1～2。

臺北大理農學部農藝化學科在學	田村悌一
稻江醫院內宿舍	佐藤正忠
工業學校	增田壽夫
武田長兵衛臺北出張所	豬口邦雄、李津池、栗山昇
星製藥出張所	星一
大日本製藥出張所	安井五郎、隈部讓次、杉田万吉
市內ツルヤ旅館	吉岡晃
資生堂	中田忠次、有馬亮三、島田實
三尾藥局	三尾亮介
大和堂	李英
大丸藥局	熊野熊雄
臺北藥局	淺川純一
乾元藥房	陳茂通
東西藥房	陳遠述
區臣氏藥房	李義人
恒生堂藥房	葉煉金
神農氏藥房	巫世傳
中央藥局	前川寬
柳フアマシー	柳榮太郎
京町藥局	新原謙相
井上藥局	長谷田久吉
三共藥局	瀧澤敬之
ダルマ藥局	福田小三郎
アサヒ藥局	中川周次
壽藥局	多賀萬壽
山陽堂藥鋪	木村米太郎
ヒラノ藥局	平野文男
廣生堂	吉越隆一
高砂藥局	成田清晉
信生堂	森田博子

松山療養所	河原達雄
樂生院	中濱伴次郎
港東醫院官舍	神谷清一
基隆醫院	初音勝治、神谷二郎、西田一郎
ミドリ藥局	河合音治
基隆藥局	吉原多三郎
松本藥局	松本周祐
回生堂藥局	風早正
福德堂藥房	樋口美佐一
廣信堂	吉岡信亮
ダルマ藥局	中川正夫
蘇澳堂	高崎松次郎
中央研究所衛生部	石原五郎、田崎佐市、山田宗吉、荒木忠郎、宮下好雄、正田主計、鈴木充彥、陳正中
臺北州衛生課	池野隆吉、大場六之助、山本憲太郎、一瀨肇
專賣局南門工場	竹田祥三郎、松浦棟夫、今村鷹之、林田傳、鄉司琢磨
臺北醫院	井上秀介、劉林氏合、丹野保次、筒井臺輔、松村靖、駒井三千一、越前福三、坂井喜久男、木島闇、水梨彌一、富永敏夫、大西明男、土田義介、重松保彥、李德財
赤十字醫院	林紀煌、太田鐵郎（藥局長）、春日井信雄、田中文雄、土永常雄
宜蘭醫院	高橋茂二郎、松尾正美、上野啟次郎、坂井喜久男
三共出張所	祝次郎、奧山政喜、葛岡陽吉、荻原虎一
所屬單位不詳者	新谷春子、田澤震五、李德財、長谷田久吉、野本かよ、小林寅雄、松村政直、陳有福、田中金三、中村信夫、矢野靜雄、鳥井嘉藏、前島知德、李水泉
會員（新竹州）	
所屬單位	姓 名
新竹州衛生課	神川義一、鈴木和三郎
新竹醫院	大野寅雄、三田久夫
新竹藥局	大賀謙輔
朝日藥局	鄭書房
所屬單位不詳者	新原龍太郎、青木三郎

會員（臺中州）	
所屬單位	姓　名
臺中藥品試驗支所	原田七右衛門
全安堂	盧茂川（千葉藥學士）〔註94〕
濟生堂	佐藤重利
保生堂	李天生
回春堂	前田八十松
生生堂	佐川外喜男
回春堂	栗原儀一
丸三藥房	藤井康三
中西藥房	岡崎良明
近田藥局	大門良佐九
司馬按電力醫務室	太田傳作
警察課官舍	大澤美樹枝
中西藥房	張桑生
新高志堂會社	八束精一
州衛生課	一瀨肇、小林健次郎、篠原榮、木原竹義
臺中醫院	陳柑圃、長瀨誠、山內茂弘、宮田信義、杉山英夫、栗原哲三、福屋武富
所屬單位不詳者	李榮發、田中利弘、曾茂已、大澤美樹枝
會員（臺南州）	
所屬單位	姓　名
警務部衛生試驗室	小林俟爾
鹽水港製糖	江口正
林藥局	林虎三
保生藥局	林長振
愛國堂	角谷力男、高島鈴三郎、河本耍
參神堂	津川福一
榮安堂藥房	吳永授
養元堂	三輪リヨウ
北港灣糖醫務局	蔡楷則

〔註94〕1930 年春自千葉醫大藥專部畢業。

ナニワ藥局	中島正夫、山本精一
松崎藥局	松崎寅三郎
白井藥局	白井一
中央研究所臺南支所	宗正隆、粟津直康、山邊德七
州衛生課	岩村又男、橫山勇、熊井市衛、八田元
臺南醫院	伊藤一郎、瀧井博志、土田義介、福屋武富、葛岡成一、羽島庫次、松本弘一、牛島正夫
臺南衛戍醫院	松野信、井戶重夫、梶原政木、久我敏悟
臺南生藥會社	齋藤八藏、宮本勝、鎮目豐、德村武雄、中村志郎、岡上林一
嘉義醫院	野田易、山本精一、西田一郎、山田正夫
所屬單位不詳者	豐田誠之、鹿沼留吉、蒲地正美、康金火（明治藥學士）

會員（高雄州）	
所屬單位	姓　名
州衛生課	一村清隆、廣瀨勘七、古賀陽祐
高雄市役所	大久保政治
大木藥局	大木壽人
チカベ	岡部紫朗
中央藥局	土屋卯重
天生堂	辻市次郎
高雄藥局	安藤彥市
豐水藥局	廣瀨信一
中西藥房	中西
屏東醫院	高島光貞、栗山昇、高橋茂二郎
太田藥局	太田壽雄
屏東藥局	中川忠吾
阿緱藥局	王滿同
鳳山產業組合病院	蒲池正義
高雄醫院	唐島金三、高橋易顯、倉滿茂夫、駒井三千一、三田久夫
所屬單位不詳者	陳廣進、李修、高橋易顯、岡部紫朗、黃扁、林坤、李麟國、周慶豐、盛谷作太郎

會員（澎湖廳、花蓮港廳與臺東廳）	
所屬單位	姓　名
澎湖醫院	上野啟次、松本龍雄、中村隆保

澎湖廳衛生課	熊井市衛、松本清六、岩村又男
花蓮港廳衛生課	一村清隆
花蓮港醫院	熊野熊雄、本山常比古、松尾正美
花蓮港街博愛堂	塚原市六
花蓮港街回生堂	中村豐太郎
花蓮港街高砂藥鋪	白石太一郎
臺東廳衛生課	八田元
臺東醫院	梅村智、倉滿茂夫
花蓮港街所屬單位不詳者	海野八郎、福岡高市、中村隆保

會員（中華民國）		
地　址	所屬單位	姓　名
汕頭	博愛醫院	田邊博
廈門	博愛醫院	大門良佐久
廈門	所屬單位不詳者	田島幸三郎
廣東	博愛醫院	村本重光
廣東西堤二馬頭	岳陽堂	森政太郎
福州	博愛醫院	佐藤芳政

會員（內地）		
地　址	所屬單位	姓　名
大阪市	武田長兵衛商店新藥部	豬ノ口邦雄
	株式會社藤澤友吉商店	寺西昌三
	鹽野義商店	栗田力
信州上田市	所屬單位不詳者	春原三壽吉
東京市	所屬單位不詳者	富谷誠次郎
東京市	臺灣物產陳列所	馬場宏景
居所不明	杉浦弘祐、田中康藏	

資料來源：臺灣藥學會，《臺灣藥學會誌》，第 41 號，1930 年 6 月，頁 94～98；第 43
　　　　號，1931 年 8 月，頁 65；第 44 號，1932 年 1 月，頁 107～115；第 45 號，
　　　　1932 年 1 月，頁 88～89；第 48 號，1935 年 9 月，頁 64～65、82～88。

（二）藥學研究

　　臺灣藥學會的成員，如同之前臺灣藥友會的成員，除了會在機關雜誌《臺

灣藥學會誌》上發表藥學研究的文章，在學會召開總會時，也會舉辦會員的演講或是特別演講，演講時間限定一人為 10 分鐘，如表 5-5 所示。此外，藥劑師或醫師也將研究成果發表於《臺灣藥學會誌》，成為醫和藥的交流管道，如表 5-6 所示。

　　以表 5-5 和 5-6 的研究的方向來看，還是延續臺灣藥友會的研究方向，並沒有太大的改變。主要有以下幾種分類，一是對於西藥和漢藥藥品的化學分析與研究，如「論有關臺灣植物性漢藥」、「論有關臺灣植物性漢藥」、「論內服維他命 B」。二是他國藥業的經驗，如「有關墨西哥共和國的藥業狀況」。三是飲食物的分析，如「論牛奶的酸度」。四是藥品貯藏問題，如「論藥品貯藏瓶顏色與輻射線的關係」。五是化學與生活的關係，如「論一氧化碳的中毒界限量」。六是疾病與藥品的關係，如「アメーバ赤痢治療劑的研究」。七是藥品檢驗問題，如「以臺灣移輸入藥品經過藥局方試驗的統計觀察」。八是對公共衛生的討論，如「花蓮港市營游泳池的觀察」、「論臺北市內飲料井戶水的水質」。九是藥品的使用習慣問題，如「有關西藥的配合禁忌」。十是藥局業務的問題，如「論藥局經濟」，主要是討論自行製造的藥品與買入藥品價差的問題。

表 5-5　臺灣藥學會學術演講表（1932～1936）

時間和地點	講　題
1931 年 10 月 17 日，花蓮港廳昭和紀念館第 11 回臺灣藥學會總會	花蓮港醫院長醫學博士為野勇「論一氧化碳的中毒界限量」〔註95〕
	井上秀介（臺北）「論植物性活性炭アルカロイド吸著」
	池野隆吉（臺北）「論有關臺灣植物性漢藥」〔註96〕
	唐島金三（高雄）「論流動液狀藥劑」〔註97〕
	山田宗吉（臺北）「以臺灣移輸入藥品經過藥局方試驗的統計觀察」
	荒木忠郎、鈴木充彥（臺北）「臺灣產的クロボシイヌザクラ葉中チアンヒドリン含量的季節消長」
	富士貞吉、郭松根（臺北）「論藥品貯藏瓶顏色與輻射線的關係」
	丹野保次（臺北）「論臺灣所產的規那皮」
	土田義介、伊藤一郎（臺南）「論蘋婆的種子」〔註98〕

〔註95〕發表於臺灣藥學會，《臺灣藥學會誌》，第 44 號，1932 年 1 月，頁 15～22。
〔註96〕發表於臺灣藥學會，《臺灣藥學會誌》，第 44 號，1932 年 1 月，頁 25～37。
〔註97〕發表於臺灣藥學會，《臺灣藥學會誌》，第 44 號，1932 年 1 月，頁 42～46。
〔註98〕發表於臺灣藥學會，《臺灣藥學會誌》，第 44 號，1932 年 1 月，頁 23～25。

	熊野熊雄（花蓮港）「花蓮港市營游泳池的觀察」〔註99〕和「論以曬粉消毒游泳池」
	鈴木和三郎（新竹）「論牛奶的酸度」
	杉山英夫（臺中）「亞砒酸鑑定的一個例子」〔註100〕
	越前福三（臺北）「論長壽秘藥グアラナ」
	田崎佐市（臺北）「有關合成薄荷的知識」
	葛岡陽吉（臺北）「絲狀菌的機能」
	山本憲太郎（臺北）「有關墨西哥共和國的藥業狀況」〔註101〕
	田中文雄、土永常雄（臺北）「文獻資料收藏家的福音（論新印資料的利用方面）」
	太田鐵郎（臺北）「論投藥瓶的尺寸」
1934年10月28日臺北市臺北醫院講堂臺灣藥學會第14回總會	臺北帝國大學助教授野副鐵男「サポニン及サポニゲン的化學」〔註102〕
	木島闓（臺南）「論スルホサリチル酸」
	長瀨誠（臺南）「アメーバ赤痢治療劑的研究」
	田崎佐市（臺北）「代用燃料工業的漫談」〔註103〕
	池野隆吉（臺北）「除蟲菊和其製劑的展望」
	廣瀨勘七（高雄）「蚊」
	荒木忠郎、宮下好雄、八束精一（臺北）「論規那樹」
	伊藤一郎（臺南）「論アルカロイド與吸著劑的配合（一）」〔註104〕
	西田一郎（花蓮港）「有關サリチル酸ソーダ重炭酸ソーダ配河上的考察」和「論藥用酵母中的酵素」
	田中金三（高雄）「有關西藥的配合禁忌」
	松本弘一（臺北）「論轉溶」
	熊井一衛、小林俟爾（臺南）「論陶器類的溶性鉛成分附各種溶出鉛成分的陶器一覽」〔註105〕
	瀧井博志（臺南）「論市販ゲラチン的實驗成績」
	長瀨誠（臺南）「論夏橙果實的利用法」

〔註99〕發表於臺灣藥學會，《臺灣藥學會誌》，第44號，1932年1月，頁55～80。
〔註100〕發表於臺灣藥學會，《臺灣藥學會誌》，第44號，1932年1月，頁38～42。
〔註101〕發表於臺灣藥學會，《臺灣藥學會誌》，第44號，1932年1月，頁81～90。
〔註102〕發表於臺灣藥學會，《臺灣藥學會誌》，第48號，1935年9月，頁1～14。
〔註103〕發表於臺灣藥學會，《臺灣藥學會誌》，第48號，1935年9月，頁15～20。
〔註104〕發表於臺灣藥學會，《臺灣藥學會誌》，第49號，1936年10月，頁25～33。
〔註105〕發表於臺灣藥學會，《臺灣藥學會誌》，第48號，1935年9月，頁55～61。

	山本憲太郎（臺北）「乳劑的原理」
	渡邊七治、山本政雄、渡邊顯三、山本憲太郎（臺北）「電氣分解的淨水殺菌法」〔註106〕
	重松保彥（臺北）「リバノール及其他藥劑對赤痢菌的作用」
	野田易（嘉義）「黃燐新定性法及其應用」
	西田一郎（花蓮港）「論花蓮港廳下試栽デリス根的栽培成績和其ロテノーン的含有量」
	上野啟次（澎湖）「論澎湖產曼陀羅果實アルカロインド」
	大野寅雄（新竹）「新竹產馬蹄金的冷浸」
	木原竹義（臺中）「論內服維他命B」
1935年10月20日臺北市臺北信用組合樓上第15回臺灣藥學會總會	近藤平三郎「プソイドブロムブホタリン藥化學的考察」
	田崎佐市（臺北）「論本島產鳳梨罐頭中添加蔗糖定量的方法」
	荒木忠郎、八束精一（臺北）「有關臺灣規那事業的現況」和「論デリス根中主成分的分布」
	荒木忠郎、宮下好雄（臺北）「論グルタミン酸ソーダ調味料的試驗例子」
	一瀬肇（臺北）「論臺北市內飲料井戶水的水質」〔註107〕
	伊藤一郎（臺南）「有關アルカロイド與吸著劑配合的考察（二）」〔註108〕
	土田義介、富永敏夫（臺北）「肝油乳劑的研究」〔註109〕
	葛岡成一（臺南）「アンチピリン的定量法」〔註110〕
	山本憲太郎（臺北）「有關油蟲驅除的調查」〔註111〕和「有關乳化劑的知識」
	西田一郎（臺北）「臺灣產デリス根有效成分含量的移動（第一報）」
	土田義介、嘉賀謙（臺北）「論坐藥的基礎劑」
	宮田信義（臺中）「論酵母製劑」
	松本弘一（臺南）「ラオブロミン至劑的展望和其試驗法」

資料來源：臺灣藥學會，《臺灣藥學會誌》，第44號，1932年1月，頁11～13；第48號，1935年9月，頁65～67；第49號，1936年10月，頁61～62。

〔註106〕發表於臺灣藥學會，《臺灣藥學會誌》，第48號，1935年9月，頁42～49。
〔註107〕發表於臺灣藥學會，《臺灣藥學會誌》，第49號，1936年10月，頁37～39。
〔註108〕發表於臺灣藥學會，《臺灣藥學會誌》，第50號，1937年6月，頁195～198。
〔註109〕發表於臺灣藥學會，《臺灣藥學會誌》，第49號，1936年10月，頁12～24。
〔註110〕發表於臺灣藥學會，《臺灣藥學會誌》，第49號，1936年10月，頁34～36。
〔註111〕發表於臺灣藥學會，《臺灣藥學會誌》，第49號，1936年10月，頁40～48。

表 5-6 《臺灣藥學會誌》研究主題（1930～1937）

時間與號別	題　目
1930年6月25日第41號	論夾竹桃根的成分、論鹽酸奎寧丸、論依據フオルムアルデヒット瓦斯燻蒸法。論燐鑑定的一個例子、論カカオ、有關鹽酸トロパコカイン注射液的考察、人工乳酪、乳酪、食用脂肪及油類中維他命A的化學試驗、綜說驅蟲植物、日本山岳冠稱植物、論新レントゲン造影劑ウロセレクタン、糖類的新定量法。
1931年8月第43號	有關臺灣礦物性漢藥及其成分、論食鹽水的沈澱物、根據硬オミクロトーム切片的製作方法、應用人類血型的血痕鑑定例子、臺灣的特殊飲食物製造法調查報告、色素的化學療法、論藥局經濟（自行製造的藥品與買入藥品價差的問題）、魚藤根研究的現況、內地見聞。
1932年1月第44號	論一氧化碳的中毒界限量、蘋婆果實的研究（第一報）、論有關臺灣植物性漢藥（第一報）、亞砒酸鑑定的一個例子、論流動液狀藥劑、醋酸アルミニウム液的調製法、花蓮港市營游泳池的衛生學觀察、有關墨西哥共和國的藥業狀況、花蓮港視察紀行。
1932年10月第45號	人獸血液區別法——血液和乾血血型的判定、有關於兩三件知識的方法、論パキー隈川須藤氏的檢糖裝置、論有關臺灣市販過酸化水素液的安定度和安定劑、水槽便所放流水及其他污水消毒和クロール所要量的研究、論蓖麻的工業化、絲狀菌的機能（總會演講稿）、論調劑上應用的新防腐劑、論水藥的防腐劑（第一報）、滿蒙各地漢藥產出狀況（其一）。
1935年9月第48號	サポニン及サポケニン的化學、代用燃料工業漫談、ニコチン的方法、非特異性免疫元各種製劑的細菌學知識、有關油蟲驅除方法的調查（第一報）ノート之中、依照電氣分解的淨水殺菌法、論改正臺灣賣藥許可心得、維他命B2化學的進步、論飲食物用陶瓷器類的可溶性鉛。
1936年10月第49號	プソイド・ブホタリンブロミド藥化學的考察、ダルタミン酸ソーダ的比較試驗、肝油乳劑的研究、有關吸著劑與アルカロイド配合的考察（第一報）、アンチピリン的定量法、論臺北市內井戶水水質、有關油蟲驅除的調查。
1937年6月第50號	痢疾治療與預防內服的原蟲學考察——森下薰、論防空——清水辰太、味的化學、茶葉タンニン與紅茶的香氣、論パパイン酵素、ヂアスターゼ中含銅量和糖化力及微量銅的影響、カツサバ、カツサバ作為澱粉製造原料的カブレク、有關臺灣規那栽培的沿革及現況、有關吸著劑與アルカロイド配合的考察（第二報）、論維他命A的呈色反應、論タンニン的特殊原料Cunau等兩項、論クラトム與啤酒。

資料來源：臺灣藥學會，《臺灣藥學會誌》，第 41 號，1930 年 6 月；第 43 號，1931 年 8 月；第 44 號，1932 年 1 月；第 45 號，1932 年 10 月；第 48 號，1935 年 9 月；第 49 號，1936 年 10 月；第 50 號，1937 年 6 月。

（三）展覽活動

　　昭和 5 年（1930）2 月 2 日，為了促使衛生思想普及，臺灣藥學會中的重要成員和花蓮廳下的藥劑師、藥種商、醫師、齒科醫師、獸醫，集合於花崗山昭和紀念館開醫藥座談會，且在座談會的主導下和地方警務機關合作召開衛生展覽會。有關衛生展覽會所展覽的內容，分為六部份分別為陳列部、演講部、活動照片部（關於衛生的照片）、實驗部、座談部（有關醫藥衛生的詢問與解答）和宴會（會場由街役場負責，於公會堂舉行）。〔註 112〕陳列部的展覽內容為各種廣告海報、病理標本、照片、藥品；演講部的內容有 5 人演講，每人 30 分鐘，講題如下：論飲食物——松本清六、論民間藥物——神谷二郎、論幼兒人工營養與混食——熊野熊雄、論軍隊的麥食——森元捨二、論懷孕期——原庸三。〔註 113〕展覽於當天早上 8 點開館，至 10 點已有 2,000 名入場者，由負責者一一說明，至下午 1 時多數聽眾則聆聽通俗衛生演講，晚間 8 點閉館，統計當天入場者超過 1 萬人。負責人包含了白石太一郎、塚原市六、中村豐太郎、海野八郎、熊野熊雄、松本清六、神谷二郎、虎口之雄、警務課員、山本清、鈴木憲二。〔註 114〕

〔註 112〕　臺灣藥學會，《臺灣藥學會誌》，第 41 號，1930 年 6 月，頁 92～93。
〔註 113〕　臺灣藥學會，《臺灣藥學會誌》，第 41 號，1930 年 6 月，頁 92～93。
〔註 114〕　臺灣藥學會，《臺灣藥學會誌》，第 41 號，1930 年 6 月，頁 92～93。